"十四五"职业教育国家规划教材

浙江省高职院校"十四五"重点教材

浙江省普通高校"十三五"新形态教材

浙江省课程思政示范课程配套教材

浙江省精品在线开放课程立项建设项目配套教材

CUSTOMER
DEVELOPMENT AND MAINTENANCE

客户拓展与维护

（第二版）

主　编　颜　青　黄　洁

副主编　刘玥伶　肖建玲

　　　　庞　曦　查伟华

ZHEJIANG UNIVERSITY PRESS

浙江大学出版社

·杭州·

图书在版编目(CIP)数据

客户拓展与维护 / 颜青,黄洁主编.— 2 版.— 杭州:浙江大学出版社,2022.4(2025.7重印)

ISBN 978-7-308-22357-7

Ⅰ. ①客… Ⅱ. ①颜… ②黄… Ⅲ. ①企业管理－销售管理－高等职业教育－教材 Ⅳ. ①F274

中国版本图书馆 CIP 数据核字(2022)第 028263 号

客户拓展与维护(第二版)

颜 青 黄 洁 主编

责任编辑	朱 辉	
责任校对	葛 娟	
封面设计	春天书装	
出版发行	浙江大学出版社	
	(杭州市天目山路 148 号　邮政编码 310007)	
	(网址:http://www.zjupress.com)	
排　版	杭州晨特广告有限公司	
印　刷	杭州捷派印务有限公司	
开　本	787mm×1092mm　1/16	
印　张	18.25	
字　数	378 千	
版 印 次	2022 年 4 月第 2 版　2025 年 7 月第 5 次印刷	
书　号	ISBN 978-7-308-22357-7	
定　价	55.00 元	

前　言（第二版）

党的二十大报告指出，要构建高水平社会主义市场经济体制，推动企业做强做优做大，提升企业核心竞争力，构建优质高效的服务业新体系。对于企业来说，客户是企业利润的源泉，是企业最重要的资源。谁拥有了客户，谁就赢得了市场，赢得了利润。"使客户满意"已成为现代企业的经营哲学，是企业竞争获胜的关键之一。随着新经济、新技术、新商业的发展，企业对客户的经营管理也渐渐升级为数字化客户管理。本书以企业与客户之间的关系作为研究对象，灵活运用管理学、营销学、社会学、市场分析技术的相关理论，聚焦对客户的精准洞察和全生命周期的经营分析，系统、全面地论述了智能客户拓展与维护的理念、策略和方法。

"客户拓展与维护"是高职工商管理类市场营销专业的核心课程。本教材以新商业数字化转型发展为背景，以适应21世纪高职高专教育高素质、高技能应用型人才培养为目标，结合市场营销学科发展的新理论、新动向，适应经济社会发展的形势，正确反映现代教育思想，体现改革精神，融合互联网新技术，结合教学方法改革，创新教材形态；从传统教学向线上教学、线上辅导体验拓展，尽可能适应教师提纲挈领、互联网新技术教学手段辅助、学生体验实战的新型教学方式的需要。

依据精准对接职业岗位需求原则，通过大量调研，我们精选出与"客户拓展与维护"课程相对应的职业核心能力，在此基础上设置内容。基于论证，我们得出本课程的建设目标：面向客户管理相关职业岗位，通过本课程学习，使学生具备文化立德、商道成人的客户管理意识和素养，了解智能客户服务行业特点及要求，熟练掌握客户拓展与维护的相关知识，灵活应用客户管理相关岗位的职业技能，成为"有商业道德、具服务意识、能客户管理、会数字运营"的新商科高素质技术技能人才，最终为学生就业打下良好基础。

新形态教材能实现高校与企业共享，线上与线下共融，学生与教师共用。主要特色有以下几个方面。

1. 教学内容对接职业技能等级标准与专业教学标准，实施项目化教学

本教材立足于《互联网营销师国家职业技能标准》、教育部"市场营销"专业教学标准和课程标准，以专业教学标准和课程标准中明确规定的主要教学内容及职业技能等级标准中的工作领域与工作任务为基础，经过多次研讨论证，最终编写而成。全书按照项目化教学来编写，以实际数字互动营销和智能客户管理的工作任务为学习内容，将客户管理的典型工作任务进行教学化处理，并以工作流程作为逻辑依据来进行设计；按五大典型客户管理岗位设计了客户信息管理、客户服务管理、客户售后服务管理、大客户管理和数字化客户管理五大项目，五个项目下又设计了若干子项目。

除了项目一为直接进入子项目的学习以外，其他四个项目均以学习目标开头，然后设置导入案例，引出该章主题。每个项目都有相应的岗位介绍及项目简介，分别就项目内容、工作任务、项目学习课时和项目成果进行介绍。每个项目的开发都来源于企业的真实项目，适应教学对象的培养目标与课程教学要求，取材合适，深浅适宜，篇幅恰当，能充分激发学生的学习兴趣。

2. 融合新媒体、新技术，打造形态多样化、一体化教材

本教材形态新颖多样，采取纸质教材＋电子教材＋MOOC＋在线平台的形式，融合了互联网新技术和微课制作技术进行线上和线下、新媒体和纸质教材等多种资源相结合，利用"云课堂""雨课堂"等多种教学方式进行专业授课，适应了社会发展的形势，体现了时代性、科学性和系统性，实现了教材、课堂、教学资源三者融合的一体化教材新模式。

3. 有效融入课程思政资源，注重培养职业价值观，提升专业化素养

本教材紧密围绕实践项目内容，设置知识、技能、素质三维学习目标，将价值观引导融入各任务的知识传授和能力培养中，融合校企合作企业的企业文化精神和学校厚德崇商的商文化精神，落实了立德树人的课程思政要求，精准对接营销专业育人要求和特点，聚焦职业道德意识与现代客户服务的基本知识与能力，塑造学生诚实、守信、创新、负责，善于沟通和合作的职业价值观，涵养学生服务新经济的人文品质。

4. 校企双元合作开发，实现"岗课赛证"融通

本教材采用校企双元合作开发、项目导向、任务驱动、场景构建的方式进行理论实践一体化的"岗课赛证"融通设计。每个具体任务按照学习目标—工作任务—任务解析—知识拓展的逻辑进行整体设计。本教材将解决实践问题的相关知识融入具体任务场景中，以理论知识指导具体实践，以实践操作强化理论知识。

同时，本教材探索了"岗课赛证"融通的系统化实现方案。"岗"紧跟数字客户服务产业发展趋势和岗位人才需求，了解客户服务相关岗位职责及任职要求；"课"立足"客户拓展与维护"课程教学内容，进行理论实践一体化教学设计，强化立体教学功能；"赛"对接高职市场营销职业技能大赛的相关模块，为职业技能大赛提供一定的理论内容支撑；"证"依托数字营销"1＋X"证书标准。

本新形态教材的出版得到了浙江省高水平职业院校建设项目经费的支持。本教材由浙江经贸职业技术学院颜青教授负责整体框架结构和方向的把握、统稿和定稿工作。颜青、查伟华编写了项目一，肖建玲编写了项目二，庞曦编写了项目三，黄洁、周茜编写了项目四，刘玥伶编写了项目五。

本教材在编写过程中，还得到了杭州职业技术学院以及浙江移动、杭州联华华商集团有限公司等龙头企业领导的支持和帮助，在此表示衷心的感谢！限于编者的水平和能力，书中不足之处在所难免，敬请批评指正。

编　者

2021 年 11 月

目 录
CONTENTS

项目一
客户信息管理　1

项目二
客户服务管理　41

项目三
客户售后服务管理　85

项目四

大客户管理　116

项目五
数字化客户管理　180

項目一

客户信息管理

学习目标

知识目标	技能目标	素质目标
通过本项目学习,你应该: ▶ 掌握客户信息拓展与维护相关概念 ▶ 明确采集客户信息主要内容	通过本项目学习,你应该: ▶ 能根据客户信息建立客户档案 ▶ 能运用软件管理企业客户	通过本项目学习,你应该: ▶ 建立保护客户信息的职业操守意识 ▶ 涵养对客户信息动态更新的职业素质

💬 案例导入

谁泄露了客户信息

　　某支行申请增加相关信用信息基础数据库查询权限,一段时间后,陆续有客户反映收到骚扰电话,显示银行存在客户信息泄露的可能。谁泄露了信息呢?经过认真盘查,相关人员陈××浮出水面。

　　支行申请权限后,陈××成为人行个人信用信息基础数据库、企业信用信息基础数据库的合法用户。陈××到支行公司业务一部工作以后,通过其所住小区的业主QQ群结识了在外贸公司工作的王××。王××告诉他,愿意帮助陈××争取外贸公司的业务,作为交换,王××要求陈××照顾他在担保公司工作的表弟的业务。此后,王××的表弟找到陈××,要求帮助查询一些银行客户的个人征信记录。陈××很快答应,凭借自己可以查询数据库的有利条件,不顾违法违规,仅凭邻居表弟提供的客户名字和身份证号,查询了多人的征信报告。

1-1-1 课件:客户信息概述

工作任务

党的二十大报告提出，要完善社会信用等市场经济基础制度，优化营商环境；完善科技创新体系，构建新一代信息技术等新的增长引擎；坚持系统观念，提高法治思维、底线思维能力。这在企业客户信息管理中尤为重要。

客户是企业的重要资源。客户信息管理是企业客户关系管理的第一步，应在了解客户基本信息的基础上，掌握分析客户信息的方法，并能灵活运用客户关系管理（Customer Relationship Management，CRM）工具拟定维护和开放客户计划，同时能按计划对客户进行有效的管理。根据客户信息管理员的工作内容和工作流程，我们将该项目划分为客户信息概述、客户信息管理、建立客户档案、客户资料分析、客户信用分析5个子项目。

该项目以本校的校内外实训基地为载体，基于校外合作企业的实际情况，将客户信息教学的思政教学目标融入职业素养教育中，帮助企业采集客户信息并建立客户信息档案、帮助企业采集客户信息并建立客户信息档案、分析客户资料、运用CRM软件管理企业客户，为企业提出相应的对策建议，为企业的发展提供借鉴。

🔲 任务解析

第一步　了解客户的含义及分类

对企业而言，客户是对本企业产品或服务有特定需求的群体，它是企业生产经营活动得以维持的根本保证。客户和消费者具有不同的含义，两者的区别在于：

（1）客户是针对某一特定细分市场而言的，他们的需求具有一定的共性。比如，某电脑公司把客户分成金融客户、工商企业客户、教育客户和政府客户等。而消费者则是针对个体而言的，他们处于比较分散的状态。

（2）客户的需求相对比较复杂，要求较高，购买数额较大，而且交易过程延续的时间比较长。比如，客户购买了电脑以后，涉及维修、耗材供应、重复购买等。而消费者与企业的关系一般是短期的，不太需要长期、复杂的服务。

（3）客户注重与企业的感情沟通，需要企业安排专职人员负责、处理他们的事务，而且需要企业对客户的基本情况有深入的了解。而消费者与企业的关系相对比较简单，即使企业知道消费者是谁，也不一定与其发生进一步的联系。

（4）客户是分层次的，不同层次的客户需要企业采取不同的客户策略。而消费者可看作一个整体，并不需要进行严格区分。

1-1-2 案例：客户信息概述

【阅读材料1-1】

以人为本：忠于客户信息整合的万科模式

在地产界有这样一个现象：每逢万科新楼盘开盘，老业主都会前来捧场，并且老业主的推荐成交率一直居高不下，部分楼盘甚至能达到50％。据悉，万科在深圳、上海、北京、天津、沈阳等地的销售，有30％～50％的客户是已经入住的业主介绍的；在深圳，万科地产每开发一个新楼盘，就有不少客户跟进买入。金色家园和四季花城，超过40％的新业主是老业主介绍的。"万客会"的调查显示：万科地产现有业主中，万客会会员重复购买率达65.3％，56.9％的业主会员将再次购买，48.5％的会员将向亲朋推荐万科地产。这在业主重复购买率一直比较低的房地产行业，不能不说是一个奇迹。

一、以人为本：忠于客户体验

万科素以产品精致和细节展示而闻名，同类的项目，每平方米总要比别人贵几百元甚至上千元。有人不理解：我没看出万科楼盘有什么惊人之处，技术也好，材料也好，设计也好，都是和别人差不多的。其实，只要客户到万科的项目上仔细看看，基本上会被那里浓郁的、具有艺术品位的、温馨的居家氛围和某些细节所打动，他们会发现那里才是理想的家园，于是就愿意为此多掏很多钱，愿意为瞬间的美好感受、未来的美好遐想而冲动落定。

万科以其产品为道具、以服务为舞台，营造了一个让客户融入其中、能产生美好想象和审美愉悦的空间环境与人文环境，万科出售的不仅仅是"商品"和"服务"，万科出售的是客户体验——客户在其精心营造的审美环境中，通过自身的感悟和想象，得到了一种精神上的愉悦。

二、万科独有的"6＋2"服务法则

万科有一个称为"6＋2"的服务法则，主要是从客户的角度分成以下几步。

第一步：温馨牵手。强调温馨牵手过程中，发展商信息透明，阳光售楼。万科要求所有的项目，在销售过程中，既要宣传有利于客户（销售）的内容，也要公示不利于客户（销售）的内容。其中包括一公里以内的不利因素。

第二步：喜结连理。在合同条款中，要尽量多地告诉业主签约的注意事项，降低业主的无助感，告诉业主跟万科沟通的渠道与方式。

第三步：亲密接触。公司与业主保持亲密接触，从签约结束到拿到住房这一段时间里，万科会定期发出短信、邮件，组织业主参观楼盘，了解楼盘建设进展情况，及时将其进展情况告诉业主。

第四步：乔迁。业主入住时，万科要举行入住仪式，表达对业主的敬意与祝福。

第五步：嘘寒问暖。业主入住以后，公司要嘘寒问暖，建立客户经理制，跟踪到底，通过沟通平台及时发现、研究、解决出现的问题。

第六步：承担责任。问题总会发生，当问题出现时，特别是伤及客户利益时，万科不会推卸责任。

随后是"一路同行"。万科建立了忠诚度维修基金，所需资金来自公司每年的利润及客户出资。

最后是"四年之约"。每过四年，万科会全面走访一遍客户，看看有什么需要改善的。

三、精心打造企业与客户的互动形式

随着企业的发展，万科对客户的理解也在不断提升。在万科人的眼里，客户已经不只是房子的买主，客户与企业的关系也不再是"一锤子买卖"。于是在1998年，万科创立了"万客会"，通过积分奖励、购房优惠等措施，为购房者提供系统性的细致服务。"万客会"理念不断提升和丰富，从单向施与的服务，到双向沟通与互动，再到更高层次的共同分享，"万客会"与会员间的关系越来越亲密，从最初的开发商与客户、产品提供方与购买方、服务者与使用者，转变为亲人般的相互信任、朋友般的相互关照。

万科没有刻意强调客户关系管理，而是将客户的利益，包括诉求，真正放在心上、捧在手里、落实到行动上。万科深知，对客户利益的关照需要每个子公司、每名员工的贯彻落实，而公司对子公司及员工的考核，是检验公司对客户真实看法的试金石，是引导下属企业及员工言行的指挥棒。

目前，面对市场竞争的压力，已经有许多房企开始意识到具有优质的服务才能占领或保住市场，倡导以服务为主题。业内专家表示，从以产品营造为中心到以客户服务为中心，将是房地产发展的必然途径。与此同时，服务营销的观念也将推动房地产市场走向更加成熟和理性。

第二步　能对客户进行基本分类

依据不同的分类标准，可将客户分为不同的类型。

按客户对企业的收入贡献进行分类，可以分为超级客户、大客户、中客户和小客户。

按不同的标准对客户进行分类，有商业客户和个人客户等，批发商、经销商和最终用户等，特大型企业、大型企业、中型企业和小型企业等，制造业、服务业等，政府机构（以国家采购为主）、特殊公司（如与本公司有特殊业务等）、普通公司、顾客个人和交易伙伴等。

按客户所在地域来划分，有本地客户、外埠客户和国际客户等，城市客户、城镇客户

和农村客户等。

按所处的销售阶段来划分,有潜在客户、现实客户和既有客户等。

按客户与企业的交易情况来划分,有忠诚型客户、快速增长型客户、睡眠型客户、值得培养和重视的客户等。

按交易过程来划分,有曾经有过交易业务的客户、正在交易的客户和即将进行交易的客户等。

按交易数量和市场地位来划分,有主力客户(交易时间长、交易数量大等)、一般客户和零散客户等。

按地区来划分,如中国可分为东北区、华北区、华东区、华中区、华南区、西南区、西北区等。

按行业来划分,有军警系统的客户、金融系统的客户等。

根据客户的战略价值、实际价值以及服务成本的大小来划分,有最有价值客户、二级客户和负值客户等。

知识拓展:识别客户的含义和重要性

1-1-3 微课视频:客户拓展与维护概念

1. 识别客户的含义

识别客户就是通过一系列技术手段,根据大量客户的个性特征、购买记录等可得数据,辨别出企业的潜在客户,确定对企业有意义的客户,并作为企业客户关系管理的实施对象,从而为企业成功实施客户关系管理提供保障。

识别客户是一个全新的概念,它与传统营销理论中的客户细分与客户选择有着本质区别。传统营销理论以选择目标市场为着眼点,对整个客户群体按照不同因素进行细分,最后选择企业的目标市场(客户)。而识别客户是在已经确定好目标市场的情况下,从目标市场的客户群体中识别出对企业有意义的客户,作为企业实施客户关系管理的对象。由于目标市场中客户的偏好等个性特点各不相同,不同客户与企业建立并发展关系的倾向也各不相同,因此他们对企业的重要性是不相同的。识别客户与选择客户的区别的根源来自客户关系管理与传统营销理论之间的区别。

2. 识别客户的重要性

识别客户对企业客户关系管理实施的重要性,主要体现在对企业保持客户和获取客户的指导上。

(1)有助于客户保持。客户保持是企业实施CRM的主要目标之一,它对企业的利润有重要影响。因为保持现有客户比获取新客户的成本低得多。但是客户保持也是需要成本的,在现有的客户群体中,并不是所有的客户都会与企业建立并发展长期合作关系。如果不加区别地开展对所有客户的保持努力,势必会造成客户保持成本的浪费。如果事先通过客户识别,识别出具有较大概率与企业保持客户关系的客户,并有区别地开展客户保持努力,就会起到事半功倍的效果,大大节省企业的客户保持成本。正确识别客户以及选择需求客户,是运营在市场经济中的每个企业所必须面对的一个重大课题。

（2）有助于新客户获取。客户关系发展是一个动态的过程,企业需要不断获取新客户。新客户的获取成本大大高于老客户的保持成本,其主要原因就是在新客户的开发过程中,客户的反馈率太低,导致获取每个客户的平均成本居高不下。如果能够有效识别最有可能成为企业客户的潜在客户,并有针对性地开展新客户的获取努力,势必能够大大节省企业的新客户获取成本,其节省幅度比在客户保持中使用客户识别时的节省幅度还要大。这样就可以杜绝新客户开发中无谓的投入,用尽可能少的客户获取成本获得尽可能多的客户。通过客户识别可以有效降低企业 CRM 的实施成本,为企业创造竞争优势。

■ 1-1-4 习题:客户信息概述

■ 1-2-1 课件:采集客户信息

子项目二　客户信息管理

学习目标

知识目标	技能目标	素质目标
通过本项目学习,你应该: ▶ 熟悉客户信息的基本内容 ▶ 掌握采集客户信息的基本方法	通过本项目学习,你应该: ▶ 能根据客户档案分析客户资料 ▶ 能运用软件管理企业客户	通过本项目学习,你应该: ▶ 建立保护客户信息的职业操守意识 ▶ 涵养对客户信息动态更新的职业素质

工作任务

客户是企业的重要资源,客户信息管理是企业客户关系管理的第一步,应在了解客户基本信息的基础上,掌握分析客户信息的方法,并能灵活运用 CRM 工具拟定维护和开放客户计划,同时能按计划对客户进行有效的管理。

■ 1-2-2 微课视频:客户信息搜集

🔲 任务解析

第一步　获取客户信息

获取客户信息的方法有多种,主要有以下几种方法。

1. 直接购买法

在实践中,获取潜在客户资料的方式很多,但是资料的质量是至关重要的。为了获取最高质量的潜在客户资料,最终实现潜在客户向现实客户的转化,购买有关潜在客户的资料是一个十分有效的方式。

2. 原始记录法

如果一个公司刚刚开始建立客户资料库,查阅公司的销售记录是一个最直接和简单的方法。因为从销售记录中,不仅可以得到过去和现有客户的名单与信息,还可通过公司记录发现客户的类型,推导出可能的潜在客户。

3. 无限连锁法

让客户推荐新的客户,再让新客户推荐下一个客户,如此持续下去。

4. 新增记录法

随身准备一台掌上电脑或笔记本电脑,只要听到或看到一个可能入选的潜在客户,就立刻记录下来,以免忘记。

5. 熟人法

常言道,熟人好说话。因此发掘潜在客户,亲戚和朋友就是你的捷径。

6. 名单寻找法

通过邮政黄页或地址簿的名单查找。

7. 互利互惠法

把其他销售人员的客户拉到你的队伍中来。比如找个合适的时间,讨论互相提供线索之事,或请他们在合适的时机帮助宣传你的产品或服务。当然,你也应答应为他们做同样的服务作为回报。

8. 报刊名册法

报刊名册是世界上最好的寻找潜在客户的工具之一。

9. 询问记录法

通常情况下,高质量的潜在客户往往是那些对公司的产品和服务有兴趣的人,因此记录那些以不同方式进行询问的人,是获取潜在客户信息的有效方法。

10. 直接访问法

所谓直接访问,就是走进陌生人的家里(或是办公室,或是工厂),挨家挨户访问推销。这种方法常用来训练新营销人员的胆识。

11. 反馈信息法

已经使用了你公司的产品和服务,并对其优缺点较熟悉的人,是最佳的客户源。

12. 社会关系法

得到对其周围具有影响力的人的协助,并利用其影响力,把其影响范围内的人都变成潜在客户。

13. 重复销售法

如果平时与旧客户保持良好的关系,就能够不时地取得各项情报。

14. 电子邮件法

随着科技的进步,对于远程潜在客户的开发,则可通过电子邮件和聊天的方式进行。因为这一方式除了具有发送速度快、简捷等优点外,最大的优点还在于:经常使用电子邮件的人,如果对某类信息感兴趣的话,就会马上回复邮件。

1-2-3 案例:采集客户信息

【阅读材料 1-2】

桌子上的计算机

联想已经走向国际市场,竞争对手有戴尔、惠普、华硕、宏基、明基、东芝、索尼、NEC、三星等。联想在发展过程中形成了深厚的联想根文化,核心是企业利益第一、求实进取和以人为本。以联想根文化为基础,结合联想集团的特点和国际化环境的需求,联想进一步发展出了被称为"4P"的价值观,其口号是"联想之道,说到做到,尽心尽力"。联想文化扎根在联想员工心中,支持联想全球战略的实施,为联想的持续发展提供动力。企业提倡多元共赢,倡导互相理解,珍视多元性,以全球视野看待自己的文化。

中国人讲"知己知彼",这就需要了解竞争对手的资料。

竞争对手资料包括以下几方面内容:

(1) 产品使用情况。

(2) 客户对其产品的满意度。

(3) 竞争对手销售代表的名字、销售的特点。

(4) 该销售代表与客户的关系等。

第二步 搜集个人客户的基本资料

针对以下内容,尽可能详细地进行搜集。

客户档案内容:

1. 姓名、昵称(小名)、职称

2. 公司名称

3. 住址

4. 联系电话

5. 出生年月、出生地、籍贯

6. 身高、体重、身体五官特征

7. 婚姻状况、配偶姓名

8. 配偶受教育程度

9. 配偶的兴趣及参加的活动或社团

10. 结婚纪念日

11. 子女的姓名、年龄及是否对其有抚养权

12. 子女受教育程度

13. 子女喜好

教育背景：

1. 所读高中、大学、研究生等的名称、时间、获得的学位

2. 大学时代得奖记录

3. 大学时擅长的运动

4. 大学期间参加的课外活动或社团活动

5. 如果客户未上过大学，他是否在意学历、学位等教育背景

业务背景：

1. 客户前一个工作的有关情况：公司名称、公司地址、受雇时间、受雇职位

2. 在目前公司的前一个职衔、现在职衔、日期

3. 在办公室有何"地位"象征

4. 参与的职业及贸易团体所任职位

5. 是否聘顾问

6. 该客户与本公司其他人员有何业务上的关系

7. 关系是否良好

8. 本公司其他人员对该客户的了解

9. 何种关系性质

10. 客户对自己公司的态度

11. 客户长远的事业目标是什么

12. 客户短期的事业目标是什么

13. 客户目前最关切的是公司前途还是个人前途

14. 客户多思考现在或将来，为什么

特殊兴趣：

1. 客户属于哪个俱乐部

2. 是否参与政治活动或有关党派

3. 是否热衷社区活动，如何参与

4. 是否有宗教信仰，达到何种程度

5. 对该客户特别机密且不宜谈论的事件（如离婚等）

6. 该客户对什么主题特别有意见（除生意之外）

生活形态（lifestyle）：

1. 病历（目前健康状况）

2. 饮酒习惯，所嗜好的酒的类型及酒量如何

3. 如果不嗜好酒，是否反对别人喝酒

4. 是否吸烟，若否，是否反对别人吸烟

5. 偏好的午餐地点、晚餐地点

6. 偏好的菜式

7. 是否反对别人请客

8. 嗜好与娱乐

9. 喜欢读的书

10. 喜欢观看的运动

11. 喜欢的话题

12. 喜欢引起什么人注意

13. 喜欢被这些人如何重视

14. 你会用什么来形容该客户

15. 客户自认为最得意的成就是什么

16. 你认为客户眼前的个人目标是什么

根据以上资料，就可给客户提供相应的服务。例如，在客户过生日的时候送上一束鲜花。

■ 1-2-4 微课
视频：CRM
软件的模块
介绍及操作

第三步 搜集企业客户基本资料

通常企业客户资料的基本信息中应包括基础资料、客户特征、业务状况、交易现状四个方面的内容，见表1-1。

表 1-1　企业客户资料的基本内容

类　别	详　细　内　容
基础资料	主要包括企业客户的名称、地址、电话、所有者及他们个人的性格、爱好、家庭、学历、创业时间、与本公司的起始交易时间、企业组织形式、业种、资产等
客户特征	主要包括服务区域、销售能力、发展潜力、经营理念、经营方向、经营政策、企业规模、经营特点等
业务状况	主要包括销售实绩、经营管理者和销售人员的素质、与其他竞争对手之间的关系、与本公司的业务关系及合作态度等
交易现状	主要包括客户的销售活动现状、存在的问题、保持的优势、未来的对策，企业形象、声誉、信用状况、交易条件以及出现的信用问题等

第四步　填写客户资料卡

　　填写好的客户资料卡(如表 1-2、表 1-3 所示)应适当保存,并在开展业务过程中充分加以利用。利用好客户资料卡可以有效提升业绩。

表 1-2　调查某企业客户报表

客户姓名			地址					
电话			邮政编码			传真		
企业性质	A. 个体　B. 集体　C. 合伙　D. 国有　E. 股份公司　F. 其他							
类别	A. 代理商　B. 一级批发商　C. 二级批发商　D. 重要零售商　E. 其他							
等级	A 级　B 级　C 级							
人员	姓名	性别	出生年月	民族	职务	婚否	电话	住址	文化程度
负责人								
影响人								
采购人								
售货人								

表 1-3　人际关系检查表

	同事姓名	专长·职务	备注
内部人际关系			
	上司姓名	专长·职务	备注
外部人际关系	同乡姓名	专长·职务	备注
	同窗好友姓名	专长·职务	备注
	顾客姓名	专长·职务	备注
	联谊会会员姓名	专长·职务	备注
	其他相关人姓名	专长·职务	备注

客户资料范例见表1-4、表1-5和表1-6。

表1-4　企业基本情况调查表

企业名称		主管部门		归口行业名称	
法人代码		法定代表人		法人联系电话	
企业地址		经济类型		企业规模	
注册资金（万元）		电子邮件		企业网址	
企业注册日期		开户银行		信用等级	
联系人		联系电话		邮政编码	
传真号码		职工总数（人）		其中技术人员总数	
占地面积（m²）		建筑面积（m²）			
概况					
经营范围					
经济效益指标（万元）					

表1-5　客户基本情况调查表（个人）

居民身份证号码																		
姓名									性别									
民族									出生地									
文化程度									政治面貌									
本人地址	户口地址																	
	联系地址																	
	邮政编码								联系电话									

续表

婚姻状况	1. 未婚　2. 已婚　3. 丧偶　4. 离婚　5. 再婚			
配偶姓名		配偶身份证号码		
子女情况	1. 独生子女　2. 无子女　3. 非独生子女		独生子女出生日期	
健康状况	1. 健康或良好　2. 一般或比较弱　3. 患病　4. 有生理缺陷　5. 残疾			
兵役状况	1. 服兵役　2. 无服兵役			
参军年月				
专业技术职称				
获省部级以上荣誉				
获省部级以上荣誉日期				

学习经历	起始日期	学校名称（从高中起）	所学专业	毕（肄）业
	至			
	至			
	至			

工作经历	起始日期	工作单位	从事工作岗位	备注
	至			
	至			
	至			

备注	

填表人：　　　　　填表日期：　　　年　　月　　日

表 1-6 客户调查表

客户单位名称			电话		地址		
人员情况	法人		年龄		文化程度		性别
	负责人		年龄		文化程度		性别
	接洽人		年龄		负责事项		
经营状况	经营方式	□积极　□保守　□踏实　□不定　□投机					
	业务	□兴旺　□成长　稳定　□衰退　□不定					
	业务范围						
	销货对象						
	价格	□合理　□偏高　□偏低　□削价					
	业务金额	每年　　　；旺季　月，月销量　　　；淡季　月，月销量					
	组织形式	□股份有限公司　□有限公司　□合伙店铺　□独资					
	员工人数	管理人员　人，技术人员　人，工人　人，合计　人					
	同业地位	□领导者　□有影响　□一级　□二级　□三级					
付款方式	付款态度						
	付款期						
	方式						
	手续						
与本公司往来	年度	主要采购产品		金额	旺季每月		淡季每月

第五步　形成客户的基本资料

客户(个人客户)基本资料一般包含以下内容：

1. 年龄

2. 受教育程度

3. 职业薪酬

4. 婚姻情况

5. 家庭住址

6. 现有与营销产品相关的信息情况

🔍 **知识拓展**：如何进行客户管理

客户管理的实质是通过调查分析,进行客户开发、客户服务、客户促销、客户维护,并促进客户价值的提升。客户调查是实施市场策略的重要手段之一。它通过人口特征、生活态度、生活方式、消费历史、媒介消费等的调查对目标客户进行分析,达到迅速了解客户需求,及时掌握客户信息,把握市场动态,调整、修正产品与服务的营销策略,满足不同的需求,促进产品及服务的销售的目的。

客户信息开发管理在竞争激烈的市场中日益重要,能否通过有效的方法获取客户资源往往是营销成败的关键。现在的客户已越来越明白如何满足自己的需要和维护自己的利益,因此,客户资源是很难轻易获得与保持的。

■ 1-2-5 微课视频：信息技术在客户管理中的运用

加强客户开发管理对企业的发展至关重要。客户开发的前提是确定目标市场,研究目标顾客,从而制定客户开发市场营销策略。营销人员的首要任务是开发准客户,通过多种方法寻找准客户并对准客户进行资格鉴定,使企业的营销活动有明确的目标与方向,使潜在客户成为现实客户。

客户信息管理是客户管理的重要内容和基础,包括客户信息的搜集、处理和保存。建立完善的客户管理系统,对于扩大市场占有率、提高营销效率、与客户建立长期稳定的业务联系,都具有重要意义。

要善于运用客户信息,区分准客户、新客户和老客户,区分大客户和一般客户,并实施不同的市场营销策略,进行客户关系管理。客户服务是一个在合适的时间、合适的场合,以合适的价格、合适的方式向合适的客户提供合适的产品和服务,使客户合适的需求得到满足、价值得到提升的活动过程。

客户服务管理是了解与创造客户需求,以实现客户满意为目的,企业全员、全过程参与的一种经营行为和管理方式。它包括营销服务、部门服务和产品服务等几乎所有的服务内容。客户服务管理的核心理念是企业全部的经营活动都要从满足客户的需要出发,以提供满足客户需要的产品或服务作为企业的义务和责任,以客户满意作为企业经营的目的。

客户服务质量取决于企业创造客户价值的能力,即认识市场、了解客户现有与潜在需求的能力,并将此导入企业的经营理念和经营过程中。优质的客户服务管理能最大限度地使客户满意,使企业在市场竞争中赢得优势,获得利益。

客户促销是营销人员将有关产品信息通过各种方式传递给客户（提供产品情报，增加消费需求，突出产品特点），促进其了解、信赖并使用产品及服务，以达到稳定市场销售、扩大市场份额、增加产品价值、发展新客户、培养强化客户忠诚度的目的。促销的实质是营销人员与客户之间进行有效的信息沟通，这种信息沟通可以通过广告、人员推销、营业推广和公共关系四种方法来实现。而促销管理是通过科学的促销分析方法进行全面的策划，选择合理的促销方式和适当的时机，对这种信息沟通进行计划与控制，以使信息传播得更加准确与快捷。

子项目三　建立客户档案

1-3-1 课件：建立客户信息档案

学习目标

知识目标	技能目标	素质目标
通过本项目学习，你应该：	通过本项目学习，你应该：	通过本项目学习，你应该：
▶ 了解建立客户档案的重要性 ▶ 掌握建立客户档案的基本方法	▶ 能制作基本的客户档案 ▶ 能对客户档案进行基本分类	▶ 明确客户信息的重要性 ▶ 了解信息安全的主要内容

1-3-2 微课视频：建立客户信息档案

工作任务

客户档案是客户信息的重要展示和集中体现，客户档案的建立，对于客户信息在一定时期的有效运用起着积极的作用，因此必须重视客户档案管理。

任务解析

第一步　**对客户资料卡进行建档管理**

（1）客户资料卡建档管理注意事项。

（2）客户档案的形式：卡式、簿式、袋式、客户管理系统软件。

【阅读材料1-3】

强化责任意识方能规避风险：办理信息维护引发的案例

1-3-3 案例：建立客户档案

一、案例经过

某客户到网点大厅办理对公客户信息维护业务。网点柜员由于工作疏忽，将单位证明文件到期日未按照维护依据录入系统,被确认为风险事件。

二、案例分析

经调阅凭证、录像、影像及现场询问,核实为:此笔业务的单位证明文件之一营业执照实际到期日为 2018 年 12 月 31 日,柜员由于工作疏忽误录为 9999 年 12 月 31 日,即将营业执照期限录入为长期。如此,造成该客户营业执照过期。过期的手续资料为失效文件,没有长期的法律效力,以无效的资料文件为依据所办理的业务必然是违规的,也是要让银行承担管理风险的。

三、案例启示

此风险事件是由于柜员在办理对公客户信息维护业务时工作疏忽且对特殊业务操作不熟练而造成的。在以后的工作中要增强柜员的工作责任心,同时要加强业务培训,经办柜员应做到准确掌握特殊业务的处理规定和要求。网点的业务主管人员必须提高对账户管理工作的认识程度,对已经产生的风险事件尽快整改,对以后的工作提出正确合规的要求,有针对性地防范此类风险事件的再度发生。

第二步　数字客户档案管理

当前,档案管理大多通过软件的形式来进行,管理效率大大提升。一名客户档案管理者或一名营销人员,必须重视客户档案管理中的两类基本资料,并能制作简易的客户管理卡。客户管理卡包括客户地址分类表和客户等级分类卡。通过客户管理卡,可对客户信息进行基本摸底,从而提高效率。

第三步　分类整理客户档案

客户档案可以分为以下几个大类。

第一大类:客户基础资料。

第二大类:客户与本公司签订的合同、订单情况。

第三大类:客户的欠款、还款情况。

第四大类:与客户的交易状况。

第五大类:客户退赔、折价情况。

■ 1-3-4 微课
视 频：CRM
软件的作用
及类型介绍

第四步　关注客户档案变动

知识拓展：CRM 软件在客户档案管理中的运用

（一）CRM 软件的作用

总体而言,客户关系管理(CRM)软件涵盖了客户信息档案的基本内容,它的作用可以归纳为以下三个方面(如图 1-1 所示)。

（1）拓展市场。可以通过新的业务模式(电话、网络)扩大企业经营的活动范围,及时把握新的市场机会,获得更多的市场份额。

（2）提高效率。采用信息技术,可以提高业务处理流程的自动化程度,实现企业范围内的信息共享,提高企业员工的工作能力,并有效减少培训需求,使企业内部能够更高效地运转。

（3）保留客户。客户可以选择自己喜欢的方式,与企业进行交流,方便地获取信息,得到更好的服务。客户的满意度得到提高,就有助于企业保留更多的老客户,并更好地吸引新客户。

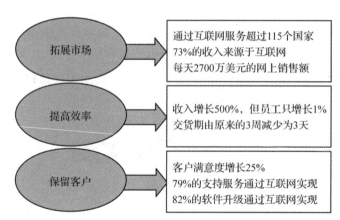

图 1-1　某国际 IT 企业实施 CRM 系统后的收益示例

作为一种信息化的管理软件,CRM 具有很多功能,但其根本作用是提高客户满意度,具体作用如下所述。

1. 提高市场营销效果

企业通过 CRM 的营销模块,可对市场营销活动加以计划、执行、监视、分析;通过调用企业外部的电信、媒体、中介机构、政府等资源,与客户发生关联;同时,通过 CRM 的销售模块提高企业自身销售过程的自动化程度。随着企业的网络化发展,订单处理和信息传递都会通过网络进行,并且通过 CRM 的前端销售功能模块与后端 ERP 的整合,可协调企业的其他经营要素,在企业内部达到资源共享,提高企业销售部门的整体反应能力和事务处理能力,强化销售效果,为客户提供更快速、更周到的优质服务,增强获取和维持目标客户的能力。

2. 改善企业服务,提高客户满意度

CRM 可以改善企业的服务能力和质量,它强调服务是个性化的,是以提高客户对企业满意度为目的的,是企业整体营销中的一个环节。

CRM 通过搜集各种客户信息,记录并管理客户价值的差异化和需求的多样化,使企业"比客户更了解客户",可以为客户提供个性化的服务,向客户实施"一对一营销",建立伙伴关系,提高客户满意度等。同时,通过 CRM 系统,销售、客服、其他支持等内部相关人员可以对客户需求和感受做出适时回应,及时解决问题,促进客户满意度、忠诚度的提升。

3. 有效促进企业内部资源整合

围绕"提高客户满意度"的目标,CRM 整合了客户、公司、员工等内部经营要素,并对这些资源进行了有效的、结构化的分配和重组,使原本各自为政的销售人员、市场营销人员、客户服务人员、其他支持人员等真正地协调合作,更合理地利用以客户资源为主的企业外部资源,最大限度地改善、提高整个客户关系生命周期的绩效。

4. 优化业务流程,提高快速响应和应变能力

CRM 的实施必须伴随对业务流程的重新设计和优化,使之更趋于合理化。而简化、优化的流程,使得公司和员工在销售、客户服务、市场营销活动中,能把注意力集中于改善客户关系、提升绩效的重要方面与核心业务上,提高对客户的快速响应和应变能力。

5. 提高企业销售收入

CRM 的应用直接关系到一个企业的销售业绩,成功实施 CRM 可以有效提高企业销售收入、用户满意度、市场份额等硬指标。以下一组数据足可以说明这一问题。

● 如果客户满意度提高 5%,则企业的利润将翻番;

● 一个非常满意的客户的购买意愿将 6 倍于一个满意客户;

● 2/3 的客户离开其供应商,是因为客户关怀不够;

● 对成功实施 CRM 的企业调查表明,每个销售员的销售额增加了 51%,顾客满意度增加了 20%,销售服务成本降低了 21%,销售周期减少了 1/3,利润增加了 2% 以上。

6. 推动了企业文化的变革

CRM 作为支持新兴企业文化的有力工具和一种全新的战略思维方法,给企业文化带来了新的变革,促使企业由重视内部价值和能力转变为重视企业外部资源的利用,并带来一系列的企业文化变革：由重视企业与员工、员工与员工之间的关系转变为重视企业与客户、员工与客户之间的关系；由重视企业利润转变为重视客户利益；由关注客户共性需求转变为关注客户个性需求；由面向理性消费的经营思路转变为面向情感消费的经营思路等。

1-3-5 拓展视频：建立客户档案

（二）CRM 软件的类型

CRM 的概念多种多样，目前国际上公认的是美国著名 IT 咨询公司 Meta Group 提出的三种类型：运营型 CRM、分析型 CRM 和协作型 CRM。它们的功能各有侧重，企业应该根据各自的行业特点和具体情况做出选择。

1. 运营型 CRM 及其功能

运营型 CRM，也称"前台 CRM"或"操作性 CRM"，如营销自动化、销售自动化和客户服务管理等与客户直接发生接触的部分，其目的是确保企业与客户的交流，确保企业能够通过各种客户互动渠道搜集到所需的客户信息，以便建立客户档案，并将各种相关的客户数据存储在中央客户数据库中。

运营型 CRM 围绕客户信息进行了各个部门的协同工作，主要解决了以下问题。

- 如何搜集客户信息？
- 谁来搜集客户信息？
- 搜集什么样的客户信息？
- 与某个客户相关的所有信息是否整合了？
- 企业前台管理的每个部门是否都树立了"以客户为中心"的理念？
- 对不同的客户是否能够提供不同的服务？

运营型 CRM 主要用于企业的销售、市场营销、客户服务和支持等与客户有关的部门，使企业业务处理流程的自动化程度和效率更高，从而提高企业与客户的交流能力。

运营型 CRM 使企业在网络环境中能够以电子化方式完成从市场、销售到服务的全部商务过程。它主要包括以下五个方面的应用功能。

（1）销售套件。运营型 CRM 销售套件为企业管理销售业务的全过程提供丰富而强大的功能，包括销售信息管理、销售过程定制、销售过程监控、销售预测、销售信息分析等。它是销售人员关注客户、把握机会、完成销售的有力工具，并可以帮助其提高销售能力；它对企业的典型作用在于帮助企业管理跟踪从销售机会产生到销售结束各阶段的全程信息和动作。

（2）营销套件。运营型 CRM 营销套件为企业始终掌握市场营销活动的运作提供便利。提供从市场营销活动信息管理、计划预算、项目追踪、成本明细、回应管理到效果评估等功能，帮助企业管理者了解所有市场营销活动的成效与投资回报。

（3）服务套件。运营型CRM服务套件帮助企业以最低的成本为客户提供周到、及时、准确的服务。提供包括服务请求及投诉的创建、分配、解决、跟踪、反馈、回访等相关服务环节的闭环处理模式，从而帮助企业留住老客户，发展新客户。

（4）电子商务套件。运营型CRM电子商务套件让企业商务过程"E"化，帮助企业将门户站点、各种商务渠道集成在一起，开拓新的销售渠道及商务处理方式。

（5）商务平台套件。运营型CRM平台套件是产品的基础核心平台，能实现产品的基础数据维护、安全控制、动态配置与工作流程定制等功能。

由上述分析可以看出，运营型CRM最适合于制造业、零售业、保险业，这是因为这类行业的企业客户数据太多，而且分散在大量的业务员手中，没有办法进行系统管理。但解决好数据的共享是其应用的关键。随着移动通信技术的完善，以上应用前景是被看好的。

运营型CRM应用系统是客户关系管理软件中最基本的应用模块，它主要能为以下几种人员提供便利，从而大大提高企业的效益。

（1）销售人员。销售自动化要求销售人员及时提供客户的详细信息，业务内容涉及订单管理、发票管理及销售机会管理等。

（2）营销人员。营销自动化是运营型CRM的主要模块，其中的促销活动管理工具可用于计划、设计并执行各种营销活动，寻找潜在客户并将他们自动集中到数据库中，通过自动派活功能分配给销售人员。

（3）现场服务人员。服务自动化包括自动派活工具、设备管理服务合同及保质期管理、维修管理等。

从以上应用领域可以看出，运营型CRM的应用模块在功能上与ERP（企业资源计划）相似，都是为了提高员工工作效率的应用工具。

运营型CRM与分析型CRM相比，虽然具有一定的数据统计分析能力，但它是浅层次的，与以数据仓库、数据挖掘为基础的分析型CRM是有区别的。另外，运营型CRM不包含呼叫中心等员工与客户进行交互活动的应用，这与协作型CRM也有一定的区别。

2. 协作型 CRM 及其功能

协作型CRM是指企业直接与客户互动（通常通过网络）的一种状态，它能全方位地为客户提供交互服务并搜集客户信息，形成与多种客户交流的渠道。协作型CRM强调的是交互性，它借助多元化、多渠道的沟通工具，让企业内部各部门与客户一起完成某项活动。协作的意思就是可以让两个以上的人员一起工作。比如，技术人员通过电话指导客户修理设备，因为这个修理的活动由员工和客户共同参与，因此他们是协作的。而前面的运营型应用和分析型应用都是企业员工自己单方面的业务工具，在进行

某项活动时，客户并没有一起参与。

协作型 CRM 将呼叫中心、互联网、电子邮件、电话、传真等多种渠道融为一体，同时采用先进的电子技术，并借助多渠道协作以及交互式语音响应和计算机集成电话技术，使客户能够在任何时间从任何地点通过自己方便的渠道了解相应的产品和服务。不仅如此，各机构还可以利用这种交互方式搜集客户和潜在客户的信息。

协作型 CRM 的主要作用是整合各种沟通渠道、协调各个部门之间的关系。其处理流程为：先利用 CRM 的运营功能从客户的各种"接触点"将客户的各种背景数据和行为数据搜集并整合在一起，这些运营数据和外来的市场数据经过整合和变换，装载进数据仓库。然后，运用在线分析和数据挖掘等技术从数据中分析和提取相关规律、模式或趋势。最后，利用相应的动态报表系统和企业信息系统让有关客户的信息和知识在整个企业内得到有效的流转和共享。这些信息和知识将转化为企业的战略和战术行动，提高在所有渠道上与客户交互的有效性和针对性，使企业能把合适的产品和服务，通过合适的渠道，在适当的时候，提供给适当的客户。

协作型 CRM 能全方位地为客户提供交互服务，搜集客户信息，并实现多种客户交流渠道的集成，以保证企业和客户都能得到完整、准确和一致的信息。其主要功能有以下几点。

（1）电话接口：提供与电话系统集成的接口，支持多种 CTI 中间件。

（2）电子邮件和传真接口：能与电子邮件和传真集成，接收与发送电子邮件和传真，能自动产生电子邮件以确认信息接收等。

（3）网上互动交流：进一步加强与网络服务器的集成，以支持互动浏览、个性化网页、站点调查等功能。

（4）呼出功能：支持电话销售/电话市场推广，如预知拨号、持续拨号、预先拨号。

3. 分析型 CRM 及其功能

如果说运营型 CRM 与协作型 CRM 是企业的臂膀，那么分析型 CRM 就是企业的大脑。分析型 CRM，也称"后台 CRM"或"战略 CRM"，主要是通过分析运营型 CRM 中获得的各种数据，为企业的经营、决策提供可靠的量化依据。分析型 CRM 需要用到许多先进的数据管理和数据分析工具，如数据仓库、联机分析处理（OLAP）和数据挖掘等。

1-3-6 课件：建立客户档案（拓展部分）

企业通过前台销售自动化、营销自动化及客户服务与支持协同运作积累了大量的客户信息资源，分析型 CRM 的作用就是让这些资源发挥作用。它从前台所产生的大量交易数据中提取有价值的各种信息，进行包括 80/20 分析、销售情况分析等，并对将来的趋势做出必要的预测，是一种企业决策支持工具。具备分析能力的数据仓库能够通过建立客户的全景观图并与这些客户保持持续的沟通来帮助企业获得额外的市场竞争力。分析的目的在于得出结论,因此分析型 CRM 的核心在于让企业真正地了解客户,挖掘出重要的决策信息。

分析型 CRM 的主要功能是分析从运营型 CRM 中获得的各种数据,进而为企业的经营、决策提供可靠的量化依据。具体来说,分析型 CRM 软件具备以下六大支柱性功能。

(1) 客户分析。客户分析功能旨在让营销人员完整、方便地了解客户的概况,通过分析与查询,掌握特定细分市场的客户行为、购买模式、属性以及人口统计资料等信息,为营销活动的展开提供方向性指导。此外,营销人员可以通过客户行为分析功能追踪营销活动的执行过程,从而了解这类活动的内容和随之传达的信息对客户所造成的实际影响。分析型 CRM 软件有能力让营销人员通过轻松的鼠标点击即可锁定特定客户群,建立新的细分市场。例如,对于银行来说,有的客户突然提取大笔现金,可能使银行处于高风险状态;有的客户虽然归还贷款比较迟缓,但基本上总能在一定的期限内归还,这就是银行最喜欢的客户,因为他总是在为银行带来利息收入。

(2) 客户建模。客户建模功能主要依据客户的历史资料和交易模式等影响未来购买倾向的信息来构造预测模型。它可以根据客户的促销活动回应率、利润贡献度、流失可能性和风险值等信息,为每一位客户赋予适当的评分,进而根据评分结果构建一个完备的模型和规则库。例如,银行客户如果有大笔存款进入账户,则应考虑向其推荐股票或者基金等收益更高的投资项目。它还可以帮助企业建立成熟有效的统计模型,准确识别和预测有价值的客户沟通机会。一旦这种模型得以建立,企业就可以对每一个客户进行价值评估,并在适当的时机以适当的方式与这个客户进行沟通,从而创造更多的盈利机会。

(3) 客户沟通。客户分析的结果可以与客户建模形成的一系列适用规则相联系。当这个客户的某个行为触发了某个规则,企业就会得到提示,启动相应的沟通活动。客户沟通功能可以集成来自企业各个层次的各种信息,包括客户分析和客户建模的结果,针对不同部门的不同产品,帮助企业规划和实施高度整合的营销活动。客户沟通的另一大特色是帮助企业进行基于事件的营销。根据客户与企业之间发生的貌似偶然的交互活动,企业可以迅速发现客户的潜在需求并做出适当的反应。客户沟通功能支持营销人员设计和实施潜在客户营销、单一步骤营销、多步骤营销和周期性营销四种不同类型的营销活动。

(4) 个性化。个性化功能可以帮助企业根据不同客户的不同消费模型建立相应的沟通方式和促销内容,以较低的成本实现真正的一对一营销。例如,营销人员可以用鼠标点击方式建立和编辑个性化的电子邮件模板,以纯文本、HTML 或其他适当的格式向客户发送促销信息。更重要的是,利用分析型 CRM 系统,营销人员还可以利用复杂的获利能力评估规则、条件与公式为不同的客户创建更具亲和力的沟通方式。

（5）数据优化。优化功能可以为每个营销人员每天应当处理多少个目标客户、每隔多长时间应该对客户进行一次例行联络、各类营销方式对各类客户的有效程度如何等问题提供答案，帮助企业建立最优的处理模式。优化功能还可以基于消息的优先级别和采取行动所需资源的就绪状况来指导和帮助营销人员提高工作效率。

（6）接触管理。接触管理功能可以帮助企业有效地实现客户联络并记录客户对促销活动的反应态度，将客户所发生的交易与互动事件转化为有意义的营销商机。例如，当接触管理模块检测到重大事件时，可即刻启动特别设计的营销活动计划，针对该事件所涉及的客户提供适用的产品或者服务，这种功能又被称为实时事件注入。

4. 三类系统的关系与定位

上面按 CRM 系统的功能和应用范围把 CRM 分成三种类型，但它们之间具有一定的关联，在实际运用过程中，要把它们集成起来协同使用，并做好各自的职责定位。

客户与企业的互动，就需要把分析型 CRM 与运营型 CRM 结合在一起。如网站的客户先通过运营型系统了解信息，并将要求传递给数据仓库，从数据仓库提取这些信息，然后返回客户界面，再到客户。运营型 CRM 的管理接触点，适应于通过 Web 与客户联系；而数据仓库不管理接触点，适应于分析和决策。一个强大的 CRM 解决方案应该是把接触点的运营型 CRM 和分析型 CRM 的后台数据仓库相结合，这就产生了协作型 CRM。而后台和前台走向融合的关键点在于系统是开放的，只有开放的系统才能把各自的优点发挥出来。

协作型 CRM 的特点是工作人员与客户交互共同完成任务，将呼叫中心、互联网、电子邮件、电话、传真等交互渠道进行集成，保证所有客户在不同的渠道上能得到统一的服务，有统一的体验，也使企业的各种业务可"随时随地"处理。

运营型 CRM 产品占据了 CRM 市场大部分的份额，它虽然能够基本保证企业业务流程的自动化、企业与客户之间的沟通与协作等问题，但是随着客户信息的日趋复杂，已难以满足企业进一步的需要，在现有 CRM 解决方案的基础上扩展强大的业务智能和分析能力就显得尤为重要。因此，分析型 CRM、协作型 CRM 将会成为今后市场需求的热门。

1-3-7 习题：建立客户档案

1-3-8 测试题：建立客

1-3-9 实训题："客户关系重要性认识"交流训练

子项目四　**客户资料分析**

学习目标

知识目标	技能目标	素质目标
通过本项目学习,你应该: ▶ 了解分析客户资料的原因 ▶ 掌握客户构成分析、客户经营情况分析、客户信用状况分析、客户对公司的贡献率分析的方法	通过本项目学习,你应该: ▶ 能够在分析客户资料的基础上撰写客户分析报告,为公司客户管理提供相应的建议 ▶ 能依据客户信息对资料进行删选	通过本项目学习,你应该: ▶ 明确客户信息的重要性 ▶ 了解信息安全的主要内容

◢▇ 1-4-1 课件:客户资料分析

工作任务

　　有了客户的资料,下一步就是加工数据,从而获得相应的结果。在数据库中,通常将客户分为几个类别。比如,A类客户每年的消费标准是怎样的? D类客户又是如何? A类客户的消费习惯和决策过程是怎样的? 消费周期如何? 对于以上内容,不同的企业关心的重点略有不同,但是有了完整和真实的原始数据,这些需求总能够从数据库的分析中得出结论。

◢▇ 1-4-2 微课视频:客户资料分析

　　对客户进行传统的宏观分类已经不能适应企业信息化建设的形势了。在客户需求个性化的时代里,需要对客户进行细分。为此,就要搜集客户的详细资料,建立以客户为中心的数据库。

　　请结合某一校企合作企业,对搜集到的客户资料如客户构成、客户经营情况、客户信用状况、客户对公司的贡献率等进行分析,以便针对不同的客户采取不同的管理方式。

⊞ 任务解析

第一步　**分析客户构成**

　　客户构成分析能使营销人员及时了解每个客户在总交易量中所占的比例以及客户的分布情况、发现客户服务中存在的问题,从而针对不同的客户采取不同的沟通策略。客户构成分析用表如表1-7、表1-8和表1-9所示。

表 1-7　客户统计

产品	地址	客户数	销售额	平均每家年销售额	前三名客户名称及销售额	
					名称	金额

表 1-8　客户地址分类

地区：　　　　　　　　　　　　　　　　负责人：

项次	客户名称	地址	经营类别	不宜访问时间	备注
访问路线图					

表 1-9　与本公司交易记录

年度	订购日期	出货日期	批号	产品名称	数量	金额	备注

第二步　分析客户经营情况

分析企业客户的经营情况一般是在了解了企业基本情况的基础上，通过对其财务报表的分析，揭示客户的资本状况和赢利能力，从而了解客户的过去、现在和未来的经营情况。可以通过表 1-10 和表 1-11 反映。

表 1-10　企业收入汇总

单位：

年度	工业总产值	销售收入	利润	税金	创汇
上年实际					
本年预计					
主要产品名称	产量	销售量	单位	销售额	利润

表 1-11　企业财务状况分析

单位：

企业资本金合计			企业资产总额		
其中	国家资本金		其中	流动资产总额	
	其他资本金			流动资产余额	
企业负债总额				固定资产总额	
其中	流动负债			其中	固定资产净值
	长期负债				生产设备净值
企业资产负债率			技术开发经费总额		

【阅读材料 1-4】

顺丰客户关系管理

长期以来,顺丰不断投入资金加强公司的基础建设,积极研发和引进具有高科技含量的信息技术与设备,不断提升作业自动化水平,实现了对快件流转全过程、全环节的信息监控、跟踪、查询及资源调度工作,促进了快递网络的不断优化,确保了服务质量的稳步提升,奠定了客户服务满意度的领先地位。

顺丰竭力构建一个专业、安全、快捷的服务模式,利用不断创新的服务信息系统来赢取客户。

1. VIP 信息系统的建立

VIP 信息系统的建立能够让顺丰有针对性、有目标地收集重点客户的信息,加强与客户的联系,有利于开展快递业务,推动增值服务。

(1) 客户信息的获取。

客户信息的获取方式有很多,顺丰主要是从两个方面进行获取:传统的获取方式和互联网获取方式。

1-4-3 案例:客户资料分析

（2）客户档案的建立。

完整地记录客户单位信息，如联系方式、地理位置、使用物流项目的数量和频率、物流资源的组合情况，以及联系人的姓名、职务等。同时做好第三方物流的客户关系管理，如客户订单记录、客户购买行为特征、客户服务记录、客户维修记录、客户关系状况、客户对公司服务及竞争对手产品服务评价、客户建议与意见，并提供充分的客户状况分析。

（3）客户分类。

对客户进行分类是为了更好地管理。企业80%的利润来源于20%的核心客户，这些客户从一定意义上来讲支撑着企业的运营。为了对这些客户进行更好的管理，顺丰不是采取"一把抓"，而是对客户进行分类，实行差异化的客户管理，让客户的忠诚得到相应的回报。

（4）服务信息及时反馈。

通过对客户进行服务信息反馈，及时地把企业内部已经推出的各种服务推荐给客户，使客户感到一种区别对待的优越感，以这种方式留住客户。

2．业务管理系统的完善

顺丰资讯科技本部涉及的业务管理系统最主要的是以下两种。

（1）营运类业务管理系统。

面向对象为营运本部用户，通过此类系统可对顺丰全网的营运业务做出有效的调度配置和管理。主要包括：①手持终端系统（HHT），主要完成收件订单信息的下发、个人订单管理、收派人员管理等工作。②路由系统（EXP），主要完成快递物品的路由运算，记录快递物品在快递周期中的路由与实际路由，从而进行快件状态追踪。

（2）客服类业务管理系统。

面向对象为客户服务部门及其全国呼叫中心，通过此类系统可与顾客交流互动，实现顺丰的快速及时服务。主要包括：①呼叫中心。共拥有3000余个席位，引进综合信息服务系统，客户可通过呼叫中心系统快速实现人工或自助下单、快件查询等。②下单系统。能为客户提供信息管理、系统维护、订单取件等。③在线客服系统。帮助客户解决关于快件的咨询、查询、建议等问题。

通过企业财务状况分析，可以更进一步分析企业偿债能力。企业偿债能力的大小，是衡量企业财务状况好坏的标志之一，是衡量企业运转是否正常、是否能吸引资金的重要方法。反映企业偿债能力的指标主要有以下几个。

1．流动比率

$$流动比率＝\frac{流动资产总额}{流动负债总额}$$

流动比率是反映企业流动资产和流动负债比例关系的指标,企业流动资产大于流动负债,表明企业偿还短期债务能力强。流动比率以 2 较为理想,最少要 1。

2．速动比率

$$速动比率＝\frac{速动资产总额}{流动负债总额}$$

速动比率是反映企业流动资产项目中容易变现的速动资产与流动负债比例关系的指标。该指标还可以衡量流动比率的真实性。速动比率一般以 1 为理想,越大,偿债能力越强,但不可以低于 0.5。

3．现金比率

$$现金比率＝\frac{现金类流动资产}{流动资产总额}$$

现金比率反映企业流动资产中有多少现金能用于偿债。现金比率越大,流动资产变现损失的风险越小,企业短期偿债的可能性越大。

4．变现比率

$$变现比率＝\frac{现金类流动资产}{流动负债总额}$$

变现比率反映企业短期的偿债能力,又具有补充现金比率的功能。

5．负债流动率

$$负债流动率＝\frac{流动资产总额}{负债总额}$$

它是衡量企业在不变卖固定资产的情况下,偿还全部债务的能力。该比率越大,偿还能力越高。

6．资产负债率(负债比率)

$$资产负债率＝\frac{负债总额}{资产净值}$$

资产净值是指扣除累计折旧后的资产总额。它反映企业单位资产总额中负债所占的比例,用来衡量企业生产经营活动的风险程度和企业对债权的保障程度。该比率越小,企业长期偿债能力越强,承担的风险也越小。

🔍 知识拓展：客户与本公司交易情况分析

交易情况分析能使企业销售部门及时了解每个客户与公司的交易情况，发现客户管理中存在的问题，进行客户分类，针对不同顾客情况采取对策。

1. 客户构成分析

客户构成分析的基本步骤：一是将公司的客户按不同的方式进行划分，如可以划分为批发店、零售店、代理店、特约店、连锁店、专营店等；二是汇总各客户的销售额；三是合计各客户的总销售额；四是计算出各客户在该分类中的销售额比重；五是运用ABC分析法将客户分类，A类占累计销售额的55%左右，B类占30%左右，C类占15%左右。A类是重点客户，要给予重点对待；B类是主要客户；C类是一般客户，要进一步核算C类客户的贡献、利润，如果为负值，可舍弃这部分客户。

2. 客户销售构成分析

销售构成分析，即统计分析各类客户在企业总销售额中所占的比重及变动情况。该分析有助于企业明确销售对象，明确促销重点，掌握渠道变动情况。

3. 客户地区构成分析

地区构成分析，即分析各地区客户分散程度、分布地区和各地区市场对企业的重要程度，是设计、调整分销和服务网络的重要依据。需注意的是，地区构成分析应当是一种时间序列分析，至少要利用5年的资料，才能反映出客户构成的变动趋势。

4. 不同商品销售分析

第一，不同商品销售构成的分析。具体步骤为：一是将公司对客户销售的各种商品，按销售额由高到低排列；二是合计所有商品的累计销售额；三是计算出各种商品销售额占累计销售额的比重；四是检查是否完成公司所期望的商品销售任务；五是分析不同客户的商品销售倾向及存在的问题，检查销售重点是否正确。

第二，不同商品毛利率的分析。具体步骤为：一是计算出销售的各种商品的毛利率；二是检查商品的毛利率是否在公司的整体预测范围之内，找出问题的原因或修正公司对商品毛利的预测。

第三，商品周转率的分析。具体步骤为：一是通过对客户的调查，将月初客户拥有的本公司商品的库存量和月末客户拥有的本公司商品的库存量进行平均，求出平均库存量；二是将销售额除以平均库存量，即得商品周转率。

第四，交叉比率的分析。公式为：交叉比率＝毛利率×商品周转率。毛利率和商品周转率越高的商品，一般越有必要积极促销。

第五，贡献比率的分析。具体步骤为：一是求出不同商品的贡献比率，公式为：贡献比率＝交叉比率×销售额构成；二是对不同客户的商品销售情况进行比较分析，看是

■ 1-4-4 习题：客户资料分析

否完成了公司期望的商品销售任务,某客户商品俏销或滞销的原因是什么,应重点推销的商品(贡献比率高的商品)有哪些。

子项目五　客户信用分析

1-5-1 课件:客户信用分析

学习目标

知识目标	技能目标	素质目标
通过本项目学习,你应该: ▶ 掌握客户信用的基本构成 ▶ 掌握对客户信用进行基本分析的方法	通过本项目学习,你应该: ▶ 能够根据客户信用调整客户信息管理策略 ▶ 能依据客户信息对资料进行分析	通过本项目学习,你应该: ▶ 明确客户信用的重要性 ▶ 通过"产品即人品"产品文化强化关于客户信用的职业意识

工作任务

1-5-2 微课视频:客户信用分析

　　所谓客户信用信息,是指从一个合法角度对客户进行的基本签约资格或履约能力的信息考查。风险管理要点是:在与客户建立正式的交易关系之前,应当了解该客户是否具有合法的经营资格及履约能力。需要搜集的主要信息有:客户的名称与地址,客户的注册资本金,客户的所有权,客户的经营范围及所属行业,客户注册日期或经营年限,客户的内部组织机构及主要管理者。

🗨 任务解析

第一步　分析客户信用

　　在利用客户档案记录内容详细、动态反应客户行为及其状态的特点的同时,还要进行客户信用情况分析,以便对客户的信用进行评判和分类。客户信用分析可见表 1-12 至表 1-15。

表 1-12　客户信用调查

公司名称			地址		电话	
负责人			住址		电话	
创业日期	年 月 日	营业项目	经营方式	独资（ ）　合伙（ ）　公司（ ）		
开始交易日期	年 月 日	营业区域	经营地点	市场（ ）　住宅（ ）　郊外（ ）		

负责人	性格	温柔（ ）　开朗（ ） 古怪（ ）　自大（ ）	气质	稳重（ ）　寡言（ ） 急躁（ ）　饶舌（ ）
	兴趣		名誉	
	学历	大学（ ）　高中（ ） 中学（ ）　小学（ ）	出生地	
	经历		说话要领	能说（ ）　口拙（ ）　普通（ ）
	思想	稳健派（ ）　保守派（ ） 革命派（ ）	嗜好	酒：饮（ ）　不饮（ ） 香烟：抽（ ）　不抽（ ）
	长处		特长	
	短处		技术	熟练（ ）　不很熟练（ ）　不熟（ ）
会计方面	银行往来	银行、账号	银行信用	很好（ ）　好（ ）　普通（ ） 差（ ）　很差（ ）
	账簿组织	完备（ ） 不完备（ ）	同业者评价	很好（ ）　好（ ）　普通（ ） 差（ ）　很差（ ）
	经营组织	股份公司（ ） 个人经营（ ） 有限公司（ ） 合资经营（ ）	近邻评价	很好（ ）　好（ ）　普通（ ） 差（ ）　很差（ ）
	资本额	元	付款态度	爽快（ ）　普通（ ）　尚可（ ） 延迟（ ）　为难（ ）　嗜欠尾款（ ）
	营业执照 登记号码		备注	

表 1-13　客户信用分析（公司）

业界动向	☐ 1. 生意往来企业的动向是好是坏	
	☐ 2. 现今国际环境状况下的动态如何	
	☐ 3. 金融环境如何	
	☐ 4. 业界未来的展望如何	
	☐ 5. 业界的长期展望如何	
经营素质	☐ 1. 生意往来企业的经营者是法人还是个人	
	☐ 2. 资本、资金如何	
	☐ 3. 同行的评价如何	
	☐ 4. 总公司、关系企业、主要银行的信用如何	
	☐ 5. 劳资关系如何	
评语	☐ 1. 是否有不当交易的传闻	
	☐ 2. 是否有政治性不明朗的传闻	
	☐ 3. 与问题多的外部团体的联系如何	
	☐ 4. 是否已考虑不公正的传闻	
	☐ 5. 税务处理是否正当	
市场	☐ 1. 主要商品的利润率多少	
	☐ 2. 销售战略如何	
	☐ 3. 批发商品或零售商品是否安全	
	☐ 4. 对新产品开发、技术开发是否热心	
	☐ 5. 库存管理、交货措施是否安全	
财务状况	☐ 1. 过去的平均效益如何	
	☐ 2. 公司的资产怎样	
	☐ 3. 贷款是否适当	
	☐ 4. 过剩投资是否安全	
	☐ 5. 是否有不良的债务	
评价		

表 1-14　客户信用分析（管理人员）

负责人的素质	□1. 人品是否可信赖	
	□2. 领导能力如何	
	□3. 健康情况如何	
	□4. 年龄多大	
	□5. 经营理念是否坚定	
负责人的评语	□1. 在商场上的声誉如何	
	□2. 是否受职员敬爱	
	□3. 是否有不明朗的政治关系	
	□4. 是否与特别的团体有关联	
	□5. 是否有犯罪的丑闻	
负责人的经营能力	□1. 经营手腕如何	
	□2. 业绩如何	
	□3. 指导部署是否卓越	
	□4. 是否费心地培育后继人才	
	□5. 客户或主要合作银行的评语如何	
负责人的资产	□1. 个人资产与其经营规模是否成正比	
	□2. 个人贷款是否过多	
	□3. 是否有个人的事业	
	□4. 凡事是否都不编列预算、随意支出	
	□5. 抵押状况如何	
评价		

表 1-15　客户信用分析（职员）

类别	项目	
士气	□1. 全员的士气如何	
	□2. 全员是否有持久的工作热情	
	□3. 诚实、亲切的员工所占的比例	
	□4. 职员和睦程度	
上进心	□1. 经常教育、训练职员	
	□2. 贯彻公司商品的知识	
	□3. 热心产品开发	
	□4. 热心设备革新	
	□5. 热心技术革新	
评语	□1. 没有派别对峙的传闻	
	□2. 没有花边新闻的丑闻	
	□3. 没有职员受贿赂的丑闻	
	□4. 没有劳资对立的传闻	
	□5. 没有职员间对立的传闻	
工作态度	□1. 勤勉	
	□2. 服装整洁	
	□3. 工作岗位的整理、整顿做得很彻底	
	□4. 机敏的工作态度	
	□5. 有效率	
薪资等	□1. 薪金在一般水平	
	□2. 没有不公平的薪酬制度	
	□3. 没有延误发薪的传闻	
	□4. 适当地使用营业费	
	□5. 职员的储蓄率很高	
评价		

【阅读材料1-5】

信用分析的5C标准

我们通常采用一定的标准对客户信用进行基本分析，比较通用的是信用5C标准。

(1) 品格(Character)：指行为和作风，是企业形象最为本质的反映。

(2) 能力(Capacity)：包括经营者能力和企业能力。

(3) 资本(Capital)：主要考察企业的财务状况。

(4) 担保品(Collateral)：指拒付款项或无力支付款项时能被用作抵押的资产。

(5) 环境状况(Condition)：又称经济因素，大到政治、经济、环境、市场变化、季节更替等因素，小到行业趋势、工作方法、竞争程度等因素。

第二步 分析客户对公司的利润贡献

客户资产回报率是分析公司从客户处获利多少的有效方法之一。实践表明，不同的客户，资产回报率是不同的。通过这一指标的分析，还可具体了解差距产生的原因。为确保客户能够成为好客户，企业对客户要进行定期评价，并采取相应措施。如今，越来越多的企业强调通过多种指标对客户进行评价。

1. 积极性

客户的积极性是配合企业销售工作的最好保证。客户具有合作和业务拓展的积极性，就能主动地开展工作，而不是被动地听从公司安排或一味要求公司提供支持。凡是销售业绩比较好的客户，都有强烈的积极性，不仅表现在态度上，还通过资金的支付、人员和车辆的准备等行动表现出来。不少企业将客户的积极性列为衡量客户好坏的第一个指标。

评价客户积极性要细心全面地观察，谨防虚假的积极性，因为那往往是阴谋诈骗的开端。

2. 经营能力

衡量客户经营能力的大小，常用以下指标：

(1) 经营手段的灵活性。好的经销商往往很有经营头脑，经营思想新颖，开发能力强，管理也很有章法，不盲从，不随大流。

(2) 分销能力的大小。此项主要看其有多少下家（分销商）、市场覆盖面有多大、与下家的合作关系是否良好等。

(3) 资金是否雄厚。这是衡量经销能力强弱的一个硬指标。

（4）手中畅销品牌的数量。好的经销商往往有多个畅销品牌（厂家）的经销权。这个指标是考核经销商在业内是否也建立了自己经销的品牌（名牌经销商自己的品牌）。

（5）仓储能力和车辆、人员的多少。这也是衡量经销商实力的一个硬指标。这个指标对以后销售工作向细的、扎实的方向发展，更为重要。

3. 信誉

经销商信誉是合作的基础，不讲信誉的经销商，条件再好也不能与之合作。对于信誉，一不能超出经销商承受能力（超出信誉就变得没意义）；二不能单看一时、一事，即要用发展和长远的眼光对其进行考察。

4. 社会关系

社会关系是影响经销商经营状况的主要因素之一。社会关系主要指两方面：一方面是家庭关系，包括家庭成员的组成、从事的职业、兴趣爱好、生活方式、关系是否和睦、健康状况等。这些情况都会直接或间接地影响经销商的正常经营。另一方面是指社会地位，考察其在社会上的地位、影响、社会背景情况、与行政管理部门的联系等方面。

除以上指标外，还可在销售管理水平、销售网络、促销能力、售后服务能力、与本公司的关系等方面，对客户进行评价。

好的客户会给企业带来极大的利润，而差的客户会给企业带来很大的风险，甚至可拖垮一个企业。建立客户评价指标，对客户进行评价，不仅可以选择好的客户，而且可以在客户管理工作中建立起动态管理机制，在不断淘汰差的客户的同时，不断地培养更多的适合企业需要的好客户。

1-5-4　习题：客户信用分析

🔍 知识拓展

（一）市场拓展业绩分析

1. 年度计划分析

年度计划分析是指销售人员随时检查完成的业绩与年度计划的差异，确认公司能否实现其年度计划中预期的销售额、利润、费用等目标。

一般来说，管理人员可从销售业绩、市场占有率、销售费用、顾客满意等四个指标，分析审查年度计划的进展程度。

第一，销售业绩分析。销售业绩分析是指分析一个地区或部门的实际销售额与预期销售额的差异，并进一步分析造成差异的原因。

第二，市场占有率分析。分析市场占有率的变化，可以及时了解竞争者动向，熟悉竞争市场，分析主要竞争者的业绩及取得业绩的手段，制定针对性的策略，增强自己的

市场地位,提高市场占有率。

第三,销售费用分析。分析毛利与销售额的比率,比率下降则表示额外费用增加,需要进一步检查各项费用与销售额的比率,找到超出部分。一般而言,广告费用率与推销费用率常会超支。

第四,顾客满意分析。目前,许多公司已经开始重视跟踪调查客户、经销商以及其他营销系统有关人员的态度。顾客追踪系统主要有顾客投诉与建议系统、顾客座谈会和顾客调查三种。如公司可进行回访,调查顾客对公司的态度,如果满意率下降,公司必须分析原因,采取纠正措施,以提高顾客对公司的满意程度。

2. 赢利能力分析

赢利能力分析是指分析不同的产品、销售区域、市场及渠道的获利能力,这有助于销售管理人员决策哪些产品或渠道须进一步拓展,或缩减甚至淘汰,从而有效应对,合理利用资源。

3. 营销效率分析

营销效率分析是指销售队伍、广告、促销和分销的效率分析。进行分析时,不仅要看短期效果,还要看长期效果,以保持企业长期有效的发展势头。效率分析主要包括以下四个方面。

销售队伍效率。评定销售人员的效率,可用指标有:每个销售人员每天平均访问户数、每户成交数额、现金回收率、应收账款回收率、每户平均访问费用、平均每次访问销售额、毛利目标达成率、销售目标达成率、每个时期新发展的客户数、每个时期失去的客户数等。

广告效果。对广告效果的测试,应注重事后测试(即广告播出后一段时间评测),衡量广告的沟通效果与销售效果。一是沟通效果研究。沟通效果研究探讨广告是否达到预期的沟通效果。对广告沟通效果的测试,可以在广告正式播出之前实施,也可以在广告刊播之后才实施。二是销售效果研究。广告沟通效果研究无疑会帮助广告者使广告的内容和表现方式更加吸引人,但很少能够提供对销售的影响效果。广告的销售效果研究比沟通效果的研究更加复杂,因为广告只是影响因素之一,其他因素如竞争者以及产品的特性、价格、包装等,对销售也有很大的影响。

分销效率。企业要定期对中间商的工作绩效进行评价,以便全面掌握分销渠道的状况,采取相应的措施。评估分销效率的标准主要有:企业按照销售配额的完成情况、平均存货水平、交货时间、损坏和遗失货物的处理、对公司促销活动的合作程度、为顾客提供的服务等。公司应当确认经营效果良好的中间商,并予以奖励;对经营效果差的中间商则视情况予以协助或替换。

促销效果。对促销效果进行评估,最常用的方法是事前测试和事后测试。事前测试是指在促销活动进行前,根据社会大众对促销的反应、可能的关注程序以及当前对产品的了解情况等来评估促销可能产生的效果。事后测试是在促销活动结束后,根据社会大众对此次促销的认可、理解、品牌认知度等反馈信息来评估促销效果。

(二) 客户对企业的利润贡献分析

1. 客户对企业利润贡献的主要因素分析

第一,客户的经济状况分析。经济状况是决定客户对价格和服务敏感程度的重要因素。要分析客户的收入、可支配收入、可自由支配收入等因素。

第二,客户的购买实力分析。购买实力即客户对供应商的议价能力,这主要与客户的组织规模和购买规模有关。大客户往往在生意洽谈中掌握更大主动权,购买量较大,付款能力强,信用好。但是,大客户的要求较多,对利润影响也较大。

第三,购买决策群体分析。购买决策群体中,销售人员通常对价格比较敏感,工程技术人员更关心产品的质量和性能,使用者可能更关心售后服务。他们在决策群体中的地位、权力,自然会影响这个客户所表现出的对价格和服务的敏感程度。

第四,客户与供应商的关系分析。如果客户对企业的产品和服务一直比较满意,双方逐步建立了良好的关系,就可以减少来自客户在讨价还价方面的压力,使客户乐于支付较合理的价格。同时,如果能让客户对供应商产生依赖性,他们也会接受较高的价格。从企业方面看,对于关系密切的客户,通常会给予更多优惠和特殊服务,尽管这会增加开支和降低价格,但可以保持收入稳定,同时也减少了开发新客户的成本。

1-5-5 测试题:客户信用分析

2. 客户服务成本分析

企业对客户服务的成本主要包括售前成本、制造成本、物流成本和售后服务成本等四个方面。由于客户的地理位置、购买批量、购买时间和购买要求等各不相同,所以企业针对各个具体客户在这几方面的投入差异也较大。

1-5-6 实训题:操作CRM软件

第一,售前成本。企业对不同客户的售前投入受地理因素的影响十分明显,一般说来,客户所在位置与企业越近,与之进行售前联系、提供售前服务的成本就越低,反之则高。

第二,制造成本。制造成本也会因客户及每一笔交易的不同而有所不同。比如,购买量的大小最为直接地影响产品的单位成本;订货时间与交货期限的不同也会因影响生产准备时间与进度安排而改变成本,在交货期限很紧的情况下,成本往往会增加。

1-5-7 拓展课件:CRM软件在各个行业领域的运用

第三,物流成本。物流成本也受客户地理位置的影响,地理距离的远近必然导致运输费用的不同,即使在同距离内,采用铁路、航空、公路或是水路等不同运输方式,费用差别也很大。如果客户要求快速送货,运输成本会明显上升。

第四,售后服务成本。一般而言,对客户的售后服务政策是相同的,但具体实施时客户的售后服务项目的需求是不一样的,所以,对客户的售后服务成本也就不同。此外,在具体执行时,企业对核心客户的售后服务政策一般会不同于一般客户,其售后服务的成本也较高。

项目二

客户服务管理

学习目标

知识目标	技能目标	素质目标
通过本项目学习,你应该: ▶ 了解客户服务对企业生存发展的重要意义 ▶ 理解和掌握客户服务的含义、目标以及制定客户服务标准的重要性,树立正确的客户服务理念 ▶ 掌握企业制定客户服务标准包括的内容,以及一系列留住客户的方法、措施	通过本项目学习,你应该: ▶ 理解和掌握售前、售中、售后服务的工作要点,并能加以应用 ▶ 掌握确立客户服务标准的工作要领,并能根据企业来制定相应的工作标准 ▶ 掌握和应用客户服务技巧,以更好地服务和留住客户	通过本项目学习,你应该: ▶ 树立马克思主义人文观及以人为本、以和为本的现代服务意识 ▶ 掌握求精务实的服务标准和求同存异的原则 ▶ 培养诚实守信的职业素质与精益求精的服务技巧

案例导入

海尔服务：追求极致、真诚暖心 、诚信创新

海尔集团创立于 1984 年,目前已成为在海内外享有较高市场美誉度的大型国际化企业集团。作为中国家电行业的领导品牌,海尔比同行业其他企业领先一步认识到服务的重要性,以五星级服务赢得了全球消费者的信赖,其"真诚到永远"的经营理念已深入消费者心中。

海尔的服务名不虚传,有什么问题只要打一个电话,服务人员很快就会上门维修,让人省心、放心!

海尔产品不仅质量好,服务贴心,而且很注重服务细节。

海尔服务人员上门服务时,统一穿着海尔工作服,佩戴上岗证,讲话很有礼貌。进门时换上自备鞋套,施工时还给地面铺上垫布,防止损伤地板。在安装洗衣机、热水器、净水机时先进行安全测电测水,每个细节都严格按照操作规程进行,操作非常专业娴熟。

服务完毕后，服务人员将现场清理干净，并用自带的干净抹布将产品内部、外部擦得干干净净。之后，耐心讲解产品的正确使用方法及注意事项，并反复演示，直到用户会使用为止。最后，通过手机 App，让用户对自己的服务进行评价打分。

海尔真诚而贴心的服务，让用户体会到了"上帝"的感觉，给用户一种无可比拟的享受。所以，用户不仅自己认可海尔，并且非常乐意把海尔产品推荐给亲朋好友。

消费本身就是一个享受、满足的过程，用户的满意度与他是否进行二次消费存在正比关系。对于海尔而言，用户的满意，就是他们最重要的服务准绳。企业只有做好服务，注重用户体验，让用户满意，才能赢得用户的信赖，提高用户对品牌的忠诚度，才能在激烈的竞争中立于不败之地。

海尔相信，外在的质量和服务要求，永远不可能达到服务用户的本质内核。所以，很多人看到了海尔惊心动魄的企业变革和商业模式探索，但可能忽略了海尔追求的本原：用户！一切为了用户！

海尔从规范化服务、增值服务、成套服务一直到今天互联网时代的用户服务体系，在全力构建和升级一种"真诚到永远"的实践系统。在中国企业界，海尔曾经首创了数十项服务模式，从最初的"上门四不准""只要一个电话""服务一条龙""送装一体""五星级服务"一直到"成套服务"等。显然，海尔在几乎所有层面上，致力于实践其用户理念。

在海尔发展的每一个阶段，"真诚到永远"都是核心的价值坐标，框定着企业前行的轨迹：名牌战略阶段，海尔靠过硬的质量来夯实真诚；国际化战略阶段，海尔不是"出口创汇"，而是坚持"出口创牌"，用最苛刻的欧美发达市场，用国际美誉度来彰显真诚；全球化战略阶段，通过品牌的当地化，丰富海尔的品牌真诚……与其说海尔在踏准时代的节拍，不如说在踏准用户的需求。

海尔今天的每一款产品、每一次服务都演绎着一种有关真诚的诚信系统。凭借"真诚到永远"这一服务理念，海尔成为全球家电行业一个响当当的品牌。真诚是海尔走向世界，成为全球家电企业领导者的成功之道。

30 多年前，一句"真诚到永远"响遍大江南北，温暖了千百万消费者的心，让海尔品牌成为中国制造的诚信标签。而在当今高速迭代的互联网时代，品牌运营的核心已经由创新驱动的"产品思维"逐渐向创新驱动的"用户思维"转变。在"以用户为核心"的创新之路上，海尔用一以贯之的商业探索，用互联网全然开放的姿态，用一种模式驱动的方式，用一种系统化的现代制造逻辑，构建了一个独树一帜而具普遍意义的诚信生态。

海尔以"真诚到永远"的品牌初衷，以真诚回应用户体验和需求，以开放透明的战略、海纳百川的气魄，为海尔品牌内涵注入了新的活力，完成了一次超越想象的升级和颠覆，正引领一个崭新的诚信时代！

😊 岗位介绍

掌握售前、售中、售后服务的工作要点，如向客户介绍及说明产品或服务、提供相关的信息、接受客户的询问、接受订单或预订、运送商品给客户、商品的安装及使用说明、接受并处理客户的抱怨及改进意见、商品的退货或修理、服务的补救等；根据企业实际情况制定相应的工作标准以及一系列留住客户的方法、措施。

📊 项目简介

1. 项目内容

党的二十大报告指出，构建优质高效的服务业新体系，推动现代服务业同先进制造业、现代农业深度融合。营造有利于中小微企业成长的良好环境，推动创新链产业链资金链人才链深度融合。提高人民生活品质，要实现好、维护好、发展好最广大人民根本利益，紧紧抓住人民最关心最直接最现实的利益问题，健全基本公共服务体系，提高公共服务水平。

随着企业竞争日趋激烈，为客户尽可能地提供周到满意的服务逐渐成为企业竞争的焦点。企业应了解掌握售前、售中、售后服务的工作要点，根据企业实际制定相应的工作标准，并能灵活运用 CRM 工具以及一系列留住客户的方法、措施，对客户进行有效的管理。

根据客户服务管理的工作内容，我们将该项目划分为认知客户服务、确立客户服务标准、提高客户服务水平的技巧 3 个子项目。

2. 工作任务

以本校的校内外实训基地为载体，基于校外合作企业的实际情况，帮助企业掌握售前、售中、售后服务的工作要点，并结合企业实际制定相应的工作标准，为企业的客户服务管理提出相应的留住客户的方法、措施，为企业的发展提供借鉴。

3. 项目学习课时

建议课内教学为 8 课时，课外学习为 8 课时。

4. 项目成果

在项目学习结束后,学生应递交以下项目学习成果:

(1) 某企业客户服务内容报告 1 份;

(2) 某企业客户服务标准内容报告 1 份;

(3) 某企业提高客户服务技巧研究报告 1 份。

子项目— 认知客户服务

■ 2-1-1 课件:认知客户服务

学习目标

1. 了解企业客户服务的含义
2. 理解客户服务的重要性
3. 掌握客户服务的类型和内容

工作任务

■ 2-1-2 微课视频:认知客户服务

传统的客户服务方法已经不能适应现代企业建设的要求了。当今社会,企业面临着如何更加高效服务客户的任务,掌握售前、售中、售后服务的工作要点对企业来说尤为重要。请以某家电企业为例,列出该企业客户服务体系建设的工作要点。

🔲 任务解析

■ 2-1-3 案例:某著名家电公司服务之道

在产品同质化时代,服务竞争力日益成为市场竞争的利器。

良好的服务措施和保证,不仅提高了服务竞争力,强化了产品对客户的吸引力,而且提升了客户获得的价值,强化了客户对企业的信心,使客户有更高的满意度和忠诚度,从而形成稳定的客户群体,确保企业长期利益的获得。

对企业来说,兑现客户服务承诺、体现最大的服务价值、满足客户服务需求、提高客户满意度等的基础在于客户服务体系的建设,以及客户服务人员总体水平的提高。在实务中,需要注重以下四个方面的建设。

第一步　重视全体员工的服务观念与意识的改善

良好的服务观念与意识,自然带来良好的服务行为和成效。尤其是企业各级主管要起到带头作用,强化对员工的服务教育,注重服务的日常管理。

第二步　需要建立完善的服务体系

服务体系是服务管理的基础。对售前、售中、售后服务的全过程,以及服务部门的设计与分布等,都需要建设和完善,制定规范化作业内容。尤其是中间商的服务建设,更需要有力的监控和支持。

第三步　强化客户服务和技术服务人员的培训

服务培训可以改善客户服务人员的认识,让服务人员掌握必需的服务技能与技巧,懂得如何向客户提供优质服务,清楚如何正确应对和解决客户的服务问题,以提升客户对服务的良好感受。

第四步　强化对服务人员的管理

服务体系只是服务的基础,服务人员才是服务的关键。强化服务人员的上岗资格管理、服务考核与认证管理,以及实施服务人员的绩效管理等,都被证明是非常有用的管理策略与方法。

🔍 知识拓展

(一)客户服务的含义

客户服务就是所有与客户接触或相互作用的活动,其接触方式可能是面对面,也可能是电话、发信息等方式,而其活动包括对客户介绍及说明产品或服务、提供相关的信息、接受客户的询问、接受订单或预订、运送商品给客户、商品的安装及使用说明、接受并处理客户抱怨及改进意见、商品的退货或修理、服务的补救、客户资料的建档及追踪服务、客户的满意度调查及分析,等等。

做好客户服务可以提高企业的生产力水平及客户的满意度,可以增加商品或服务的价值。

(二)客户服务的重要性

众所周知,做生意必然需要客户,因此,客户服务自始至终都很重要。各类商家都已经意识到,在今天激烈的市场竞争环境中,只提供一种产品或是一项服务是不够的。

2-1-4 案例:星巴克的客户管理

2-1-5 案例:汉莎航空公司的优质服务

今天的客户不同于以前的客户,他们很清楚应该怎样选择产品,也明白如果对自己得到的服务不满意,还有其他能提供更多更好服务的卖方可以选择。他们也知道如果把自己的不满表现出来,可能会得到更加积极的结果。

具体来说,客户服务对现代企业的重要性体现在以下几个方面。

1. 塑造企业品牌

靠什么才能使品牌在激烈竞争的市场上独树一帜呢?不同的企业可能有自己不同的答案。有的企业认为是产品质量。的确,产品质量是企业树立品牌的基础。但在今天,仅仅靠优良的产品质量已不能吸引更多的客户,因为,在商品日益丰富的今天,质量不是客户做出购买决策的唯一依据,况且各企业之间产品质量的差距正在逐步缩小、日趋一致,质量优势会随着科技的发展而逐渐减弱。

2. 扩大产品销售

企业优质、满意的客户服务将使企业拥有一批稳定、高价值、高忠诚度、高回头率的客户,给企业带来巨大的经济效益。客户资源是企业的无形资产,而且是企业中最重要、最有价值的无形资产。如果一个企业没有客户资源,其产品(或劳务)就不能实现交换,那么企业的一切活动都是徒劳无效的。客户资源虽然是无形资产,但其价值是可以用货币计算的。

3. 防止客户流失

客户流失是企业最不愿意看到的事情。在市场竞争状况下,企业必然会使用各种手段来抢夺有限的客户资源,竞争越激烈,客户的忠诚度就越低,客户流失就成为一种必然。那么,如何防止客户流失呢?优质、满意的客户服务是防止客户流失的最佳保障,即使别的企业的产品价格比本企业的产品价格便宜一些,但由于客户不知道该企业的服务到底好不好,而你的企业提供的服务项目非常齐全,服务质量非常好,客户感觉离不开你,就没有理由离开你;即使客户一时离开了你,但比较之后,还是感觉你是最好的,最终还是会回来的。

4. 提高企业竞争力

客户光顾企业是为了得到满意的服务,不会在意那些一般的服务。

一般的服务就是他有你有我也有的服务,这种服务只有一般的竞争力。譬如,你搞"三包"服务,别的企业也提出"三包";你有服务礼貌用语,别人也有服务礼貌用语;你通过了 ISO 9000 认证,别人也通过了认证。当你发现你的竞争对手和你是一样的时候,你就没有了竞争优势。那什么才是具有竞争力的服务呢?就是你有别人没有,或者你的最好,别人的一般。企业如果能做到这一点,就获得了优于他人的超强竞争力。要让客户把企业的美名传播出去,就需要有非常出色的客户服务。

【阅读材料 2-1】

火锅店的服务

海底捞以经营川味火锅为主,截至 2022 年 6 月 30 日,海底捞在全球开设有 1435 家直营餐厅,其中 1332 家门店位于中国,另外 103 家位于 11 个其他国家。

2006 年 6 月,百胜餐饮集团的 200 名区域经理召开年会,地点选择了海底捞。这些人与其他前来吃饭的人不同,他们对于海底捞的服务的兴趣远远大于吃饭,主要目的就是参观和学习。按照海底捞创始人张勇的话说,"这简直是大象向蚂蚁学习"。还有很多火锅店派卧底到海底捞做服务员,甚至老板都去海底捞吃饭,可是仍然没有学会海底捞的服务精髓。

是什么造就了海底捞如此大的魅力? 它的核心业务不是餐饮而是服务,是服务过程中带来的感动。

如果没有事先预订,在海底捞你很可能会面临漫长的排队等待,不过等待的过程也许不像你想象得那么糟糕。晚饭时间,很多海底捞的等候区都可以看到如下的景象:大屏幕上不断显示最新的座位信息;几十位排号的顾客吃着水果、喝着饮料;有些顾客在享受着店内提供的免费上网、擦鞋和美甲服务;如果是一群朋友在等待,服务员还会拿出扑克牌和跳棋供他们打发时间,缓解等待的焦躁。

大堂里,女服务员会为长发的女士扎起头发,并提供小发夹夹住前面的刘海,防止头发垂到食物里;戴眼镜的朋友可以得到擦镜布;放在桌上的手机会被小塑料袋装起以防油腻;每隔一段时间,就会有服务员主动更换热毛巾;如果带了小孩,服务员还会帮忙喂孩子吃饭,陪孩子在儿童游乐园游戏;帮老人找座位,扶老人上厕所;等等。

捞面是很多海底捞顾客必点的食物,有的顾客不是为了吃,而是为了看。年轻的师傅会把一根面舞得像艺术体操的缎带,还不时抛向某个客人,表演欲极强。

10 个人去吃饭,点一份只有 8 个的牛丸,服务员会立即告诉厨房再加两个,却不另外收钱。这如果是在其他火锅店,服务员肯定会让顾客再多点一份。

有一个流传甚广的故事。一个顾客结完账,临走时随口问了一句:"有冰淇淋送吗?"服务员回答:"请等一下。"5 分钟后,这个服务员拿着冰淇淋气喘吁吁地跑回来:"你们的冰淇淋,不好意思让你们久等了,这是刚从超市买来的。"

总之,无论是你想到的还是没想到的,海底捞全都帮你想到了。

海底捞每个店的员工都处于超饱和的工作状态,一方面是为了及时服务,另一方面是为了开新店储备人才。

海底捞不考核利润,而是考核顾客对员工的满意度。张勇说:"考核利润没用,利润只是做事的结果。事做不好,利润不可能高;事做好了,顾客满意了,利润不可能低。另外,利润是很多部门工作的综合结果,每个部门的作用不一样,很难合理地分清楚。不仅如此,利润还有偶然因素,比如一个店如果选址不好,那么不论店长和员工怎么努力,也做不过一个管理一般但位置好的店。店长和员工对选址根本没有发言权,硬要考核分店的利润,不仅不科学,也不合理。"

海底捞的企业价值观是用双手改变命运、用成功证明价值、靠奋斗走向卓越,服务理念是顾客至上、三心服务(贴心、温馨、舒心)。这不是海底捞的口号,而是海底捞营销过程中的行为总结。

(三) 客户服务的分类和内容

1. 客户服务的分类

客户服务的方式多种多样,内容也很丰富,依照不同的划分标准可以对客户服务进行不同的分类。

(1) 按服务的时序分类,可分为售前服务、售中服务和售后服务。

在传统的制造业中,"客户服务"的范围相当狭窄,主要是指货品运送、货品安装和使用说明,以及客户问题的处理,如维修、退货、更换等。

随着企业竞争的加剧,追求客户的满意度就显得更为重要,企业界也纷纷扩大客户服务的范围与功能。所以,依时序把客户服务分成以下三个阶段:

①售前服务。售前服务包括客户需求调查、产品或服务设计与提供、配销系统或服务流程的规划与设计等。

②售中服务。售中服务包括订单的处理、产品的生产和运送、服务的提供等。

③售后服务。售后服务包括产品的安装和使用说明、提供教育培训、客户的跟踪服务、客户管理等。

(2) 按服务的性质分类,可分为技术性服务和非技术性服务。

①技术性服务。技术性服务是指提供与产品的技术和效用有关的服务,一般由专门的技术人员提供。主要包括产品的安装、调试、维修,以及技术咨询、技术指导、技术培训等。

②非技术性服务。非技术性服务是指提供与产品的技术和效用无直接关系的服务。它包含的内容比较广泛,如广告宣传、送货上门、提供信息、分期付款等。

(3) 按服务的地点分类,可分为定点服务和巡回服务。

①定点服务。定点服务是指通过在固定地点建立或委托其他部门设立服务点来提供服务,如生产企业在全国各地设立维修服务网点,设立零售门市部也属于为客户提供定点服务。

②巡回服务。巡回服务是指没有固定地点,由销售人员或专门派出的维修人员定

期或不定期地按客户分布的区域巡回提供服务,如流动货车、上门销售、巡回检修等。这种服务适合在企业的销售市场和客户分布区域比较分散的情况下采用。因其深入居民区,为客户提供了更大的便利而深受欢迎。

(4) 按服务的费用分类,可分为免费服务和收费服务。

①免费服务。免费服务是指提供不收取费用的服务,一般是附加的、义务性的服务。售前服务、售中服务、售后服务的大部分工作都是免费的。

②收费服务。收费服务是除产品价值之外的加价,只有少数大宗服务项目才收取费用。这类服务一般也不以营利为目的,只为方便客户,因此收取的费用也比较合理。

(5) 按服务的次数分类,可分为一次性服务和经常性服务。

①一次性服务。一次性服务是指一次提供完毕的服务,如送货上门、产品安装等。

②经常性服务。经常性服务即需多次提供的服务,如产品的检修服务等。

(6) 按服务的时间长短分类,可分为长期服务、中期服务和短期服务。

2. 客户服务的主要内容

客户服务的内容非常丰富,企业不同、产品不同,服务的方式和具体内容也会存在很大的差别。在这里主要从售前服务、售中服务、售后服务三方面来分析。

【阅读材料 2-2】

中国农业银行:服务促销售、满意促忠诚

以服务带动销售

客户从何而来,是做营销要面对的首要问题,但不是每个人都知道客户在哪里。并非每个客户经理都有广泛的关系和充足的资源,也不是所有人都有出众的营销天赋。刚做客户经理时,很多人维护的客户只有几家,且规模不大。但现在,农行客户经理们的客户越来越多,人脉越来越广,因为他们深知从微小处发现客户,把服务做在客户需要前。

在长期营销过程中,昆明某农行的客户经理田经理养成了一个习惯,一走进营业大厅就喜欢观察在众多陌生的面孔中是否有询问的眼神,看到这样的眼神,田经理总会主动上去询问是否需要帮助,然后为客户解决问题,记录客户的信息及需求。

一次,田经理发现一个年轻人拿着存款凭条,长时间没有填写,在观察农行的储蓄柜员。田经理主动上前,询问是否需要帮助。田经理想他应该是第一次到农行办理业务,就帮他在叫号机上取了号,并细致地告诉他办理业务的程序。没想到年轻人问田经理,在农行进行大额存现,速度快不快?从他的衣着举止看,田经理猜想他可能要存的是几万元,因是自己辛勤所得,就很谨慎。对他所有的提问,田经理都耐心地一一解答,并给他留了自己的名片。年轻人对田经理的解答非常满意,笑着说:"就凭你的热情,我

会再来的。"

当天下午5点多，田经理突然接到一个陌生电话，原来是那个年轻人打来的，他说现在有800多万元现金，问能不能今天存进来。田经理立即与营业室经理协调，组织专门人力，以最快的速度上门服务。那个年轻人惊讶地表示，农业银行的服务真是细致高效啊！就这样，一次不经意的交流，为农行带来800多万元的储蓄存款。

田经理说看似偶然的事情往往有其必然，客户就在身边，关键看你是否有一颗真诚服务的心。作为一名客户经理，一句话、一个细微的动作，往往都能让客户做出选择。

为客户创造更多价值，让客户满意，培养忠诚客户

客户需要的不仅是产品和服务，还要以最小的成本来满足自己的金融需要。谁能为客户提供更大的价值，谁就能在竞争中取胜。要和客户长期合作，就要站在对方的角度思考，为对方的利益着想，通过帮助客户增值实现自身利益。

一家生产铅锌的客户在农行获得授信，当时，铅锌价格正一天一个价地往上涨。田经理以最快速度办完放款手续，但去签订保证合同时，却发现企业法人代表去了大理，一时还赶不回来。客户心急火燎地催着放款，因为每耽误一天就要损失上百万元。怎么办？田经理和同事驾车赶到大理，找法人代表签完字后立刻往回赶。当时天上下着小雨，路面湿滑，一不小心汽车撞到了隔离栏上，田经理受了擦伤。但田经理没有耽误，让同事带文件坐大巴赶回，当天就把款放了出去。等田经理赶回昆明去医院治疗时，已是华灯初上。企业老总知道后，亲自上门道谢，并将结算回款全部转入农行。

（资料来源：王淑翠.客户服务案例[M].北京：中国经济出版社，2013.）

（1）售前服务的内容

售前服务一般是通过进行广泛的市场调查来研究分析客户的需求和购买心理，在向客户销售之前，采用多种方法来吸引客户的注意和兴趣，激发客户的购买欲望而提供的一系列服务。随着市场上商品日益丰富，要在纷繁复杂的商品中使客户对自己企业的产品有兴趣并产生购买欲望，售前服务无疑在其中担当重要的角色，因而成为企业之间竞争的重要一环。最常见的售前服务主要有以下几种。

①广告宣传。广告已成为人们生活中的一个重要组成部分。好的广告制作精良、设计巧妙，给人以艺术上的享受，从而丰富了人们的文化生活。不仅如此，广告宣传实际上是一种售前服务的方式。它通过向客户传送有关产品的功能、用途、特点等信息，使客户了解产品，并诱发客户的购买欲望，还有利于扩大企业的知名度，树立企业的良好形象。因此，企业必须高度重视广告宣传。

②销售环境布置。客户在购买商品时不但重视产品本身和销售人员的服务，对销售环境的要求也不断提高，希望能在舒适、卫生的环境中购买商品。销售场所的环境卫生、通道设计、铺面风格、招牌设计、内部装饰、标识设置、灯光色彩、商品摆放、营业设备

等因素综合而成的购物环境会给客户留下不同的印象,引发客户不同的情绪感受,这种情绪将在很大程度上左右客户的购买决策。销售环境的布置还对树立企业形象有着重要的作用,它最直接地体现出企业的经营管理状况。因此,它作为售前服务的一种方式,应该引起企业的充分重视。

③提供多种方便。客户购买商品不只是看重产品实体本身,还非常重视由此享受到的便利服务。你越是为客户考虑得周到,客户就越有可能购买你的商品。因此,销售主体应尽可能地为客户提供方便,如为客户提供技术培训、免费咨询指导,商店设立问讯处、服务台、试衣室、休息室、储蓄所,为客户免费供应开水等,一方面让客户感到舒适方便,另一方面也节约了客户的采购时间,提高了采购效率。

④开设培训班。随着新技术的不断发展及其在产品中的广泛运用,许多技术含量高的新产品不断涌现。这些产品结构复杂,操作方法相对较难掌握,对使用者的知识水平等方面要求较高。因此,企业应为客户开设各种培训班,提供技术咨询和指导。通过参加培训班,客户掌握了有关技术,可能会对产品产生兴趣,有助于激发客户的购买欲望,促进产品的销售。若开设培训班能吸引较多客户的话,还能够扩大企业的知名度,树立企业的良好形象。

⑤开通业务电话。开通业务电话、提供电话订货等服务,可以使企业的触角伸到原本未进入或难以进入的市场,抓住更多的销售机会,挖掘潜在客户,扩大企业的市场份额,增加产品的销量。

⑥提供咨询。客户在购买商品之前一般都会收集尽可能多的商品信息和资料,在此基础上权衡得失,从而做出购买决策。企业应派遣有专业知识的人员在销售场所开设咨询服务台,或在外出销售时为客户提供各种咨询服务,以加深客户对商品的了解,增强客户对商品和销售人员的信任程度。

⑦社会公关服务。企业协助举办大型歌舞晚会或体育比赛、赞助希望小学、为灾区人民捐款捐物、创办社会福利机构等都属于社会公关服务。这类服务所资助的领域往往都是人们关注的焦点,其社会影响很大,能大大提高企业的知名度和美誉度。企业也可通过举行记者招待会、产品展销会等活动来销售、介绍产品,扩大影响。

售前服务的方式可以说不拘一格、层出不穷,且发展和创新的空间无限。企业应具有开拓性思维,不断创新,以适应整个市场的变化和消费者的需求。总之,有效地运用售前服务这一手段,有利于消除客户的心理顾虑,增强客户的购买信心,从而达到促进商品销售的目的。

(2)售中服务的内容

售中服务是指在销售过程中所提供的服务,主要包括以下几项内容:

①向客户传授知识。销售人员在向客户销售产品的同时,必须向客户介绍有关产

品性能、质量、用途、造型、品种、规格等方面的知识。一方面，这是客户做出购买决策的客观要求，即客户在决定购买时，必须了解有关知识，以此作为权衡和考虑的依据；另一方面，销售人员详细地向客户介绍产品，有利于营造良好的销售氛围，形成和谐的人际关系，因此也有促进销售的作用。

②帮助客户挑选商品，当好参谋。当客户向销售人员询问商品的价格、质量、性能、用途及商品的优点和缺点时，销售人员如能根据客户的需求心理进行介绍，正确地引导客户，当好参谋，就能使客户按理想的方式来权衡利弊，从而有利于促成交易的最终实现。销售人员在帮助客户选购商品时，一定要设身处地为客户着想，放弃自身的习惯和爱好，依据客户的特点和想法因势利导。

③满足客户的合理要求。在销售过程中，客户必然会提出许多要求，其中有些是比较合理的。销售人员应尽最大努力满足客户的这些合理要求，提高客户的满意度，增强客户对销售人员的信任，从而促成交易；同时，还能增加客户的重复购买率，并提高企业的声誉。

④提供代办业务。售中服务不仅对普通消费者非常重要，而且也受到批发零售商、生产企业这类客户的重视。向这类客户提供的售中服务主要包括代办托运、代购零配件、代办包装、代办邮寄等。这些服务为客户带来了更大的便利，不仅可以吸引更多的客户促成交易，密切产需关系，而且还能增强客户的信任感，提高企业的竞争力，甚至与客户达成长期的合作伙伴关系。

⑤操作示范表演。操作示范表演能让商品现身说法，真实地体现出商品在质量、性能、用途等方面的特点，引发客户的兴趣，并激起客户的购买欲望。这种方式还能使销售人员的说法进一步得到证实，更有说服力，增加客户的信任。

（3）售后服务的内容、问题与技巧

售后服务是指在商品出售以后所提供的服务。售后服务既是一种促销手段，又是扩大企业影响、树立企业良好形象的方法，必须予以足够的重视。随着企业之间的竞争日益激烈，售后服务已发展成为关系到企业生死存亡的大事。它不仅是一种强有力的促销手段，而且承担着"无声"宣传员的责任。而这种无声的宣传比那些夸夸其谈的有声宣传要高明得多，它是客户最可信赖的广告。

①售后服务的内容。售后服务不限行业，也不拘泥于一种形式，它有着广泛的内容和未被开拓的领域。就当前发展来看，主要包括以下几个方面：

第一，送货上门。对购买较笨重、体积庞大、不易搬运的商品或一次性购买量过多、自行车携带不便或有特殊困难的客户，有必要提供送货上门服务。其形式可以是自营送货，即用企业自己的设备送货，也可以采取代管送货的形式，即由企业代客户委托有固定关系的运输单位统一送货。送货上门服务对于企业来说并不是很困难的事，但却为客户提供了极大的便利。

第二,安装服务。随着科学技术的发展,商品中的技术含量越来越高,一些商品的使用和安装也极其复杂,客户依靠自己的力量很难完成,因此就要求企业提供上门安装、调试服务,保证出售商品的质量,使客户一旦购买就可以安心使用。这种服务解决了客户的后顾之忧,大大方便了客户。

第三,包装服务。商品包装也是客户服务中不可缺少的项目。商品包装不但使商品看起来美观,而且还便于客户携带。许多大中型和有声望的企业在包装物上印刷本企业的名称、地址、标识,起到了广告宣传的作用。

第四,维修和检修服务。企业若能为客户提供良好的售后维修和检修服务,就可以使客户安心地购买、使用商品,从而减轻客户的购买压力。有能力的企业应通过在各地设立维修网点或采取随叫随到的上门维修方式为客户提供维修服务。企业也可抽样巡回检修,及时发现隐患,并予以排除,让客户感到放心、满意。

第五,电话回访和人员回访。客户购买商品以后,企业应按一定频率以打电话或派专人上门服务的形式进行回访服务,及时了解客户使用产品的情况,解答客户提出的问题。

第六,提供咨询和指导服务。客户在购买产品后,还不熟悉产品的操作方法,或不了解产品一旦出现故障应如何予以排除。因此,企业应为客户提供指导和咨询,帮助客户掌握使用方法和简单的维修方法。

第七,建立客户档案。建立客户档案的目的是与客户保持长期的联系。通过这种方式,一方面可以跟踪客户所购买商品的使用和维修状况,及时主动地给予相应的指导,以确保商品的使用寿命;另一方面还可以了解到客户的喜好,在出现新产品后,及时地向可能感兴趣的客户推荐。此外,销售人员还可以利用客户档案,以上门拜访、打电话、寄贺年卡等形式,与客户保持长期的联络,提高客户的重复购买率。

第八,妥善处理客户的投诉。无论企业和销售人员的售后服务做得如何尽善尽美,有时总难免会招致一些客户投诉。企业和销售人员应尽可能地减少客户的投诉,但在遇到投诉时,要运用技巧,妥善处理,使客户由不满意转变为满意。

②常见的售后问题。售后服务中的许多问题都是针对某一具体公司的,公司不同,采取的售后服务策略也就不同。但在实践中仍然存在一些一般性的问题,诸如价格变动、交货延迟、安装粗劣、促销信息缺乏、付款信誉不佳和培训不足等。具体如下:

第一,价格变动。如果价格变动,尤其是提价,处理不当,很可能产生问题。发生的任何价格变动,应该立即记录在公司的价格表上。产品或服务的初始价格没有准确陈述的情况会让客户产生不信任感和愤怒感。每当价格变动,尤其是提价,销售人员应通知客户,以便他们能采取合适的行动。

第二，交货延迟。因为一些不可抗拒的因素，发生延迟交货现象是在所难免的，但延迟交货却是用户经常产生不满的售后问题。延迟交货可能影响客户的计划，且若延迟导致缺货，则在一段时间里可能减少对客户的销量。一旦出现销售人员无法控制的延迟交货，销售人员应该使他们的客户对按合同精确交货的预期最小化，并及时让客户了解延迟交货的原因。销售人员可以借助核实订单是否准确、是否包含了所有必要的信息、手续是否齐全等，帮助制止某些延迟交货的发生。

第三，安装粗劣。一些产品是需要企业来帮助客户安装的。通常，产品的安装不是销售人员的责任，但尽其所能保证安装恰当地完成是良好服务的准则。至少每个销售人员应该与客户联系，确认在安装期间没有任何问题发生。

第四，促销信息缺乏。销售人员必须确保每一位客户清楚地了解任何可能得到的促销资金或津贴。大部分公司按照金额和产品给予客户促销津贴，这些津贴可以是合作广告、产品购买数量、促销展示或新产品试用等形式。无论何种形式，销售人员应该使每一位客户清楚津贴及其使用方式。

第五，付款信誉不佳。直接影响客户良好感受的一个问题是付款信誉不佳或遇到限制。销售人员需要与其公司信贷部门的人员熟识，并确保负责他们账户的人与他们的客户维持好的业务关系。销售人员应该发现与特殊客户的潜在信贷问题，并做出格外仔细的解释，以避免发生任何问题和感情伤害。

第六，培训不足。对于某些特殊的产品，销售人员接受良好的产品使用培训是很重要的。在一些例子中，这一技巧非常复杂，致使培训成为售后服务不可缺少的一个环节。没有培训，客户的满意度将大大降低；培训不足，客户可能无法恰当地使用产品，也会产生不满。

③售后服务的技巧。为了发展满意的客户，销售人员必须在交易之后继续提供服务。很多公司青睐于和其他客户做更多的生意，而往往忽略了售后服务环节。然而，假如公司无法提供恰当的售后服务，则很可能使原本满意的客户变得不满意。

2-1-6 课堂小实训

首先，良好的售后服务，从交易成功之后发出一封表达诚挚谢意的信开始。大约在交易达成的两天后，无论是写在公司信纸上的正式信函、一张非正式的便条还是一张明信片，都能用来表达对客户的谢意。

2-1-7 实训题：认知客户服务

其次，要不断地检查送货情况。在送货的那一天，销售人员应电告客户，这不仅是为了确定一下货物已送出，更是为了表明销售人员对客户应该得到的服务的重视。一旦发生了送货不能执行或收到时货物损失等问题，销售人员可以采取恰当、及时的行动。问题发生了，应该由销售人员而不是其他人告诉客户有关消息。

然后，销售人员应该确保买方公司的雇员了解所购产品的功能或用途。买方对卖方及其产品有恰当的认识，进行应有的培训常常能够使投诉防患于未然。

最后,如果产品要求安装,销售人员应该在送货后立即拜访买方,以确保产品恰当地安装和不发生任何问题。即使没有发生任何问题,这一拜访也能向买方公司表明销售人员对建立长期业务关系的态度。这一拜访,也许比其他行动更能显示销售人员及其公司的诚意和可信度。

2-1-8 测试题:认知客户服务

良好的售后服务,一方面能够保证使他们的客户满意,这对未来的销售非常重要,因为向满意的客户销售相同的或新的产品比寻找和出售给潜在的新客户要容易得多。另一方面,良好的售后服务也能提供潜在的贸易机会,因为满意的客户通常是潜在客户最好的信息源。客户和提供售后服务的销售人员之间的融洽关系,对客户之间的相互参照是卓有成效的。

子项目二 确立客户服务标准

学习目标

1. 了解确立客户服务标准的步骤
2. 了解确立客户服务标准的三大要素及确立客户服务标准的指导原则
3. 了解确立客户服务标准的重要性、制定客服标准要注意避免的误区,能够贯彻实施客户服务标准

2-2-1 课件:确立客户服务标准

工作任务

了解了客户服务的含义及相关内容后,下一步就是根据企业实际制定客户服务标准。企业制定客户服务标准,可以使企业和企业员工明确目标,向企业员工传递期望;同时,企业应将客户服务标准作为评价员工服务质量的依据,使客户对企业客户服务起到监督作用。制定一套有效的、可行的优质服务标准,是企业开展客户服务工作的基础,而确保标准得到贯彻和实施,则是企业保持较高客户满意度的前提。

2-2-2 微课视频:确立客户服务标准

请对奔驰汽车公司的客户服务标准进行分析,并根据不同的企业制定不同的客户服务标准。

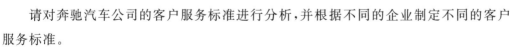 任务解析

奔驰汽车公司是世界十大汽车公司之一。奔驰汽车公司除以生产高质量、高性能的豪华汽车享誉全球外,它还提供了世界上最标准、最贴心的客户服务,赢得了客户的

信赖和支持。即使在经济危机的年代，奔驰汽车公司仍能"吉星高照"，在激烈的国际竞争中求得生存和发展，成为世界汽车工业中的佼佼者。奔驰汽车公司之所以能取得这样的成就，归结于公司一直视服务为自己的生存基础，特别是在服务标准化方面，公司做出了巨大的努力。

服务标准化是指从制定标准到发布标准及全面实施该项标准的全部活动过程。服务标准化是服务向高层次发展的标志，是使服务工作量化和规范化、提高服务质量的重要保证。

第一步　制定服务标准

为了让服务标准更切合客户的需求，在制定服务标准时，奔驰汽车公司强调服务标准应以客户的需求为导向。在制定服务标准时应注意标准的可操作性，提出的服务标准应是明确具体的和可衡量的。为了做到这一点，奔驰汽车公司还请了众多一线的客户服务人员参与制定这些标准。

奔驰汽车公司充分认识到公司提供给顾客的产品，不只是一个交通工具——汽车本身，还应包括对客户的服务。为此，奔驰汽车公司制定了一系列服务标准，如产品质量标准、快捷服务标准等。

第二步　实施服务标准

在标准化的指导下，奔驰汽车公司千方百计地使产品质量标准首屈一指，并以此作为夺取市场的首要策略。为此，公司建立了一支熟练的员工队伍，制定了一套对产品、部件进行严格质量检查的质量保障制度，从产品的构想、设计、研制、试验、生产直至维修都突出质量标准化控制。

奔驰汽车公司还有一个完整而方便的服务网，这个服务网实现了快捷的标准化服务。它包括两个系统：一个是分销服务网，分布在德国各大中城市。在分销处，人们可以看到各种车辆的图样，了解到汽车的性能特点。在订购时，顾客还可以提出自己的要求，如车辆颜色、空调设备、音响设备乃至保险式车门钥匙等。另一个是维修系统，奔驰汽车公司非常重视这方面的服务工作。公司在德国有 1244 个维修站，工作人员 56000人。在除德国外的 171 个国家和地区，公司设有 3800 个服务站。维修人员技术熟练、态度热情、检修速度快。

奔驰汽车公司为了实现服务的标准化，进一步提出，奔驰车一般每行驶 7500 千米需换机油一次，每行驶 15000 千米需检修一次。对客户服务人员来说，这些服务项目必须在当天办妥。在换机油时，如发现某个零件有损伤，维修站还会主动打电话通知车主征求是否更换的意见。如果车子意外地在途中发生故障，开车人只要向就近的维修站打个电话，维修站就会派人来修理或把车拉回去修理。

在对客户服务人员的要求方面，奔驰汽车公司更是格外严格。公司对员工向顾客展示的行为举止、仪表仪态、语音语调、头发长度、化妆程度、佩戴的首饰，甚至香水的浓度都有细致的规定。

第三步　制定标准化服务的保障机制

为了让员工更好地执行公司的标准化服务，奔驰汽车公司从以下四个方面来保证标准的准确实施。

1. 培训员工，达到标准

如果员工的服务达不到标准，标准就成了一纸空文。在拟定培训计划时，公司明确了以下要点：执行服务标准的员工需要什么技能；员工缺少哪些技能，应在哪些方面加以培训；确定用什么方法使员工获得这些技能和确定培训员工所需的时间与经费。

此外，为了让员工认同和自觉执行服务标准，公司还发动员工参与制定服务标准。

2. 检查标准执行情况

如果不对标准的执行情况进行检查，就很难保证标准得到彻底实施。奔驰汽车公司在公布标准的同时，就让其员工知道：公司会根据标准对他们的表现进行检查、谁会负责检查、检查方式、检查频率等。

3. 通报检查结果

除了公布标准执行情况，奔驰汽车公司还让员工了解企业的经营状况，如回头客的数量、新顾客的数量、利润、顾客满意指数等，尤其是标准执行前后的变化，让员工看到他们的行为给企业带来的巨大影响。另外，为了激励员工热情参与，他们还奖励优秀员工，树立榜样。

4. 定期审核服务标准

奔驰汽车公司提出，一年至少审阅企业服务标准一次，并不断更新服务标准，使之适应市场变化和企业变化。

一般而言，服务标准化要注意以下几个方面：

（1）明确建立服务标准的优点。建立服务标准的好处很多，如确保服务质量的稳定，可以使客户购买时放心；提供服务绩效评判依据，可以提高客户的满意度，促使员工持续改进服务行为等。

（2）掌握制定服务标准的着眼点。一般而言，制定服务标准的着眼点有三个，即产

2-2-3 案例：麦当劳的标准服务流程

品质量标准、程序快捷程度标准和技术的准确性标准。

（3）服务标准化要明确具体和具有可操作性。服务标准化的具体要求很多，一般可概括为服务标准必须明确具体，服务标准必须具有可衡量性等。

（4）标准化服务要体现客户的需求。

（5）建立服务标准化准确实施的保障机制。

知识拓展

制定一套有效的、可行的优质服务标准，是企业开展客户服务工作的基础，而确保标准得到贯彻和实施，则是企业保持较高客户满意度的前提。

（一）确定客户服务标准的重要性

企业确定优质客户服务标准，不仅使企业和其员工开展客户服务有了依据，同时也使企业和其员工开展客户服务的质量好坏有了评价的标准，而且还能使客户对企业起到重要的监督作用。

1. 为企业和企业员工明确目标

规范的优质服务标准为企业的服务团队和员工设定了一个明确的目标，使企业员工清楚他们努力工作的意义和必须达到的要求，使他们有了工作的目标感和方向感，从而瞄准目标，向着正确的方向共同努力。

2. 向企业员工传达期望

清晰、简洁、量化和可行的优质服务标准构成了对所有服务行为期望的共同基础，通过确定优质服务标准，企业向员工传达了这样的信息："这就是企业所期望的，是我们所有客户都想要的，是企业出色的客户服务工作的归宿。"

3. 评价员工服务质量的依据

企业制定的一整套客户服务标准，是企业进行客户服务人员选拔和录用决策的文件，也是企业客户服务人员工作职责的具体描绘，它将贯彻到企业员工的培训工作中，进而将这些服务标准转化为客户服务人员更为具体的、更细小的操作标准。同时，企业制定的这些清晰、简洁、量化和可行的优质服务标准又可成为对客户服务人员工作行为和服务质量评价的依据，从而使企业服务团队的水平得以不断提高。

4. 使客户对企业的客户服务起到监督作用

企业制定的优质客户服务标准，不仅对企业和员工开展客户服务工作起到指导作用，同时也对企业和员工起到监督和约束作用。客户通过企业公布的客户服务标准对照企业和客户服务人员的服务行为，对他们的服务质量进行评价，把他们的满意和不满意告诉企业，从而使企业不断改进服务，使企业的服务质量跃上一个新的台阶。

（二）确立客户服务标准的指导原则

1. 客户服务标准应有员工共同参与设计和认可，能反映组织的目标

企业客户服务员工处于服务的第一线，对客户的需求最了解，也最有发言权。因此，制定企业客户服务标准时，应该让企业的客户服务员工参与设计，并得到他们的认可，只有这样，企业制定的服务标准才可能切合客户的实际，才可能使企业的服务员工不折不扣地执行自己制定的服务标准；同时，在有条件的情况下，企业可邀请客户参与对服务标准的制定，这样做一方面可使制定出来的服务标准更加切合客户的实际需要，另一方面可增进企业与客户之间的关系，使标准能够得到更好的贯彻和实施。客户服务标准应该体现出企业的经营理念和目标，通过优质的客户服务工作使客户满意，从而使企业的经营目标得以实现。

2. 客户服务标准应该陈述清晰，通俗易懂，切实可行

企业制定出来的服务标准应该以书面的形式清晰地加以陈述，使企业客户服务员工能够更好地理解和执行，也使客户能够有依据地对企业的客户服务工作进行监督。企业要从自身实际情况出发，制定出能满足客户需要的，同时又是本企业切实能够做到的，并且对企业服务员工和客户都是通俗易懂的标准。

3. 客户服务标准能满足客户的要求

企业开展服务工作的最终目的就是为了满足客户的需要，因此，在制定服务标准的时候，必须将客户在物质方面和精神方面的要求体现出来。

4. 客户服务标准须得到上层管理者的支持，执行不允许出现偏差

服务标准的具体执行者是企业的客户服务部门，而服务部门开展客户服务工作离不开上级管理部门和管理者提供的物质方面的保障以及精神上的支持，否则，客户服务工作将难以顺利进行。企业的服务标准确定之后，在公布时必须准确，执行时必须不折不扣，不允许出现任何偏差。

5. 客户服务标准不适用或已经过时应予以修正，必要时应添加新的标准

客户对企业提供的服务标准的要求会不断提高。企业要定期或不定期地对不适用或已经过时的服务标准予以修正，使企业的服务质量进一步提高，以更好地满足客户的需要。所有相关员工必须同意和确认某些新标准会随着新技术、新工艺的出现而不断出现，为了跟上时代发展的步伐和满足客户新的需要，企业在必要时应该添加新的服务标准。

6. 客户服务标准必须得到有效和持续的沟通

企业客户服务员工和有关管理人员要经常与客户进行有效的沟通，让客户理解企业客户服务的理念和了解服务标准的内容，使服务标准得到更好的贯彻和执行；同时，

2-2-4 阅读材料：某宾馆客房硬件检查的标准

经常与客户进行有效的沟通,能够及时向客户传递企业的相关信息和掌握客户的新需要。

(三)确立客户服务标准的三大要素

优质客户服务标准包括三大要素,即服务硬件、服务软件和服务人员。这三个要素相辅相成,缺一不可。

1. 服务硬件

服务硬件是指企业开展客户服务所必需的各种物质条件。它是企业客户服务的外包装,起到向客户传递服务信息的作用;它是企业开展客户服务工作必须具备的基础条件,也是客户对企业形成第一印象的主要因素;它为客户的服务体验奠定了基调。服务硬件一般包括以下几个方面。

(1)服务地点。客户在购买产品和获得服务时希望更方便、更快捷,因此,企业距离客户更近,能使客户更方便地获得企业及时、高效的服务,成为客户选择企业的重要因素。这一因素在零售行业表现得尤为突出。

(2)服务设施。服务设施主要是指企业为客户提供产品或服务所必需的基本工具、装备等,如运输车辆、行李寄存处、停车场等。服务设施包括质量和数量两个方面,设施的质量决定了企业为客户提供的服务好坏,而设施的数量决定着企业提供服务的能力大小。

(3)服务环境。服务环境主要是指企业为客户提供服务的空间环境的各种因素,包括服务场所的内外装修、环境的色彩、空间大小、光线明亮程度、空气清新度、环境卫生清洁度、温度与湿度、空气气味、家具的风格与舒适度、座位的安排,等等。它是客户购买产品或接受服务过程中的服务体验的主要因素。

2. 服务软件

服务软件是指开展客户服务的程序性和系统性,它涵盖了客户服务工作开展的所有程序和系统,提供了满足客户需要的各种机制和途径。服务软件包括以下几个方面:

(1)时间性。时间性是指企业为客户提供服务时完成服务的时间标准,服务的每个过程、每个步骤都应该规定具体的完成时间。

(2)流畅性。流畅性是指企业为客户提供服务时企业内部各部门、各系统、各员工之间要相互配合、相互合作,使服务能顺利、流畅地完成。

(3)弹性。弹性是指企业为客户提供服务时,企业的服务系统具有根据客户的实际需要及时进行调整、灵活处理的特性。

(4)预见性。预见性是指企业为客户提供服务时能对客户的需要进行准确的预测,并且在客户没有提出时,能主动为客户提供该项服务。

▇◣ 2-2-5 阅读材料:某餐馆的部分客户服务标准

（5）沟通渠道。为了保证企业客户服务系统的正常运行，及时了解客户的实际需要，以便向客户提供优质的服务，企业内部以及企业与客户之间必须保持畅通的沟通渠道。

（6）客户反馈。企业必须建立有效而可观测的客户反馈系统，以便及时了解客户对服务工作的意见、客户的想法、客户对服务的满意度。

（7）组织和监管。企业应对客户服务部门和服务人员进行有效的监督和管理，使客户服务系统能够正常地运行。

3. 服务人员

企业的服务硬件和软件是理性的、规则的，而这些规则是靠服务人员来执行的，服务人员的服务意识、服务精神以及他们在服务过程中的一言一行等个性化的东西决定着服务质量的好坏。服务人员的个人因素包括以下几个方面。

2-2-6 阅读材料：某餐厅服务员工作标准

（1）仪表。客户服务人员在为客户提供服务时，其形象的好坏对客户的心理活动产生着积极的或消极的影响。企业要制定能使客户留下良好印象、制造和谐气氛、产生良好情绪的符合仪表要求的外在指标，如男服务员头发不能盖过耳朵，不能留奇形怪状的发型，不能染发，不许留胡子，指甲不能过长；女服务员脸部适当着淡妆，着装要统一，佩戴服务牌等。

（2）态度、身体语言和语调。客户服务人员的态度体现在服务人员的表情、身体语言以及说话的语气、语调等方面。它是客户对企业客户服务质量评价的重要方面，也是客户对企业提供的服务满意与否的重要指标。企业要制定在开展服务工作时客户服务人员的态度、身体语言以及说话语气、语调等方面的可观测指标，如服务人员在为客户提供服务时要微笑，说话时眼睛要注视对方，语气要平和、委婉，站立时手势摆放要得体，等等。

（3）关注。关注是指满足客户独特的需求。这种关注或关心是敏感的，它认同客户的个性，从而以一种独特的方式对待每一位客户。企业要制定出以何种方式向客户表示关注，如何才能使客户感觉受到了特别对待，哪些客户需要保持不断变化的、敏感的关注，企业和服务人员为满足这些独特的需求具体怎么做等方面的标准。

（4）得体。得体不仅包括如何发出信息，还包括语言的选择运用。某些语言会把客户赶跑，因此，要注意避免使用这些语言。企业要制定客户服务人员在开展客户服务时的具体语言要求，如在不同的环境下，说哪些话比较合适；在与客户打交道的过程中，哪些话是必须说的；应该怎么称呼客户；应该在什么时候称呼客户的名字，频率怎样；等等。

（5）指导。指导包括服务人员如何帮助客户；如何指导客户做出购买决定，为客户提出劝告和提供建议；在为客户提供帮助的过程中，应该配备什么资源；服务人员需要具备什么知识水平才能为客户提供正确的指导；企业如何了解服务人员的知识水平是否达到标准,如何衡量这个标准;等等。

(6)销售技巧。无论是销售产品还是销售服务,销售都是服务不可分割的一部分。服务的功能是培育、推进和积累销售,因此,有效销售的可观测或可衡量的指标是什么,企业的销售标准是什么,都是销售应关注的问题。

(7)有礼貌地解决问题。客户不满时怎么办,如何使客户转怒为喜;如何对待粗鲁、难以应付的客户;如何理解"客户总是对的",如果客户永远都是对的,企业在保持这个标准上能做到什么程度;应该由谁负责处理客户的不满和问题,他们的权力范围有多大;企业如何知道客户的问题已得到妥善解决,有哪些相应指标,如何观察和衡量这些指标。这些都是解决问题时应予以全面考虑的。

【阅读材料2-3】

海尔集团的客户服务标准、增值服务与服务规范

2021年12月22日,在由中国商业联合会主办,中国认证认可协会、北京五洲天宇认证中心、全国商品售后服务评价委员会等协办的第十届全国售后服务大会上,海尔智慧生活家电(青岛海尔智慧生活电器有限公司)凭借完善的服务体系,斩获"全国国标五星级售后服务企业""全国售后服务企业TOP10"两大荣誉,为行业树立了服务模式的创新标杆。

海尔的服务体系包括"准时上门、限时完成、一次就好"的服务标准、"1+5"成套增值服务以及"12345"+"十要十不准"的服务规范。

一、服务标准

(一)准时上门

按用户约定的时间准时上门。

(二)限时完成

1. 安装

2小时以内完成。

2. 维修

1小时以内完成。

(三)一次就好

1. 安装

人货同步到达,送货安装一次到位。

2. 维修

通过周密的预算做到上门后为用户一次服务到位。

二、"1+5"成套增值服务

"1"是指安装服务"一次就好"。"5"是指五项组合增值服务,分别如下:

1. 安全测电服务

服务前为用户安全测电并提醒讲解到位。

2. 讲解指导使用

向用户讲解产品使用、保养常识,指导用户正确使用,延长产品寿命,降低能耗。

3. 产品维护保养

在产品安装或维修完成后,对产品进行维护保养,以延长产品使用寿命,节约能源,健康使用。

4. 一站式产品通检

不但服务好本产品,对用户家的其他海尔家电进行通检保养。

5. 现场清理服务

服务完毕将服务现场清理干净。

三、服务规范:"12345"+"十要十不准"

(一)"12345"服务规范

1. 证件

上门服务时出示"星级服务资格证"。

2. 公开

公开出示海尔统一收费标准;公开一票到底的服务记录单,服务完毕后请用户签署意见。

3. 到位

服务前安全测电并提醒讲解到位;服务后清理现场到位;服务后通电试机并向用户讲解使用知识到位。

4. 不准

不喝用户的水;不抽用户的烟;不吃用户的饭;不要用户的礼品。

5. 5个"一"

递上一张名片;穿上一副鞋套;配备一块垫布;自带一块抹布;提供一站式产品通检服务。

(二)"十要十不准"服务规范

1. 十要

安装服务要致谢;维修服务要道歉;

咨询服务要微笑;上门服务要准时;

言谈举止要文明;工作作风要迅速;

服装鞋帽要整洁;对待用户要真诚;

解决问题要彻底;爱护企业要同心。

2. 十不准

公共场所不准大声喧哗;上门服务不准迟到拖延;

预约咨询不准含糊不清;服务规范不准执行有偏;

同事之间不准嬉闹打骂;工具携带不准丢三落四;

在用户家不准随意乱动;对待问题不准推诿扯皮;

车辆工具不准乱停乱放;信息传递不准遗漏延误。

(资料来源:作者根据相关材料整理。)

(四)确立客户服务标准的步骤

制定企业优质客户服务标准是一个不断循环的过程,一般可分为四个步骤:第一步,分解服务过程;第二步,找出每个细节的关键因素;第三步,把关键因素转化为服务标准;第四步,根据客户的需求对标准进行重新评估和修改。

1. 分解服务过程

分解企业的服务过程,就是把客户在企业所经历的服务过程进行细化、再细化,放大、再放大,从而找出会影响客户服务体验的每一个因素。

服务圈是一个分解服务过程的工具,它就是客户在企业所经历的关键时刻和关键步骤的图。企业通过这个图去解剖服务过程,从而找出关键所在。不同的行业、不同的企业、不同的岗位,服务圈肯定有所不同,因此,在画服务圈时要结合行业、企业、岗位的特点。服务圈画出来之后,要检查有没有遗漏,确定关键步骤在哪里。画服务圈的工作最好由直接参与某项服务的一线员工或高级顾问来做。

下面是设计合理服务圈的操作原则:

(1)以尽可能完美的结局结束服务。有人认为,一个项目的开始和结尾在客户的眼里具有同等的分量,这是完全错误的。实际情况是,服务项目的结尾部分将长时间、深刻地留在客户的记忆中,因此,它比其他任何一个环节都重要得多。以家电连锁业为例,当顾客购买了大家电,如果公司不仅能为顾客免费送货,而且到顾客家时,能自备鞋套进入顾客家中,安装后还主动帮顾客清理干净,自觉地维护顾客家中的卫生,就会使公司获得较高的满意度。

(2)尽早去除负面影响。行为科学告诉我们,在一系列包含正负结果的事件中,人们往往愿意先接受负面的结果,这样可以避免过分担心,并且使自己具有更好的心理承受能力;他们希望在最后得到正面的、积极的答案,这给他们的感觉会比较愉悦。

(3)承诺选择性。一个十分有趣的调查表明,当献血者可以自主选择被抽血的手臂时,他们感觉到的不适将大为减轻。原因很明显:当人们相信自己可以控制一个过程的时候,心情往往要好许多,特别是当人们感觉不适时。通常这种选择只是象征性的,如选择被抽血的手臂。调查发现,承诺选择性不仅能省钱,还能让客户开心满意。有客户投诉施乐公司,抱怨客户服务人员的维修服务不够迅速。最初,公司曾考虑增加维护人员,但是经过深思熟虑之后,公司决定让客户自己选择维修时间。这让公司知道了维修个体的紧急程度,维护人员可以优先到达发生严重故障的修理现场。正如其所期望的,客户的满意度直线上升。而真正让客户服务人员吃惊的是,所需的维护人员比估计的要少得多。公司最终得出结论:其实客户并不是过分在乎投诉的即时回复,他们在乎的是自己的选择权。

2. 找出每个细节的关键因素

企业和客户服务人员要经常问自己:"什么因素对客户来说最重要?怎样才能使客户选择我们而不是别的企业?"在上一个步骤中,通过服务圈的方式把服务过程进行分解,就是要找出每个细节的关键因素。

在服务过程中,哪些是关键因素呢?如客户进入了停车场,那么客户希望进入的是一个整洁的停车场,停车快捷,有专人指引停车,甚至有人代他泊车,车子放在停车场是安全的。也就是说,在这些细节中,整洁、方便、热情、安全是细节的关键因素。

那么,怎样才能找出每个细节的关键因素呢?这就需要我们对每个细节进行影响分析。关键因素的影响分析应从顾客角度出发,对服务体验的关键要素予以详细的描述。有时,一个本以为自己良好地控制了关键因素的组织会发现,顾客根本不这样认为。因此,必须从客户的体验出发。

3. 把关键因素转化为服务标准

从前面分析的细节中可以发现,一些细微的事情可能影响到某一个关键因素。如某超市停车场的安全栏杆,它每天都千百次地抬起、放下,绝大多数时候是运行自如、无故障的,但是如果某次它出现了问题,就会使这位客户产生负面的服务体验——这家超市的服务"方便"性不太好。因此,要把影响客户服务体验的关键因素标准化、具体化,具体到服务圈里的每一个细节中去。

(1)"物美价廉感觉"的标准化。下面以博士眼镜店为例说明这一问题。

【阅读材料2-4】

博士眼镜店的服务标准

(1)假如我们1小时内不能配好你的眼镜,我们将免费送货到你指定的任何地方。

(2)假如你不适应我们的眼镜,我们可以为你调换或退款,无论你选择哪一种方式,都请在30天之内通知我们。

(3)如果你把它打碎了,我们可以在自配镜之日起12个月内免费调换。

（4）如果我们没有你想要的类型，无论你在这个世界什么地方见过它，我们都会在48小时之内为你找到。

（5）如果你不喜欢我们现有的类型，我们会为你专门定制。

（6）最后，如果你发现与我们款式相同、价格却便宜的眼镜，我们会退还差价。

（2）"优雅礼貌"的标准化。衡量一个人的行为是否礼貌而优雅是一件不太容易的事情，但是我们可以明确怎样做才是礼貌行为，并据此制定出企业对客户服务人员的"礼貌标准"。

4. 根据客户的需求对标准进行重新评估和修改

企业制定的客户服务标准是否合理呢？按照该标准能否达到优质服务呢？这些问题，并不是企业说了算，它必须由客户说了算。因此，企业要根据客户的要求来对标准进行重新评估和修改。许多企业在制定标准时，更多考虑的是这套标准对企业有什么好处、是否便于企业的运作与管理，而不是从客户的角度考虑，因此往往导致客户对企业的不满。那些已经跟不上时代发展步伐的而又不能让顾客满意的"标准""制度"要尽快被重新评估和修改，如果企业的优质服务让这些"死规定"束缚了手脚，到时候失去的就不是几个钱的问题了，还将失去大量金子般的客户。

（五）制定客户服务标准要注意避免的误区

1. 标准越严越好的误区

许多企业认为，标准越严越好，因此可能会出现小餐馆采用五星级大酒店的标准的现象。如果小餐馆真采用了五星级大酒店的标准，那么，其结果必将是：一方面会吓跑原来的顾客，另一方面又不能将出入大酒店的客户吸引过来，最终导致什么顾客也没有了。

2. 标准要符合"行规"的误区

一些企业在制定服务标准的时候，总是拿行业中的模范企业来做样本，以它们为榜样来制定本企业的服务标准，结果制定出来的标准毫无自己的特色，怎么看都不像是自己的，而是别人的。

3. 以平均数为目标的误区

一些企业制定了类似这样的服务标准："顾客提出的要求要在 $3\sim7$ 天内答复""产品维修满意率要达到98%以上""客户投诉率要控制在3%以下"，等等。这些标准初看起来好像对客户挺负责的，实质上是不妥当的，因为这些平均数包含着伤害部分人利益的极端情形。就算这个标准相当实际，如产品维修满意率要达到98%，那么就意味着有2%的客户是100%不满意的；如果客户确实期望5天内交货，平均5天交货的服务标准也包含着提前一两天交货和延误多天交货的情形。前者会增加成本，但不一定使客户满意度提高,而后者会使客户生产经营受到影响,从而产生不满。解决的办法是制定明确的标准,并且要完全达到标准。比如规定所有的订单要在接到后 5 天内将货物从工厂发出,而且只要未达到这个标准,就要立刻采取紧急补救措施。

4. 标准没必要让客户知道的误区

一些企业制定出服务标准后,只在企业客户服务员工的范围内公布,或者将其封存在文件档案中。这些企业认为,服务标准是我们企业对客户服务人员要求的,没有必要让客户知道。其实,企业制定的服务标准是否真正得到贯彻执行,不仅需要企业的管理机构进行监督,而且需要客户的监督,而客户的监督是最好的监督。

【阅读材料 2-5】

美宜佳服务标准

美宜佳控股有限公司是东莞市糖酒集团控股的、在国内第一家连锁超市——美佳超市基础上发展起来的连锁便利店企业。自成立以来,企业门店发展以广东为中心,稳步布局全国。至 2022 年 9 月,美宜佳连锁店数量超过 29000 家,主要分布在广东、福建、湖南、江西、湖北等 20 个省市 200 多座城市。美宜佳在 2018 年进入江浙沪地区,形成广东、华中、华东、华北、西南五大发展区域,成为国内规模较大的特许连锁便利店企业。

25 年来,围绕"社区便利生活中心"的市场定位,美宜佳推行虚实结合的经营内容,从数千种商品到 30 多项便民服务,获得了社会及行业的高度肯定,先后荣获中国零售业十大优秀特许加盟品牌、中国便利店大奖、中国特许奖等上百项荣誉,成为人们生活中亲近的伙伴。

1. 理念的特色

"品质优良,实惠方便"已经是家喻户晓的广告语,是美宜佳人的价值理念。

2. 标志的特色

一提到美宜佳,人们就会想到可爱的小屋标志,同时美宜佳鲜红通透的大招牌也受到社会的认同。

3. 配货的特色

两天一次的有效配送,自动配货、手工报货与总部分货的科学合理搭配是美宜佳的一大亮点,有效保证了门店商品齐全、质量过关。

4. 系统的特色

先进的收银系统,完善的后台监控,操控性强的对外网站和内部网,还有全面应用的 HDCSS 系统,都使美宜佳在当今信息时代更有效地提高运营效率和质量。

5. 标准越细致越好的误区

一些企业在制定服务标准时,总认为标准制定得越细致越好。比如,某电信公司规定:星期一至星期五每天7时至19时,3分钟以内收费多少,超出3分钟每分钟收费多少(后来改为每6秒收费多少);19时至第二天7时收费减半;双休日和节假日收费减半等。

虽然服务具有无形性、易变性等特点,对它进行定价确实是一件很困难的事情,但这是企业自身的事情。顾客不会因为收费的差价而将需要在白天打的电话推迟到晚上七点钟以后再打。顾客往往也没有耐心去计算提前四天和提前两天购买机票的票价差额有多少,更没有时间去盯着公司经常变动的价目表。如果同一个航班上相邻的座位,一个只要800元,另一个却要1000元,前一个顾客可能高兴了,而后一个顾客可就要不高兴了。美国西南航空公司在这一方面又为我们做出了榜样,它们公司的航班座位只有两个价格:高峰期和非高峰期,非常简单明了,顾客也不会无所适从。因此,标准并不是越细致越好,而是要侧重考虑顾客的实际需要和令顾客满意。

（六）贯彻实施客户服务标准

企业制定服务标准不是为了制定而制定,也不仅仅是为了给客户和社会公众看的。企业制定出服务标准后,必须将之贯彻和实施,为客户提供最优质的服务,使客户获得最大的利益,从而也使得企业获得最大的经济效益。具体步骤如图2-1所示。

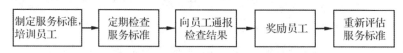

制定服务标准,培训员工 → 定期检查服务标准 → 向员工通报检查结果 → 奖励员工 → 重新评估服务标准

图 2-1　客户服务标准执行步骤

执行客户服务标准首先必须建立员工培训系统,通过对员工进行全面的培训,实现员工服务的标准化;其次是要建立客户服务质量评价系统,对服务标准进行定期检查,及时发现存在的问题,通过客户服务质量的评价不断提高客户服务水平。

对客户服务标准的执行情况加以监督是保障客户服务有效实施的重要措施,具体的监督措施如下。

2-2-7 课堂小实训

1. 开通客户投诉热线

如果顾客对服务不满意,多数人是不会投诉的(除非是大宗、高价的物品),而仅仅是不再光临该企业,停止购买该企业产品。因此,监督客户服务部门的最好的方法是方便客户投诉、提意见。企业可以向顾客公布投诉电话,由监督部门派专人接听、记录,鼓励顾客通过热线电话投诉不良售后服务,提出不满。

2-2-8 实训题:确立客户服务标准

2. 通过客户意见反馈表征求意见

监督部可以通过编制"客户意见反馈表",并让客户填写的方式来征求意见。

（1）"客户意见反馈表"的内容。"客户意见反馈表"中，除了客户的基本情况资料外，还应包括客户对客户服务态度、方式、质量、时效、费用等方面的评价性意见和建设性意见。

2-2-9 测试题：确立客户服务标准

（2）填表方式。填表方式可以是监督部门主动打电话给接受了售后服务的客户，采用电话访问方式填写；可以是在目标客户经常出没的场所设立表格发放点，方便客户取用，让客户填写意见和建议并反馈到企业；也可以是每一次客户服务后都要求客户填写意见反馈表，由客户对本次客户服务的质量做出总体评估，客户服务部门定期将这些意见反馈表交给监督部门，并由监督部门打电话给客户进行抽查，核实情况。需要注意的是，不同方式下的反馈表在编制方式上要有所区别，要符合各自的特点。

（3）监督部门定期拜访客户。除了电话沟通外，监督部门应定期组织人员拜访重要客户，收集客户的意见和建议，或组织座谈会，邀请客户参加来达到这一目的。

2-2-10 辩论赛：客户拓展游戏

（4）设置督导人员。监督部门可以在客户服务部门派驻员工作为督导人员。督导人员隶属监督部门，对客户服务中心的工作进行实时监督，并做好相应的记录工作。

子项目三　提高客户服务水平的技巧

学习目标

1. 掌握与客户沟通的技巧、留住客户的技巧、网络客户服务的技巧
2. 掌握提高服务质量的方法

工作任务

在实施客户服务标准之后，要采取多种策略来更好地为客户提供服务，满足客户的需求，防止客户流失。提高客户服务水平主要考虑与客户沟通的策略、留住客户的策略、提高不同层次客户资产价值的策略及网络客户服务的策略等。

2-3-1 课件：与客户沟通的技巧

学习本模块，要求学生完成下面任务：

能掌握各种提高客户服务水平的技巧，以及提高客户服务质量的方法，并能结合企业实际提出相应的提高服务技巧、取得良好服务成效的对策。

任务解析

很多服务人员在服务过程中，无视客户的情绪和怨气，不懂得如何安抚和排除客户情绪问题，只会一味采用礼貌与客气方式应对。

2-3-2 阅读材料：一次失败的对话：客户为什么拒绝需要的产品

在客户服务中，客户的"情绪"比客户的问题更重要，只有安抚了客户的情绪或排除了客户的怨气，让客户有了愉悦的心情，才能有助于客户问题的解决。如果客户情绪不安稳或处在极度发作中，即使能够解决好客户的问题，客户往往也不会满意。

如何才能做到优质服务，并获得良好的服务成效呢？关键在于以下几个方面。

第一步 树立为客户着想的正确服务意识和思想

有了良好的服务意识和思想，才有可能有良好的服务行为和服务成效。

第二步 认识到为客户服务的作用和责任

客户服务对企业具有巨大的价值，承担服务责任也是企业对客户的承诺。认识到客户服务的作用和责任，能够促使服务人员强化对自身服务工作的责任心。

第三步 了解行业、产品、服务流程与规定

除了要满足客户的个性服务需求外，还需要解决客户的服务问题，这就需要服务人员掌握行业、产品、服务流程与规定等相关知识，以便更快更好地解决客户问题，为客户排忧解难。

第四步 掌握客户服务的基本方法和技巧

客户服务需要方法，更需要针对性的技能和技巧，也只有这样，才能使优质服务成为可能。

第五步 熟悉不同客户的心态和行为特点

不同的客户，其心态完全不同，行为表现也不同。因此，必须了解其心态及行为特点，才能够有针对性地提供个性化服务。

第六步 针对客户特点，实施正确的客户服务方式

对于不同的客户类型，需要采取不同的服务方式。即使是同一服务问题的不同类型客户,也需要采取不同的服务方式,以满足其个性服务要求。

第七步　全心而灵活地服务,全面提高客户满意度

客户服务的好坏,关键要看客户满意度,这是衡量客户服务成效的唯一标准。全面提高客户满意度,就意味着客户服务品质和水平不断提高,客户服务成效和客户服务竞争力得到全面改善。

在实际工作中,客户服务人员常见的错误和不足有:

(1) 没有掌握良好的客户服务技能和技巧。

(2) 不注重对客户类型和特点的了解,或判断不准确,造成服务没有针对性。

(3) 不懂得在客户服务过程中,让客户保持愉悦心情和良好感受的重要性,服务问题虽然得到了解决,但客户仍有抱怨或不满意。

(4) 出现服务不良问题,不懂得主动表示歉意的重要性。

(5) 对客户服务需求,特别是客户服务期望的发现和挖掘不够,以致不清楚客户服务的关键和问题所要解决的程度。

优质服务的本质是解决客户的问题,满足客户对服务的期望,以及达成良好的客户满意度。

服务人员光有礼貌和客气是远远不够的,还需要良好的服务意识,掌握全面的服务技能,懂得有针对性地服务不同类型的客户,掌握让客户愉悦或安抚客户情绪的相关技巧,尤其是面对服务不足的时候,还需要主动表示歉意并及时加以改正等。这些都是非常重要的。

🔍 知识拓展

■ 2-3-3 案例:客户服务技巧之"沟通"技巧

(一) 与客户沟通的技巧

沟通可以创造需求,客户的想法、意见以及企业的服务理念、服务特色的传递都离不开沟通,通过沟通可以实现客户与企业的双向互动。如果在客户服务中得不到有效的沟通,任何服务都会失去意义,因此,全方位的沟通与企业有效地进行战略规划一样重要。全方位的沟通是指与客户沟通时,既要注重语言沟通,也要注重其他方式的沟通。

1. 倾听的技巧

要提高客户服务的水平,客户服务人员就必须善于倾听。认真倾听客户的心声可以产生以下结果。

（1）鼓励客户投诉

当客户知道企业在以友好的方式听他们讲话时，就会解除一部分或全部的戒心，把事情的所有状况告诉企业。如果在客户投诉过程中，企业员工一会儿看看表，一会儿看看窗外，或者反馈信息与客户的问题无关，则会使客户更加恼火，甚至拂袖而去。这样，企业就失去了客户及改进工作的机会。

（2）掌握必要的信息

为了解决问题和更有效地做出决策，需要尽可能地获取信息，而仔细倾听有助于获取讲话者的全部信息。仔细倾听常常会促使对方继续讲下去并举出实例，企业可以进一步了解：客户是如何想的？客户认为什么重要？客户为什么说这些？当企业掌握了尽可能多的信息之后，就可以更准确地做出决策了。

（3）改善客户关系

认真倾听可以改善企业和客户的关系，因为倾听给客户提供了说出事实、想法和感情等心里话的机会。倾听的时候，企业会更好地理解客户，客户也会因为得到尊重而感到愉快，因此，倾听客户的抱怨可以改善企业和客户的关系。

（4）解决问题

倾听是解决客户异议的最好办法。当然，这并不意味着双方必须同意对方的观点，但企业需要表明理解客户的观点和意见的态度。

倾听的最好方法——同理心倾听。同理心倾听就像是给予他人一个可以发泄感觉、情绪，觉得真正被了解而非被批判的开放空间。这必须建立在关心的态度及真心去了解的意图上，包括：在非语言传达中掌握感受，注意倾听，用语言清楚、真诚地给予同理心回应。例如，公司要求客户在下雨天不要把雨伞带入商场，或者要套上胶套才行，可是李女士不肯这样做。你对她的行为的同理心回应是："李女士，不好意思。我们商场这样规定是怕水滴在地上，会很滑，这样顾客会摔到的，希望您能谅解，并支持我们的工作，谢谢！"这样问题不就迎刃而解了吗？

【阅读材料2-6】

服务中学会倾听和个性化服务

在手机专卖店担任导购员的小敏是个个性活泼、口才伶俐的女孩。她对工作非常上心，对客户特别热情，总是不厌其烦地向客户推荐各类产品，对客户的疑问也回答得非常详细，因此让不少客户感到喜欢和满意。

有一天下午，来了一位中年女客户，先是询问了一些问题，然后要小敏拿某款手机的样机看，但看了之后又觉得不合适。

面对此情况，小敏极具耐心，主动介绍各种款式手机，前后达十几款。在客户喋喋不休的话语中,她见缝插针细心解释、主动推介各款机的优点,但总是被对方轻易打断。最终客户还是没买,临走还抢白了她一句:就你话多。

面对此种局面,小敏深感冤枉,自己用心服务竟然得到这样的结果⋯⋯

小敏用心服务的做法为什么没有取得应有的成效呢? 因为客户是多种多样的,每类客户都具有不同的个性特点。熟悉客户的个性特点,针对不同类型客户采取不同的、有针对性的服务方式,才有可能获得良好的服务成效,这也是服务过程中的关键技能。面对喋喋不休的客户,销售服务人员要学会倾听,给予一定的夸赞,并适时制止不必要的谈话。

(资料来源:子秋.本土客户管理案例精解[M].广州:广东经济出版社,2005.)

2. 询问的技巧

在倾听客户诉说的时候,我们要给予客户一定的回应。如果客户本身的思维很清晰,我们也许不需要通过其他的技巧就能够很快地了解他的需求,但是,如果客户的思维很混乱,服务人员就必须通过一定的技巧,迅速地把客户的需求找出来。比如一些老年人,有时候他自己都不知道自己在说什么,他只是想倾诉;还有一些很犹豫的客户,他在买东西的时候,不清楚自己究竟该买什么,看看这个不错,那个也很好,这时你介绍这个又介绍那个,忙个不停,而后面的客户都等了老半天了。这时候就需要运用理解客户的第二大技巧——询问的技巧。

(1)询问的目的

服务人员向客户询问的目的就是了解客户的真实需要,从而更好地为客户提供优质的服务。因此,服务人员所提出的问题不能是漫无目的的,应是有针对性的,然后帮助客户做出相应的判断,这样可以提升理解客户需求的效率。我们发现,优秀的服务人员能够通过几个问题就迅速地找到客户的核心问题在哪里。

一个服务人员的服务技能究竟如何,服务经验是否丰富,关键是看他询问的质量。提问的问题一般有两种,一种是开放式的问题,另一种是封闭式的问题。

(2)开放式问题的使用技巧

开放式的问题可以让客户比较自由地把自己的观点说出来,这种询问方式是为了了解一些事实而采用的。比如服务人员在接待客户时的第一个问题常常是"有什么需要我帮助的?"或者"我能为您做点什么?"等,这就是一个开放式的问题。开放式的问题可以帮助服务人员了解客户的需求所在。一般来说,在服务一开始的时候,服务人员使用的都是开放式的提问。

开放式的问题能不能连续地使用呢? 这要视具体情况而言。有时候我们会发现这样一种情景,如服务人员询问客户:"您的产品出现了哪些质量问题?"结果是有些客户说得很清楚,但有的客户说了半天也不知道他的产品究竟有什么问题。遇到后面的情况,服务人员就不能继续使用开放式的提问,而应该采用另一种提问的方式——封闭式的提问。因为服务人员的问题是开放式的,往往客户的回答也是开放式的,就会出现客户喋喋不休地说个没完的情况。

（3）封闭式问题的使用技巧

封闭式问题的使用是为了帮助客户进行判断,是客户只能回答"是"或者"不是"的问题。如果一个服务人员能够正确、大量地使用封闭式的问题进行提问,那么这个服务人员的职业素质就非常高。

大量地使用封闭式的提问,需要很高的职业水准才能做到。如果你去做美容,你会发现美容师向你提的问题多是封闭式的,如"你的头发是油性的还是干性的?""你对某某洗面奶是否过敏?"等。这种问题可以帮助服务人员迅速判断问题在哪里。封闭式的提问需要服务人员本身有着很丰富的专业知识,如果你到医院去看病,医生连续问几个封闭式的问题,你都是回答"不是",这时你会觉得这个医生完全是在瞎猜,一点都不专业! 因此,大量使用封闭式问题还有一个前提,就是最好得到客户的回答都是肯定的。这表明服务人员的职业水准非常高,因为他有着非常准确的判断能力。

【阅读材料 2-7】

一字之差的沟通艺术

某女士走进一家女鞋专卖店,女店员迎上主动服务。

店员说:"请问有什么可以帮到您?"女士点点头。

店员说:"这里鞋很多,有几款鞋比较合适,您可以试一试。"

女士从中挑选了一款鞋,店员赶紧引领她坐下来试鞋。店员不厌其烦地替女士找合适尺码的鞋,由于这位女士两只脚掌尺码不一样大,所试的鞋总是有一只脚不合适。

店员说:"看来我一时找不到适合您的鞋,您一只脚比另一只脚大。"

女士听了很生气,站起来要走。鞋店经理听到两人的对话,赶紧叫女士留步并致歉。经理再次请女士坐下来,没过多久,一双鞋卖了出去,女士满意地离去。

女士走后,店员问经理:"你究竟用了什么办法让她不生气呢?"经理解释说:"我只是对她说她的一只脚比另一只脚小。"

只是一个字的差异,为什么会有不同的结果呢? 这说明在沟通中要充分尊重对方,不能让对方觉得你是讽刺,尤其当客户有缺陷或不足的时候,更不能够直言相告,否则客户内心将会产生极大的反感并导致情绪发作。女店员没有充分考虑到顾客的感受,尤其是对女顾客,因为说女士的脚大可能会引起对方的反感或恼怒。而经理虽然也把真相告诉了那位女士,但由于考虑了她的真实感受,沟通时充分讲究相应技巧,并带有尊重意味,从而能够获得对方的认可。他能够从女士的角度去看问题,所以他的沟通获得了成功。

知道别人的个性特点和现实感受,然后以尊重的方式去理解、去沟通、去交往,这在客户沟通中是非常关键的,也是必须遵循的沟通原则。

(资料来源:子秋.本土客户管理案例精解[M].广州:广东经济出版社,2005.)

3. 语言沟通的技巧

语言包括书面语言和口头语言,两者都要求礼貌、简洁。有效的口头表达是声音素质和其他个人素质综合作用的结果。一个人的声音素质——发音的音调、音量、口音及语速、停顿、语调的不同,会影响沟通的效果,而其他个人素质包括讲话清晰、准确、真实等。

我们要想清晰地表达自己的想法,语言必须简洁,所讲的材料必须条理化,使用的词必须明确。清晰来源于精心的准备,为达到清晰,我们必须精心地组织语言。清晰的要求是逻辑清晰和表达清晰。简洁追求以极少的文字传递大量的信息。每一个人的时间都是有价值的,没有人喜欢不必要的、烦琐的沟通,但简洁并不意味着绝对地采用短句子或省略重要的信息。

讲话的准确性有赖于所掌握信息的全面性及词汇量的多少。客户服务人员在与客户沟通时,应当避免夸大其词,不要做虚假的宣传,即使客户只发现一个错误,企业也会陷入困境。在与客户沟通时,要避免以下几种不准确情况:数据不足、资料解释错误、对关键部分的无知、无意识的偏见和夸张。

2-3-4 案例:乔治·吉拉德的失败

【阅读材料2-8】

沟通造就销售成功——老太太买李子

沟通是人与人之间架起的一座无形的桥梁,是情感的纽带,同时也能在销售中找到客户真正的需求。

一天,一位老太太拎着篮子去楼下的菜市场买水果。她来到第一个小贩的水果摊前问道:“这李子怎么样?”“我的李子又大又甜,特别好吃。”小贩回答。老太太摇了摇头没有买。她向另外一个小贩走去问道:“你的李子好吃吗?”“我这里是李子专卖,各种各样的李子都有。您要什么样的李子?”“我要买酸一点的。”“我这篮李子酸得咬一口就流口水,您要多少?”“来一斤吧。”

老太太买完李子继续在市场中逛,又看到一个小贩的水果摊上也有李子,又大又圆非常抢眼,便问小贩:“你的李子多少钱一斤?”“您好,您问的是哪种李子?”“我要酸一点的。”“别人买李子都要又大又甜的,您为什么要酸的李子呢?”“我儿媳妇要生孩子了,想吃酸的。”“老太太,您对儿媳妇真体贴,有您这样的婆婆真幸福。您要多少?”“我再来一斤吧。”老太太被小贩说得很高兴,便又买了一斤。小贩一边称李子一边继续问:“您知道孕妇最需要什么营养吗？""不知道。""孕妇特别需要补充维生素。您知道哪种水果维生素最多吗？""不清楚。""猕猴桃含有多种维生素，特别适合孕妇。您要给您儿媳妇天天吃猕猴桃，她一定能生出健康结实的孩子。""是吗？好啊，那我就再来一斤猕猴桃。""您人真好，谁摊上您这样的婆婆，一定有福气。"小贩又开始给老太太称猕猴桃，嘴里也不闲着："我每天都在这儿摆摊，水果都是当天从批发市场找新鲜的批发来的，您儿媳妇要是吃好了，您再来。""行！"老太太被小贩说得很开心，提了水果边付账边应承着。

三个小贩面对同样一个老太太，为什么销售的结果完全不一样呢？第一个小贩没有掌握客户的需求，第二个小贩只掌握了客户表面的需求，第三个小贩善于提问和沟通，了解客户深层次的需求。

需求是一个五层次的树状结构，目标和愿望决定客户遇到的问题和挑战，解决方案包含需要采购的产品和服务以及对产品和服务的要求，这几个要素合在一起就是需求。通过这个案例，我们看到了了解客户动机的重要性以及沟通的重要性。一些营销人员总是把"我了解这个客户的动机了"等话挂在嘴边，但实际上是否真的如此呢？是不是更多时候都只做了第一个小贩呢？

4. 其他沟通技巧

人们所做的任何一件事情都是在沟通、交流，常常在发出语言信息的同时伴有非语言信息。如快下班时来了一位客户，企业员工微笑着对他说"欢迎光临，很高兴为您服务"，但在交流过程中却不时地偷看手表，这种非语言交流表明客户不怎么受欢迎。

非语言沟通主要包括身体语言、沉默、时间和空间等。人在交流时伴随着各种各样的身体语言，如面部表情、身体姿态、动作、姿势等。身体语言是非语言交流的主要形式，它往往是人们内心世界的真实表现。与有声语言相比，身体语言更具有可靠性和真实性，可以更好地表达情感和态度。比如，客户非常生气地说"我再也不来你们这家店了"，可是他并未移动脚步，其实，他是想解决问题，说的不过是一句气话，如果此时你读懂了他的肢体语言的话，你就知道该如何做了。在与客户交往时，一方面要注意把握对方的身体语言，另一方面也要恰当地表达自己的身体语言。

客户服务人员一个冷漠的表情或一个善解人意的微笑、一个粗鲁的动作或一句热情的话语，客户都会感受得到；一个小小的努力或一个小小的失误，都会产生难以想象的后果。人们形象地把客户服务过程中客户的内心感受比作"测谎仪"，客户服务人员服务过程中很细微的变化，客户都可以敏感地感受到，并使之决定是否再次接受你的服务。例如有一家餐馆，用餐者来到餐厅门口，如果客满的话，服务人员会面带微笑，一边道歉，一边安排舒适的位置，并端来茶水、水果、小吃招呼等位置的客人；餐馆真诚地为顾客着想，所有的菜都可以只要半份，而且还可以退换；如果你是带小孩的用餐者，他们还会有专门人员帮你看护小孩。餐馆经营的菜式虽然是大众化的，但是，就是这样细致入微的服务,让这个餐馆短短两年就开了三家分店,并且个个分店都是顾客盈门。

（二）留住客户的技巧

对于客户的流失问题,很多公司和经理人都"归罪"于客户的挑剔、竞争对手的"不择手段"或者其他的外部原因,而很少反省自己的过失与错误。但无论怎么样,只要客户流失了,企业就有责任采取改进措施来补救,而不是抱怨。在即将结束一次服务工作的时候,服务人员要懂得使用留住客户的技巧,最终让客户满意。服务工作给客户的最后印象,对客户最终评判服务质量的优劣有很大的影响。

1. 结束服务时客户的希望

调查表明,几乎所有的客户在与服务人员结束交往的时候,都有着同样的需求:受关注、受尊重。每个客户都希望服务人员能够问一问他的感受觉得满意不满意,并征求一下他的意见,这样客户会觉得比较受到尊重;也可能希望服务人员能够向客户本人表示一下感谢,因为是客户给企业带来了利润,客户才是真正给你发工资的人;客户还希望提供优质服务的企业或服务人员能够给他优惠卡、贵宾卡之类的小礼品,建立良好的关系,以便下一次再来享受你的优质服务;在结束服务离开之后,客户还可能希望你能打个电话问问产品使用的情况,听听他的意见,以保持联系并建立长久的服务关系。概括起来,客户希望服务人员在结束服务时要做的就是:1）确认是否满意;2）表示感谢;3）建立联系;4）保持联系。

2. 留住客户的步骤与技巧

在服务接触的整个过程中,在接待客户、理解客户、帮助客户之后,最后一个阶段就是留住客户。通过以上的分析,我们知道了客户在结束服务时的希望所在,那么,留住客户就是要针对客户的这些希望采取相应的步骤和技巧。

（1）检查客户满意度的技巧

服务人员在结束一次服务工作之后都很想知道客户对服务满意与否,但是我们却很少发现服务人员直接地问客户:"您对我的服务满意吗?"因为这样得到的答案往往是不真实的,客户很少有直接当着服务人员的面进行评头论足的,除非确实是令客户非常不满。因此,服务人员在即将结束服务的时候,在留住客户这个阶段,检查客户满意度的标准用语是:"您看还有什么需要我为您做的?"如果客户回答没有,意味着他对服务人员的服务是满意的;如果他还有其他事情提出来让你做,正好顺水推舟提出来,你再满足他的需求,这样的话客户也不会觉得生硬,而你也达到了目的。因此,一个真正职业化的服务人员,在结束一次服务之后,都会这样跟客户说:"您看还有什么需要我为您做的?"这句话一旦说出口,就意味着服务即将结束。

2-3-5 课件:留住客户的五个技巧

2-3-6 微课视频:留住客户的技巧

2-3-7 案例:强生公司客户关系拓展与维护成功案例分析

（2）向客户表示感谢

作为企业的服务人员，你要为客户给企业带来业务表示感谢。如果是长期合作的客户，你可以说"感谢您对我们企业的信任""感谢您对我们企业长期以来的支持"等，这是代表企业方面的感谢。此外，也要表示个人方面的感谢，你可以说"感谢您在该项目中对我个人的支持"。如果你是服务行业的服务人员，你可以说"谢谢您的惠顾""谢谢您的光临"等。这一点是必须做好的，因为客户都希望服务结束之后能够得到感谢。

（3）与客户建立联系的技巧

表示感谢之后，下一步就要设法与客户建立联系，这是留住客户的关键所在。

在服务过程中，无论是服务人员主动打电话拜访客户，还是客户打电话来咨询或投诉，服务人员都要把握住这样一次改善服务的机会，努力与客户建立起联系。如果客户打电话来咨询某一问题，你可以跟客户说："如果下一次您再遇到类似的问题，您可以直接打电话找我，我叫某某某。如果我不在，您也可以找我的同事，我会把您的一些情况告诉我的同事。如果您有问题的话，他们都会帮助您的。"如果是当面服务的话，在客户离开时，也可以考虑送给他一张优惠卡，并且对他说："如果您下次再来，别忘了带上这张卡，我们会给您优惠的。"可能的话，最好能将客户的一些基本情况如姓名、联系电话等了解清楚并记录下来，以便下次能主动与客户联系。

（4）与客户保持联系的技巧

与客户保持联系，也就是客户关系管理。现在的企业都非常重视在服务结束之后，与客户保持良好的关系，这样可以避免客户被竞争对手抢走。如果一个企业长期不与客户保持联系，那么企业就不知道客户到底对企业的产品或服务是否满意。假如客户得到了比本企业更好的服务，客户就将不再回来，长此以往，企业根本不知道这些客户为什么会流失。也许是因为你的竞争对手的产品降价了，也许是因为你的竞争对手开发出了新的产品，也许是你的竞争对手提供了更周到的服务，但是由于企业没有与客户保持联系，这些信息无法得到，也就无法采取相应的措施加以改进，最终企业将失去大量的客户，企业的生存和发展将受到威胁。因此，在服务结束之后，与客户保持良好的关系对企业来说是非常重要的。

如果能够建立客户档案资料并及时整理更新，定期对客户进行回访和进行新产品的推介，既能为客户提供增值的服务，又能从这些老客户身上创造出新的利润和价值，从而使企业拥有一批忠诚的客户。

2-3-8 微课视频：拓展——Mitti 如何维护客户关系

（5）让客户"买得放心，用得舒心"

长期稳定的产品质量是留住客户、维系客户的根本，良好的产品质量就是良好的"服务"承诺。在这方面，企业必须紧跟现代科技的发展步伐，不断提高产品或服务的科技含量，一方面更好地满足客户的需要，同时也构筑起防止竞争对手进入的壁垒，以降低客户的流失率。如中国海尔的"质量零投诉"、日本企业提倡的"设计零缺陷"和美国摩托罗拉的"亿万分之一的次品率"等。

由于科技的发展,同类产品在质量和价格方面的差距越来越小,而在服务方面的差距却越来越大,客户对服务的要求也越来越高。甚至有人提出,在竞争焦点上,服务因素已逐步取代产品质量和价格,世界经济已进入服务经济时代。正是基于这样的认识,蓝色巨人IBM公司公开表示自己不是电脑制造商,而是服务性公司,"IBM就是服务"的经营理念使其"执计算机产业之牛耳"达数十年之久。

(6)实现与客户的良好互动

在这个竞争激烈、客户决定企业生死的市场中,仅靠产品的质量几乎不可能赢得客户的青睐,更重要的在于要对客户实行有特色、有针对性的服务。

【阅读材料2-9】

满记甜品——多留住5%的客户,利润增长100%

从一家家庭式糖水店发展成知名连锁品牌,满记甜品的成功很大程度上源于"5%技巧"反逼出来的产品品质+服务品质。

"5%技巧"是一套理念,其科学依据是根据研究统计,如果企业能够再多留住5%的客户,利润就能有100%的增长。

1."微笑+小恩惠"法则

为了多留住5%的顾客,满记甜品的创始人在最初的5年时间里细心观察每一位顾客,一旦发现可以"攻克"的准客户,她就主动上去攀谈,在谈笑中了解顾客需求,并免费赠送店内的王牌甜品——芒果班戟"哄客人开心",直到对方心满意足地离开。"微笑+小恩惠"法则让更多顾客记住了满记和它的甜品。香港有一家"秘密满记门店",一直都由她和几个创业的姐妹亲自招呼客人,过去的老顾客一进门就能看到她们熟悉的笑容,感受自然不同,而满记甜品的口碑也在这种充满温暖气氛的营销中逐渐提升。

2."甜得刚刚好"

每个喜欢满记甜品的顾客都知道,满记所有甜品的口味都是"甜得刚刚好"。"甜得刚刚好"是满记甜品根据顾客需求提炼的产品品质,也是多留住5%顾客的核心。喜爱甜食的多数都是年轻女性,而她们恰恰又最惧怕发胖,所以希望甜品能解馋,能吃出精致,但又不会令人长胖。满记的甜品第一口吃下去似乎不太甜,但一份吃完以后就会觉得甜度刚刚好。无论是分量还是甜度,都要不多不少,令消费者觉得"刚刚好",这并不容易,满记从食材源头就开始下功夫。甜品行业虽然利润大,但风险也大,因为甜品所采用的水果等食材都比较"娇气",温度变化或者储存不当都会导致腐烂进而影响口味,所以满记甜品自备中央厨房、生果处理仓及物流运输车队。同时,满记甜品也会根据季

节主推不同的甜品,夏天主打西瓜、芒果等新鲜水果,冬季则以养生中式甜品为主。

3. 严苛的编码制

2-3-9 案例:西单大悦城如何玩转微信服务号

为了确保每款产品的口味,满记甜品从原材料购买到产品生产都采用编码制。从工厂出货前到铺面销售前都配有试味人员,如果变味则可以通过编号查出来自哪个供应商。分店服务上也采用编码制,每碗甜品都有编号,下错单、服务员送错都可以追查。公司管理采取扣分制,出现上述错误或产品出现头发等都要扣分,并以扣除奖金作为惩罚,避免员工互相推诿。在如此严苛的审核制度之下,满记甜品很少出现品质问题,即使偶尔有少数顾客对食品口味感到不满,也可以得到及时有效的解决。严苛的审核流程成为满记甜品最有效的营销手段,每个了解满记甜品编码制的顾客都成为其树立好口碑的功臣。

（三）网络客户服务的技巧

2-3-10 课件:网络客户服务技巧

网络客户服务的过程伴随着客户与产品接触的过程,包括售前服务、售中服务和售后服务。售前服务是利用互联网把企业产品或服务的有关信息发送给目标客户。这些信息包括产品技术指标、主要性能、使用方法与价格等。售中服务是为客户提供咨询、导购、订货、电子货币结算及送货等服务,对于某些可通过网络传输的信息类产品,还可以提供试听和试用。而售后服务的主要内容则是为用户解决产品使用过程中的问题,提供技术支持,排除技术故障,寄发产品改进或升级信息以及获取客户对产品和服务的反馈意见。

2-3-11 阅读材料:电商客户服务要点

实施网络客户服务的较好切入点是回答客户的常见问题。通过设计良好的常见问题解答,企业可以帮助客户解决相当一部分日常问题。客户可以通过电子邮件向公司询问,因此企业需要安排好邮件通路,以保证客户的邮件顺利地到达可以解决问题的地点。讨论区是企业提升服务的另一项有效工具,通过公众讨论区,企业可以知道客户真正的需求是什么。企业还应在自己的网站上建立讨论区,并进行适当的协调和引导,以使讨论区较好地发挥提升客户满意度的功能。

1. 解答客户的常见问题

2-3-12 阅读材料:电子商务客服培训资料

网上客户服务的重要内容之一是为客户提供有关公司产品和服务等各方面的信息。而对众多企业能够提供的信息以及客户可能需要的信息来说,最好的着手点便是在网站上建立客户常见问题解答（Frequently Asked Questions,FAQ）。FAQ是对公司基本情况的介绍,它既能够引发那些随意浏览者的兴趣,也能够帮助有目的的浏览者迅速找到所需要的信息。

（1）建立FAQ

FAQ可以设置两套:一套针对潜在客户和新客户;另一套则针对老客户,进入这

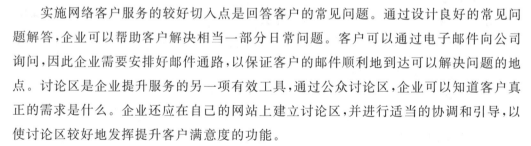

一套 FAQ 需要进行登记。这样做,潜在客户会感受到企业对他们的支持和帮助,因而会更快地转变为现实客户;同时另一套需要登记的 FAQ 对老客户也是不小的诱惑,他们会觉得自己受到重视和特殊待遇,老客户可以在 FAQ 里获得许多一般客户无法获得的消息,如产品何时会增加新的功能、软件里的小问题何时能够纠正等。

（2）设计 FAQ 页面

组织良好的 FAQ 页面能够为企业和客户节约许多花在热线上的时间。在网站中客户应该能够轻易地找到 FAQ 页面,页面上的内容必须清晰易读、易于浏览。

（3）保证 FAQ 的效用

企业建立 FAQ,务必保证它有一定的内容量和深度,问题的回答必须详细到能够对绝大部分客户有所帮助。

（4）使 FAQ 简单易寻

网站设计师碰到的普遍问题是:在网站上放置多少信息才能够在充分利用网站空间的同时保证这些信息简单易查。一些网站为此制定了严格的规则:任何信息都能够在 4 次按钮操作之内达到,每一条菜单都不能超过 7 个选项等。然而,这一规则很难实现,因为网站的不同区域需要不同的引导工具。因此,在主页上应设有一个突出的按钮指向 FAQ,并在每一页的工具栏中都设有该按钮。FAQ 也应能够链接到网站的其他文件上去,这样客户就可以通过 FAQ 进入产品及其他信息页面。同时,在网站的产品和服务信息区域应该设立 FAQ 的反向链接,客户可以在阅读产品信息时回到 FAQ 页面,发现与之相关的其他问题。

（5）选择合理的 FAQ 格式

企业应站在客户的角度考虑这一问题,看看 FAQ 能够使客户对企业产生什么样的认识。常用的方法是按照主题划分成不同区域,这些区域基本能够使客户知道何处可以查询到所需的答案。

（6）控制信息暴露度

企业不必把所有关于产品、服务和企业的情况都刊载上去,虽然这样做表现了企业对客户的真诚,但其中有些情况看上去并不大好,这样会赶走一部分客户。此外,竞争对手也会浏览本企业的网站,信息暴露过多会对本企业不利。

2. 利用电子邮件

电子邮件已成为企业进行客户服务的强大工具。企业网站的其他部门都是从企业的角度去揣测客户的需要并满足它,而电子邮件则直接来自客户,代表了客户的心声和需求,因此是企业实现客户满意的最宝贵的资源之一。

3. 利用公共电子论坛

当互联网的技术和应用蓬勃发展之时,公共讨论这一功能始终保持着其独特的吸引力。互联网上有众多的布告栏（BBS）和新闻组（News-groups），参加讨论的人用留言进行交流，发表对某一问题的看法，因此被称为电子论坛。在电子论坛之下又可划分成不同的讨论区，每一讨论区集中于某一特定的主题。在讨论区中，参加者可以看到其他所有人的信件，同时自己的信件也处于众多人的关注之下。

（1）公共论坛

如果企业希望知道客户的实际感受如何，就必须鼓励公众讨论。在公共论坛中，会有许多客户谈他们对产品的良好印象，以及使用产品时的愉快经历，这无疑会给企业带来美誉。然而，也会有人散布不利于企业的言论。这些人很喜欢在公众面前揭短，一旦某一天买东西时让他多等了些时候，或是不让他退货，他便会牢记在心，并寻找机会在公众面前出口恶气。如果经常碰到这种情况，企业还是应该鼓励公众讨论，只要管理得当，这些言论便会成为企业提高产品质量与服务的宝贵信息。讨论区会使客户形成一个相互帮助的群体，并向客户证明企业对他们意见的重视。因此，企业关注公共论坛的目的在于理解客户的真实想法，并在公众面前予以回应，以增进与客户之间的感情。

（2）建立网站论坛

企业可以采取更加主动的措施，在本企业网站上建立论坛，亲自为客户创造讨论平台。为了便于讨论，企业可以设立不同的讨论组。讨论组划分的方法有多种，如可以按产品线进行划分；如果不同地区的客户需求不同，可按地区划分。但分组不能过多，否则客户将无从下手，而且每一个讨论组中缺乏足够的成员。企业应该扩大论题范围，让人们去谈论整个行业，谈论竞争者，企业可以从客户、供应商和行业伙伴那里学到很多东西。

在企业网站论坛上，人们期望企业给予更多的关注。与公众网站不同的是，人们会认为企业对其中某些重要的议题给予及时的答复是理所当然的。所以，企业可以对论坛实施一定的控制。处理好控制的程度，对于论坛在客户心目中的形象有着重要影响。

4. 利用 QQ、微信等

企业还可以利用网上十分流行的 QQ、微信等方式来与客户进行交流和沟通，以提供良好而精确的服务。移动互联时代，微信已成为相当重要的交流和沟通渠道。

（四）提高服务质量的方法

1. 服务质量的评价标准

服务质量的评价标准即服务质量的要素，这些要素是营销研究人员在对几类不同的服务进行充分研究后总结出来的。这些服务包括机械修理、零售银行、长话服务、证

2-3-13 课件：提高服务质量的方法

券经纪人和信用卡,它们确定了顾客按相对重要性由高到低,用来判断服务质量的五个基本方面:可靠性、响应性、保证性、移情性和有形性。

（1）可靠性

可靠性是可靠、准确地履行服务承诺的能力。可靠的服务行动是顾客所希望的,它意味着服务以相同的方式、无差错地准时完成。如在每天几乎同一时间收到邮件是大多数人的期望。可靠性延伸至确认,在那里要求准确地开列账单和记录。

2-3-14 微课视频:提高服务质量的方法

（2）响应性

响应性是指满足顾客要求迅速提供服务的愿望。让顾客等待,特别是无原因的等待,会对质量感知造成不必要的消极影响。而出现服务失败时,迅速解决问题会给质量感知带来积极的影响。如在误点的航班上提供补充饮料可以将旅客潜在的不良感受转化为美好的回忆。

（3）保证性

保证性是指员工所具有的知识、礼节以及表达出自信与可信的能力。保证性包含以下几个方面:完成服务的能力,对顾客的礼貌和尊敬,与顾客有效的沟通,将顾客最关心的事放在心上的态度。

（4）移情性

移情性是指设身处地为顾客着想,对顾客给予特别的关注。移情性包括接近顾客的能力、敏感性和有效地理解顾客需求。

2-3-15 阅读材料:海底捞取消客人杯子倒满规定——服务本质你摸透了吗

（5）有形性

有形性是指有形的设施、设备、人员和沟通材料的外表。有形的环境条件是服务人员对顾客更细致的照顾和关心的有形表现。对这方面的评价(如洁净)可延伸至包括其他正在接受服务的顾客的行动(如旅馆中隔壁房间喧哗的客人)。

顾客从以上五个方面将预期的服务和接受的服务相比较,最终形成自己对服务质量的判断。期望与感知之间的差距便是服务质量的量度,从满意度来看,它既可能是正面的,也可能是负面的。

2. 提高企业服务质量的具体技巧

（1）标准跟进

企业提高服务质量的一种简捷的途径就是向竞争者学习。标准跟进就是鼓励企业向竞争者学习的一种方法。具体来说,它是指企业将自己的产品、服务与市场上的竞争对手,尤其是最好的竞争对手的标准相比较,并在比较和检验的过程中寻找自身的差距,从而提高自身的水平。施乐公司就是最早采用该方法的企业之一。该公司在面临严重的竞争压力和财务危机的情况下,采取了标准跟进法,很快扭转了被动的局面,不仅重新获得了较高的市场份额,而且降低了生产成本,提高了产品质量。

2-3-16 案例:如何通过服务规范化来提升服务质量

2-3-17 课堂小实训

2-3-18 实训题：提升客户服务水平的技巧

（2）蓝图技巧

企业要想提供较高水平的服务质量并提高顾客的满意度，就必须理解影响顾客对服务认识的各种因素。蓝图技巧为企业有效地分析和理解这些因素提供了便利，它是指通过分解组织系统和机构，来鉴别顾客与服务人员的接触点，并从这些接触点出发来改进企业服务质量的一种战略。它借助流程图的方法来分析服务传递过程的各个方面，包括从前台服务到后勤服务的全过程。蓝图技巧的主要步骤如下：

①把服务所包含的各项内容以流程图的方式画出来，使得服务过程能够清楚、客观地展现出来；

②将那些容易导致服务失败的环节找出来；

③确定执行标准和规范，并使这些标准和规范体现出企业的服务质量标准；

④找出顾客能够看得见的判断服务水平的证据，将每一个证据都视为企业与顾客的服务接触点。

2-3-19 测试题：提高客户服务水平的技巧

项目三

客户售后服务管理

学习目标

知识目标	技能目标	素质目标
通过本项目学习,你应该: ▶ 熟悉了解售后服务工作的意义、内容、方式 ▶ 掌握售后服务工作的流程及完善的措施 ▶ 熟悉客户投诉处理的相关知识和技巧 ▶ 掌握客户投诉处理的程序 ▶ 了解客户售后服务接待礼仪	通过本项目学习,你应该: ▶ 能正确实施售后服务,进行相关管理操作 ▶ 能正确运用各种技巧处理不同类型的客户投诉 ▶ 能填制相关售后服务和投诉管理的单据	通过本项目学习,你应该: ▶ 在售后服务管理中树立起责任意识和道德情操 ▶ 养成投诉处理过程中的职业规范和品德素养

案例导入

售后服务:拒绝维修或修不好

商场如战场,商家不仅需要把自己的商品卖出去,而且需要通过高质量的售后服务来提高客户的满意度,赢得回头客,拓展新客户。

【案例经过】

何先生在一家商场购买了一部手机,使用不到一星期,就发现手机屏幕出现了问题,一闪一闪的,显示内容都看得不是很清楚。

虽然手机还能够通话,也能够上网,但这还是让他十分生气,刚买的手机怎么会出现这种问题? 于是,他拿着手机、保修卡和发票气冲冲地去了卖手机的商场。

经过几番周折后,何先生把手机送到了手机售后服务中心。名为李莉的售后服务员看后说:"手机排线坏了,拆机重装排线就好了。"

何先生听了后虽然还很生气,但是想到手机可以修好也就不计较那么多了。可李莉把手机拆机重装排线后,手机屏幕还是一闪一闪的,无法正常使用。

看到这样,何先生质问道:"你们怎么搞的,手机都给我拆了,也没修好。你们说怎

么办？"

李莉解释："何先生，经过检查，您的手机出现这种问题是由于您在使用过程中让手机进了水或其他不明液体。这是您自己的问题，跟我们无关。"

何先生听了更生气，说："当初买手机时你们说好的有售后服务，现在你们的产品出了问题，你们就应该负责给我修好，其他问题我不管。"

李莉说："这是您自己的问题，不在我们的售后服务范围。"何先生听了更是愤怒，让李莉把经理叫来。经理吴先生解释说，根据有关规定，电子产品进液体后，都不再进行"三包"。

之后，何先生多次尝试与售后人员交涉，但问题都没有得到解决。

（案例来源：董亮.客户服务与客户投诉处理实务手册[M].北京：企业管理出版社，2017.）

【案例思考】

这样的售后可能符合规定，但是规矩是死的，人是活的，商家既然把客户当作上帝，又怎么可以不想尽办法为上帝排忧解难呢？

【案例提示】

这家手机店应该与何先生进行协商，从几个角度为何先生提出解决建议。

1. 换货

换货是从卖家和买家双方利益考虑而采用的方案，一般换货需要以不影响二次销售为原则，具体来说有以下两点。

（1）客户收到商品之日起（以发票日期为准）一定日期内，在保证商品完好的前提下，可无理由换货。

（2）客户收到商品之日起（以发票日期为准）一定日期内，商品发生性能故障，可选择更换同型号商品。

但是何先生手机的问题是人为造成的，本着照顾买卖双方利益的原则，手机店理应给何先生耐心讲解原因以及相应的三包服务内容，然后与何先生协商，让他额外支付一些钱为他换购另一部全新的同型号手机。

通过这样的换货，何先生肯定能感受到商家温馨的售后服务，自然也会以另一种方式来回馈商家。比如他会告诉亲戚朋友、左邻右舍："那家手机店看我手机坏了，及时提供了解决办法，而且服务态度好、处理速度快，在他家买东西没有后顾之忧，买手机还真该去他家。"

换货这个售后方案及时地解决了客户的问题，提高了服务质量，也提高了客户对商家的满意度，客户更能为商家带来更多客源。

2. 加价或减价调货

何先生的手机购买不到七天就出现了问题，这是任何一方都不愿意看到的。可是这家手机店的售后人员对何先生的问题死守规定而不予解决,也不为何先生提供有效的建议,无疑践踏了"客户就是上帝"这条准则,不仅让何先生遭受不小的财产损失,也对这家手机店的名誉造成了不好的影响。

无论从哪个方面讲,手机店都应该采取相应的措施。首先,手机店经理可以对何先生的手机价值进行估算,告诉何先生他的手机现在价值多少,然后告诉他会以最大的优惠给他更换一部其他类型的手机,询问他是否愿意。无论如何,商家不能让客户感到他们购买商品后就被无情地抛弃了,商家在以最大的努力帮助他们解决问题,让他们感觉到自己仍然是上帝。

3. 退货

退货也是一个解决办法。但是因为何先生的手机不在无条件退货范围之内,所以手机店必须向何先生解释清楚:怎样退? 能不能全款退? 为什么不能全款退? 不能全款退,那么能退多少? 为什么给他退这么多? 等等。这些问题都要解释清楚,以免引起纠纷。

小提示:顾客就是上帝,商家不能因为退货就对其有不满、不耐烦的情绪。

😊 岗位介绍

售后服务管理岗位工作内容主要包括:送货、安装、退换货、保修、维修、回访、投诉接待、投诉的处理等。

📊 项目简介

1. 项目内容

对于企业来说,客户售后和投诉岗位是最容易引起矛盾和问题的岗位,有效处理问题、化解矛盾在维系企业和客户的关系方面非常重要。党的二十大报告指出,把握好全局和局部、当前和长远、宏观和微观、主要矛盾和次要矛盾,必须坚持人民至上,必须坚持守正创新,紧跟时代步伐,顺应实践发展,必须坚持问题导向,不断提出真正解决问题的新理念新思路新办法。

售后服务是客户服务业务流程中非常重要的一个环节,应在了解售后服务的内容和方式等的基础上,掌握实施售后服务和完善售后服务水平的手段与要领。

客户投诉在售后服务过程中必然存在。正视客户投诉是做好客户投诉管理工作的第一步。在正确认识客户投诉的基础上,了解客户投诉心理和投诉类型,掌握客户接待的礼仪及客户处理的技巧,按照流程圆满完成投诉处理是本项目的关键。

根据客户售后服务管理的工作内容,我们将该项目划分为售后服务管理、客户投诉

处理 2 个子项目。

2. 工作任务

以本校的校内外实训基地为载体，基于校外合作企业的实际情况，帮助企业建立和完善售后服务体系，正确有效地处理顾客投诉，为企业维持和加强与客户的关系提出相应的对策建议，为企业的发展提供借鉴。

3. 项目学习课时

建议课内教学为 12 课时，课外学习为 12 课时。

4. 项目成果

在项目学习结束后，学生应递交以下项目学习成果：

(1) 针对某企业建立 1 套完整的售后服务方案；

(2) 设计 1 份客户投诉处理登记表；

(3) 设计 1 份客户投诉登记追踪表；

(4) 针对事件设计 1 个投诉处理流程。

子项目一　售后服务管理

3-1-1 课件：售后服务的意义及内容

学习目标

1. 了解售后服务的意义、内容、方式
2. 掌握售后服务的基本流程
3. 能够为企业设计售后服务方案或者完善提高售后服务体系

工作任务

3-1-2 微课视频：售后服务的意义及内容

葛女士上个月到一家大型家电商场购买空调。当时，她本来想买格力空调的，但销售员建议她买另一个品牌的空调，说是此款空调在功能、省电等方面均比格力要好，且价格便宜 10%，于是葛女士就买了那款空调，但却因此给自己找了大麻烦。

当时商场承诺第二天可以安装，可第二天并没有人来，于是葛女士打了两个电话询问何时可以安装。再三催促后，第四天，安装人员终于来安装了。可等空调安装好，一试机却发现是坏的，经检查是线路板问题。

于是葛女士决定退货。退货的过程非常麻烦，一会说没人，一会说没车，一会要求葛女士自己将空调送到商场来退货。购买空调时标明是免费安装包退换，真到了退货的时候，就左推右挡。葛女士先后打了十个电话，找商场的负责人处理此事，却是推三阻四,令人非常恼火,为了此事,葛女士前后跑了商场四五次,浪费了时间、金钱,虽然最后商场赔了钱,但连一句抱歉的话都没有。

相信任何一个客户遇到这种情况,都不会再次踏进这家商场。如今的科技发展日新月异,产品的质量越来越接近,谁的服务做得好,谁的生意才能做大。企业应该牢记"信誉"两字,既然向客户承诺了,就要做到。坚守承诺,为客户竭诚服务,这种服务不只是销售前和销售中的服务,也要做好售后服务。

任务:为该商场制定一套完整的售后服务方案。

任务解析

服务流程如图 3-1 所示。

■ 3-1-3 案例:海尔的售后服务

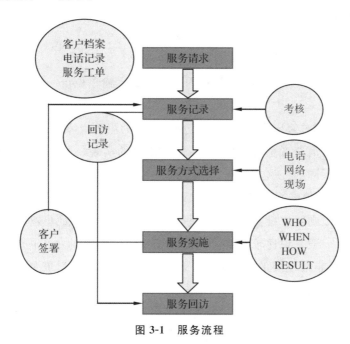

图 3-1 服务流程

第一步 服务请求及内容

服务请求管理是售后服务的核心环节,它是企业提供客户服务请求的接受与跟踪处理的平台。服务管理人员首先接受客户的服务申请,然后为该服务分配相应的工程师,并监督客户服务请求的执行处理情况,及时对服务任务完成情况进行考核。服务人员需要记录在服务执行中发生的关键活动信息。另外,售后服务系统还应提供对服务请求、现场服务的数据统计,为服务部门的管理提供决策依据。最后,为了提高客户满意度,应提供服务请求回访功能。

服务请求管理包括：企业服务人员及时响应客户的服务请求；服务管理人员将服务请求分配给现场服务工程师；工程师执行现场服务，包括记录工时、备件、费用等；服务人员对现场服务进行回访等。

售后服务，就当前来看，主要包括以下方面。

1. 送货服务

送货服务对零售店来说并不是一件难事，但它却大大方便了顾客，使顾客愿意做"回头客"。对有以下情况的顾客，零售店均有必要提供送货服务：

(1) 商品较为笨重。

(2) 体积庞大的商品。

(3) 一次购买量过多，顾客自行携带不便。

(4) 有特殊困难的顾客。

零售店送货服务的形式主要有以下两种：

(1) 自营送货，即由零售店安排自己的设备送货。

(2) 代营送货，即由零售店代客委托固定联系的运输单位统一送货。

2. "三包"服务

"三包"服务是指对售出商品的包修、包换、包退的服务。零售店在经营中既要对企业负责，也要对广大消费者负责，保证商品使用价值的实现。因此，零售店应根据不同商品的特点，采取不同的"三包"办法，真正为顾客提供方便。

(1) 包修服务。包修服务指对顾客购买本零售店的商品，可在保修期内实行免费维修，超过保修期限则收取维修费用。有些零售店要求相应的企业，对大件商品提供上门维修服务，效果一般来说比较不错。保修制度是售后服务的主要内容之一。有无保修对于顾客来讲是非常重要的，顾客在购买有保修期的商品时，就如同吃了一颗定心丸，其促销作用是显而易见的。

在保修期内，如果手机出现非人为损坏是可以获得官方售后免费维修的。但是，2020年因为疫情影响，许多手机品牌的官方售后维修处于停工状态。在这期间，如果有一些机主运气不佳，手机出现问题，而免费保修服务即将过期，那么因为疫情影响没法寄去售后维修，就只能白白错失一次免费维修的机会。

或许是听到了网上一些用户的吐槽，华为为此制定了维修新规。根据华为官方发布的消息，所有在2020年1月1日至2020年3月31日期间保修到期的华为产品，如手机、笔记本、智能穿戴设备、智慧屏等，都统一将保修期延长至2020年3月31日。换言之，在2020年1月初至3月底期间，所有保修已经到期的华为手机用户，依旧可以享受免费维修服务。

华为这条新规的实施，对于那些在疫情防控期间手机过保，又刚好出现手机故障的华为用户来说是十分友好的，因为这意味着他们的手机即便是过了保修期也可享受免费维修服务。考虑到疫情防控期间用户可能不方便到华为售后点去维修手机，华为又新增了一条新规，在这期间为客户提供免费上门取件服务，往返物流也由华为方面承担。

（2）包换服务。包换服务是指顾客购买了不合适的商品可以调换。包换是促进商品销售的重要手段之一。

2021年3月6日，格力电器发布公告，宣布对2021年3月1日起销售的格力家用空调实行十年免费包修政策，更大程度保障消费者利益。4月15日，东莞格力电器再发布公告，宣布自2021年4月15日起至12月31日期间销售的指定型号家电，若产品本身存在主要性能故障问题，均实行两年免费包换政策，且部分机型承诺提供终身免费清洗服务。

据介绍，格力电器率先在行业内实行此服务政策，旨在给消费者带来一道"防火墙"，从家电投入使用到"退役"期间提供全面的售后服务保障。未来，格力电器也将继续严格实行全程精细化管控采购、生产、仓储、物流、售后等各个环节，以促成服务政策更好地执行、落地。

此外，在十年免费包修政策的引导下，东莞格力立足本土市场再加码两年免费包换政策。东莞格力客服中心部长黄婷婷表示，这不仅再次体现格力对消费者的责任心，更凸显了格力进一步贯彻落实高质量发展理念，推动家电行业技术创新和服务升级的决心。

（3）包退服务。包退服务是指顾客对购买的商品感到不满意，或者商品质量有问题时，能保证退换。对于顾客的退货要求，零售店应理解顾客的心理，满足顾客的要求。包退服务不仅不会影响零售店的销售额，相反还会给零售店带来"回头客"乃至更多的新顾客，开拓新市场。这是因为，当顾客一旦认识到服务员是诚心诚意为顾客服务时，这种退换反过来又会大大刺激消费，所谓退一件可以打开十件的销路也就是这个道理。若只顾眼前利益，不顾零售店信誉，拒绝退货，则无异于捡了芝麻丢了西瓜。

3. 安装服务

顾客购买的商品，有的在使用前需要在使用地点进行安装。由零售店派人员上门服务，免费安装试用，也是售后服务的一种主要形式。

目前，不少企业都会制定安装服务管理规定，制订安装工作计划，培训安装工作人员，记录安装工作过程，及时与客户取得沟通及反馈。安装完成之后还会由服务人员与客户代表进行联合验收。

从当初的价格为王，到如今的体验制胜，将服务进行商品化销售已成为零售企业发展的趋势之一。2018年5月7日，京东正式推出"京东服务＋"项目，整合原厂服务的品牌厂商、品牌授权服务商、京东自营维修等服务商资源，向消费者提供安装、维修、清洗等售后服务。

京东方面称，"京东服务＋"在京东商城首页增设了一级频道入口，消费者可以在频道中选择安装、维修、清洗保养等服务，范围覆盖家电、手机、家居、数码、办公产品等。

此外，如钟表、鞋靴保养，骑行服务，体育赛事及场馆预订等特色服务也涵盖其中。

将服务进行产品化处理，从单纯的商品销售到销售"商品＋服务"，"京东服务＋"的上线也意味着京东平台业务的拓展。将服务产品化已被视为家电乃至零售行业的一种趋势，而在模式成熟之后，这也将成为企业的一个盈利增长点。

4. 包装服务

商品包装是为顾客服务的过程中不可缺少的项目。一些大中型的零售店，大都备有印着本零售店名称、地址的包装物，这也是一项重要的广告宣传方法。包装服务还可以促进销售。如上海新世界商场将五六十种不同颜色的整包装绣花线分开来，从中各抽出两小支配成颜色齐全的小套盒出售，原来一日只销售 200 多小盒的绣花线，经过拆零配套后，每日销售都超过 1000 小盒。

5. 建立顾客档案

顾客在购买商品以后，使用中经常会遇到这样或那样的问题，零售店应建立顾客档案，帮助企业掌握用户的使用情况，以保证商品的使用寿命。

售后服务是零售店竞争的强有力手段，谁的售后服务好，谁就能占有市场。零售店可以以此巩固已争取到的顾客，促使他们继续购买。同时，还可通过这些顾客的宣传，争取到更多更新的顾客，提高经济效益和社会效益。

6. 其他售后服务方式

售后服务近几年来有相当大的发展。以电视机为例，近年来绝大多数品牌的电视机厂家为了赢得市场，都相继推出了各自的售后服务承诺卡，这些卡上印有维修站的电话，普遍承诺 24 小时或 48 小时的上门服务，3 年内免费维修，30 天或 3 个月内有质量问题包换等，有的厂家还承诺一个电话一次做好等。

3-1-4 实训题

售后服务的方式过去最常见的是"三包"，现在是越来越发展和改进。

（1）终身保修，即从免费几年保修，发展到"终身保修"（即耐用消费品在正常情况下，报废前的使用年限里免费修理）。

（2）折价回收，不仅新货遇到质量不好等问题可以包换，而且使用若干年后，旧货可以折价回收。

（3）免费培训使用人员（如电脑）。

（4）负责处理故障等。

对于零售店来说，这些售后服务是非常重要的。如果你在售后服务方面处理得当，下一次交易就会更加容易；否则，再与这位顾客打交道时，将会面对巨大的抵触情绪。

3-1-5 课件:售后服务记录

第二步　服务记录

无论在售后服务之前、之中还是之后，企业都应当重视客户的相关意见和建议。因为只有充分与客户沟通,了解其关于产品或服务的想法,才能使企业与客户之间建立良好的联系,增强相互理解和信任,有效地防止并及时解决可能出现的差错。同时,客户对售后服务的意见中往往包含着客户需求的新信息,这往往是通过其他渠道不易获得的。企业可以根据客户的售后服务意见和建议改进产品设计以及服务标准,从而提高企业产品和服务的总体水平。

客户售后服务的意见或建议主要集中在两个方面:第一,产品方面,比如产品的质量出现问题,或是产品的数量与合同不符,或产品的规格、颜色等方面不尽如人意等;第二,服务方面,常常表现在对服务人员的态度、专业水平等的不满上,或是产品的服务流程不够顺畅等。

3-1-6 微课视频:售后服务记录

客户提出建议的行为是忠实于该产品和企业的一种体现,企业无疑应当感激和重视客户的意见。客户的意见不但是改进产品、服务的创意来源,也是企业检查和监督自身产品和员工的有力措施。如果让客户觉得自己的意见和建议没有得到重视,轻则对企业失去信心,不再购买;重则可能引发客户的不满和投诉,造成企业的信誉危机。

对客户关于售后服务的意见和建议可以采用以下流程进行整理:先通过各种有效渠道进行全方位的意见和建议的收集,接下来对信息进行分类记录、建档、处理,并将处理的计划、进程及结果及时告知相关客户,同时对其意见进行再次收集,并按照前述流程进行信息的处理。最后,还有必要把客户的意见和建议转至企业的相关部门,以便企业从中吸取经验及教训。

1. 收集意见和建议

全面而完整的信息收集渠道是进行客户售后服务意见处理的前提和基础。常用的意见收集方法有以下几种。

(1)开通服务热线

服务热线的作用就是鼓励顾客在任何有需要的时候和企业沟通,反映自己的意见和想法,这是最重要的一个收集客户意见的途径。统计表明,95%有意见的顾客都不会将意见告诉企业,而只是停止购买产品。因此,企业应当珍惜其余5%的客户,认真听取他们的意见和建议,为他们提供最大的便利。现在,越来越多的企业已经开通免费电话,并将电话号码印在产品上,便于客户随时与企业取得联系,反映意见。事实证明,热线电话作为一种方便、快捷的沟通工具,已经成为很多企业的预警器。如果没有这项服务,问题很可能要到几个月以后才能被发现,那时候经济损失可能是无法估计的。

长安汽车构想的新服务平台以用户为中心,解决其购车、用车、养车过程中的所有痛点,从而为新零售时代的汽车服务树立起行业标杆。为实现"新服务体系",长安汽车从"专业便捷、主动省心、个性惊喜"的构建上入手,一是持续加码,消除用户体验痛点;二是做实做细,用户体验向新向上;三是体系推动,确保举措执行落地。在"新伙伴关系"构建上,长安从用户服务、用户互动、用户运营三方面入手,来持续构建"高频互动、暖心关怀、价值共创"的新伙伴体验。在"新技术赋能"上，长安汽车结合运用大数据、区块链、在线支付、5G网络、自动驾驶等一系列新技术，给用户带来更智慧便捷的服务，逐步兑现智慧线上购车、智慧提醒推荐、智慧驾驶分析等功能。

"统计显示，用户抱怨比以往下降了一半多，用户直接评价满意度大幅提升至98％以上。"据长安汽车副总裁余成龙介绍，一些体验官用户主动反馈称长安汽车的服务体验越来越好。从行业评价结果来看，中国消费者协会发布的用户满意度排名中，长安汽车力压所有合资及自主品牌，排名第一；行业权威机构 J. D. POWER 发布的用户满意度排名中，长安汽车排名持续提升，让更多客户感受到了更加"专业便捷、主动省心、个性惊喜"的服务体验。

（2）主动给顾客打电话征求意见

因为顾客中毕竟只有少数在遇到问题时会主动与企业取得联系，更多的消费者则是选择沉默并不再光顾企业。因此，企业可以主动打电话向顾客征求意见，了解售后服务的相关情况，并向顾客提出一些启发性质的问题，比如，对服务人员是否满意、客户觉得哪些地方不太满意等。需要注意的是，在给客户打电话时，要避免休息或工作的时间，客户接电话后要先致歉，并先询问客户是否有时间接受提问，如果客户没有时间，则再约定，而且最好在开始就告诉客户大概需要几分钟，消除客户的顾虑。

（3）随服务过程或产品发放客户意见表

在售后服务结束时，工作人员可以请客户填写客户意见表，对售后服务的各个方面做出评价。此外，也可以直接将客户意见表附于产品的包装上，便于客户将意见填写后寄回企业。这就需要企业在合理设计客户意见表的同时，标注清楚企业的相关联系方式。这类客户意见表的设计一定不能复杂，否则客户会因为觉得麻烦而放弃反映意见。此外，还可以适当承诺对认真反映意见的客户寄送礼品等，这样会进一步鼓励客户与企业取得联系。

北京冬奥组委运动会服务部部长于德斌在北京冬奥组委新闻发布会上介绍，为了在疫情下做好餐饮方面的服务工作，前期延庆、张家口等地的酒店，包括场馆的食品运营商都做了大量的准备工作。各个酒店都分别设置了各种点餐，不同价格、不同风味的套餐，以及24小时的客房送餐服务。同时为了下榻客人方便，酒店还设了一个联系卡，大家有什么问题可以随时与驻地的联系人联系，向他们提出需求，让他们帮助解决。

北京冬奥组委先后征求了各地意见，也征求了国际奥委会餐饮服务保障业务经理的意见，从热量、营养、维生素等方面进行了充分的考虑。"餐饮这方面要突出我们春节的特点和北京的特色。记得我们多次到境外去参加国际奥委会的一些国际年会的时候，许多运动员见到我，都记住了2008年在北京奥运会期间吃的烤鸭。"于德斌说，这次也给各地的朋友们在下榻酒店准备了北京的风味特色，有烤鸭，还有一些北京的小吃，如春卷，正月十五的时候还有元宵等。

于德斌表示:"中国是一个礼仪之邦,正好中国的春节来了这么多客人,我们一定拿出我们的看家菜,把厨师的本领奉献给大家。元宵节期间可能要准备一些饺子,除此之外还有北京、河北的地方特色菜,包括河北准备了莜面、延庆准备了豆腐等,满足大家需求,让大家尝口鲜。"

(4)邀请客户座谈

在需要较为详细的客户意见时,在不耽误客户正常生活和工作的前提下,可以邀请部分客户来公司,由专门的负责人员进行接待并与之面谈。由于这种方式要占用客户较多的时间,可以给予顾客必要的补偿,比如,免费为顾客提供一些本来需要收费的服务,或是赠送礼品、礼券等。从接待顾客到将顾客送走的整个过程中,企业一定要表现出对顾客充分的尊重和信任,让顾客觉得自己的意见和建议会受到重视。

(5)在公共场合放置表格

企业为了听取客户的心声,也可以在目标客户较为集中的地方放置表格,方便顾客及时反馈自己的想法。事实证明,这种方法由于客户在建议过程中不需要与企业发生直接接触,因此可以畅所欲言,说出自己的真实想法。而且,这种方法收集到的客户意见往往超出目标客户的范围,这使得更多的人了解和关注企业及其产品。

2.记录并建档保存

在收集客户意见的同时或在收集之后,企业应当合理设计出顾客意见反馈表对资料进行记录。记录客户意见的表格很多,企业可以根据自己想要得到的信息或是客户已经反映意见的情况灵活设计。如果是客户拨打免费热线电话或是由企业主动打电话给客户进行询问,则表单由工作人员直接填写;如果是在售后服务完成后由客户填写意见表或是客户寄回的规范表格,则可直接进行归类处理;如果是来自公共场合的客户意见,由于不够规范,则应当重新填入不同类别的专用客户意见收集表。表3-1至表3-5是售后服务登记表、意见表等的参考样本。

3-1-7 案例:售后服务登记表

表 3-1 售后服务登记表

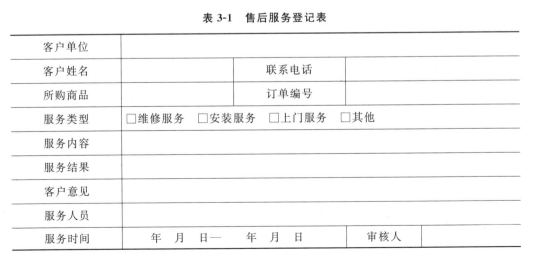

客户单位			
客户姓名		联系电话	
所购商品		订单编号	
服务类型	□维修服务 □安装服务 □上门服务 □其他		
服务内容			
服务结果			
客户意见			
服务人员			
服务时间	年 月 日— 年 月 日	审核人	

表 3-2　售后服务意见表

亲爱的××用户：

　　您好！感谢您使用××产品，××愿意为您提供一流的产品和售后服务。为了我们能更好地为您服务，请对我们的售后服务做出公正的评价。

　　1. 您认为我们的售后服务是否及时：

　　　　A. 非常及时　　B. 比较及时　　C. 一般　　D. 不够及时　　E. 很不及时

　　2. 您认为我们的维修质量：

　　　　A. 非常好　　B. 比较好　　C. 一般　　D. 不太好　　E. 很差

　　3. 我们的服务人员的态度：

　　　　A. 非常好　　B. 比较好　　C. 一般　　D. 不太好　　E. 很差

顾客签名：　　　　　　　　　　电话：

（以下由服务人员填写）：

客户姓名：　　　　　　　　　　地址：

服务内容：

服务时间：　　　　　　　　　　服务人员姓名：

表 3-3　售后服务调查问卷

■ 3-1-8 实训题

文本名称	售后服务调查问卷	受控状态	
		编号	

尊敬的先生/女士：

　　您好！

　　为进一步改进和提高本公司的产品质量和服务工作，以便更好地为您提供服务，期望您能对我们公司的产品和服务提出宝贵的意见与建议（请在您认为合适的选项上画√）。

产品	产品质量	□满意	□比较满意	□一般	□不满意	□非常不满意
	产品价格	□满意	□比较满意	□一般	□不满意	□非常不满意
	公司的产品是否能满足您的要求	□满意	□比较满意	□一般	□不满意	□非常不满意
服务	服务人员的工作态度	□满意	□比较满意	□一般	□不满意	□非常不满意
	服务效率	□满意	□比较满意	□一般	□不满意	□非常不满意
	服务人员的技术水平	□满意	□比较满意	□一般	□不满意	□非常不满意
	投诉问题的处理	□满意	□比较满意	□一般	□不满意	□非常不满意
	产品出现故障后的解决	□满意	□比较满意	□一般	□不满意	□非常不满意
其他	1. 您认为我们公司的服务在哪些方面还需要改进					
	2. 对产品有何改进的建议或意见					

续表

相关说明					
编制人员		审核人员		批准人员	
编制日期		审核日期		批准日期	

表 3-4　售后服务例行检查表

客户公司名称		负责人		联系电话	
客户公司地址				邮编	
设备名称		设备型号		出厂编号	交货日期
安装调试日期			安装调试人员		
上次养护日期			上次服务人员		
近期运行情况					

设备保养记录

序号	配件名称	指标
1		
2		
3		

售后服务人员设备情况评述	
售后服务人员签字	售后服务主管签字

客户评定	请从以下两个方面对售后服务人员的服务做出评定： 1. 是否对损耗配件的定期更换和设备保养的方法进行说明？ 2. 是否耐心解答了您所提出的有关设备的问题，且服务态度是否让您满意？ 对售后人员的服务打分_____（满分 100 分） 　　　　　　　　　　　　　　　　　客户：(签字) 　　　　　　　　　　　　　　　　　　　年　月　日

表 3-5　产品维修报告单

客户姓名		购买产品		产品型号	
购买时间		产品保修期		报修时间	
产品故障描述					
初步原因分析					
维修情况 （由维修人员填写）					
部门主管审核					

3. 意见和建议的集中处理

将信息做好归类、记录和整理之后，就可以着手对意见进行处理了。企业可以设置客户售后服务意见数据库，在将数据输入之后，优先处理重复率最高的类别和内容。此外，还可以根据意见的轻重缓急进行归类，并从优先级最高的部分开始考虑。但无论怎样分类，为的只是将意见进行排队处理，而绝不意味着对那些不重要的意见可以不管不顾。换句话说，一定要保证所有的意见都能在最短时间内处理完毕，针对不同的意见或建议拟定相应的解决方案，然后进入到下一流程——与客户的再沟通。

4. 与客户的再沟通

客户与企业在售后的初次沟通就是客户向企业提出意见或建议的过程，而再沟通则是在企业拟定好有关该意见或建议的解决方案后，告知客户并借机再次询问客户看法的过程。进行再沟通时，首先要对客户的关注和建议表示衷心的感谢，如果客户确实因为产品或售后服务的不足而受到了影响或干扰，一定要诚恳地致歉。接下来，可以将公司对其意见及建议的重视程度告诉客户，在客户有时间的前提下，尽量详细地介绍最后的解决方案，并进一步询问客户的看法。如果客户再次提出意见或建议，则重复以上几步流程进行再处理。

5. 反馈至相关部门

最后，营销总监还可以把客户的意见和建议转至企业相关部门。之所以要将这一步放在与客户再沟通之后，是因为越及时地对客户的意见或建议表示回应，客户的满意度就越高。企业的客户服务、研发等部门应当充分重视客户的意见和建议，这样可以不断地改进企业的产品和服务。

第三步　服务方式选择

按照不同的分类标准，服务方式可以分为多种形式。

1. 流动服务与定点服务

根据服务机构是否定点，可分为固定技术服务与流动巡回服务。

（1）固定技术服务。固定技术服务的对象大多是大批量生产的产品，生产企业根据产品的市场机构和分布状况，按区域设立技术服务网点进行服务。

（2）流动巡回服务。流动巡回服务是由生产企业的销售技术服务部门的技术人员，根据售货登记记录，定期检修本厂产品，或根据客户电话要求，在较短时间内，技术服务人员携带工具、材料、配件等到达现场进行服务工作。

2. 有偿服务与无偿服务

根据服务是否收费，可分为有偿服务和无偿服务。不论固定技术服务还是流动巡

■ 3-1-9 课件:售后服务方式选择

■ 3-1-10 微课视频:售后服务方式选择

回服务,都有免费与收费两种情况。一般是根据合同或保证单规定,保修期内因质量问题而进行的修理服务是无偿的服务;而在保修期外,或虽在保修期内但因事故造成损坏而进行的售后服务,都应是有偿服务。

3. 面对面的服务与在线服务

根据售后服务提供的联系手段的不同,可将售后服务划分为两种类型:传统的面对面的售后服务和运用技术手段的在线售后服务。

(1)传统方式的售后服务。传统方式的售后服务主要是提供面对面的服务,这种服务被认为是“高接触、低技术”的,即消费者只需与服务提供方派来的代表接触、交流即可,而不必具备相关方面的技能,也无须自己亲自动手。

(2)在线售后服务。在线售后服务越来越广泛地被企业应用,因为网络日益普及,通过网络完成一些无须直接见面的服务活动已成为一种趋势。另外,通过拨打免费电话也可以提供服务,即电话服务,这属于在线服务的另一种具体形式。

▇ 3-1-11 案例:汽车 4S 店售后服务

▇ 3-1-12 实训题

第四步　服务实施

在业务人员成功将产品或服务销售给客户之后,接下来的工作就是进行售后服务,在进行售后服务时,一般有下列步骤。

步骤 1:履行服务承诺

任何业务人员在说服客户购买商品时,必先强调与商品有关甚至没有直接关联的服务。这些服务的承诺,对交易成功是极重要的影响因素,而如何确实地履行业务人员所做的承诺则更重要;往往有些业务人员在说服客户购买本企业产品时,漫不经心地向客户承诺商品出售后的某种服务,结果该项服务后来却被忽略了,因此很容易与客户发生误会或不愉快。

步骤 2:提供商品资料

使客户了解商品的变动情况,是业务人员的一种义务。在说服一位客户之前,业务人员通常需将有关商品的简介、使用说明及各项文件资料递交给客户参考。而在客户购买之后,如果疏于提供最新资料是不妥的。业务人员要认识到,开拓一位客户远不如维持一位客户来得重要,开拓客户在功能上是属于“治标”,而真正能维持客户才算“治本”。维持客户的方法,除了使其对商品有信心之外,业务人员能继续提供给客户有关商品的最新资料,也是一项有力的服务。所谓商品的资料,包括以下两种:

(1)商品商情报道资料。有许多商品,其销售资料常以报道性的文件记载,业务人员将它赠送给客户,作为联络感情的工具,是最好不过的。譬如卖钢琴的店主,每个月有一份音乐及乐器简讯,把它按时寄给客户,一方面可以给客户参考,另一方面借以报

▇ 3-1-13 课件:售后服务实施

▇ 3-1-14 微课视频:售后服务实施

道商情。这样,更可以让客户对商品有持续的好感,在商品资料不断供给的情况下,由于间接宣传效果,往往又可以引出更多的客户。

（2）商品本身的资料。当商品脱手之后,客户基于某些理由,常常希望了解商品本身的动态资料。如药品的推销,当业务人员将某牌子的抗生素送交至西药房后,如果成分、规格、等级有任何变动,这些资料都应该立刻提供给西药房。

步骤3：让客户对商品满意

保证商品完好无损并及时运到也是售后服务的重要内容。在运输前后应仔细检查商品质量,提前发现问题,并在客户提出抱怨前先向其说明。另外,客户期望也常常因为业务人员夸大商品质量而变得很不现实,导致客户对此意见很多。避免这种情况的一个总的原则就是对商品保持诚实的态度。

步骤4：迅速处理抱怨

企业听到抱怨后要立即加以解决,时间越短越好,不要找种种借口拖延。尽早实施,就能给客户带来好印象,或至少能减轻不良印象。处理宗旨是方便客户,而且也要让客户认识到这一点。应该向客户充分说明企业决定用这种方法的理由。如果客户大发牢骚,千万要有耐心,别打断他,尽量让他去讲,如表示出厌烦情绪可能会引起更深的愤恨。对待客户的态度将最终决定这一事件是否能圆满解决。在认真倾听完客户意见之后和善地向客户做出解释,拿出可行的解决方案,客户才会心平气和,合作关系才会更加牢靠。

步骤5：抓好后续服务

确定处理方案后要迅速实施,这时业务人员有责任监控实施过程。处理抱怨后的后续服务非常重要,如果客户的不满心情消失,就预示着可能会有下一项交易了。

有时企业不愿意为客户做出改进措施,只要花费不是太大,业务人员可以自己掏钱来满足客户。虽然花了自己的钱,但要是留住了这位客户,将来总会获得更大的收益。

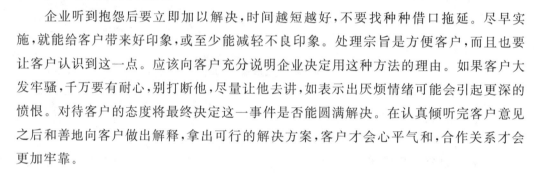

第五步　服务回访

3-1-17 课件：售后服务回访

服务实施之后,还得进行定期服务回访,服务回访主要有以下几种形式。

1. 电话回访

对于企业客户,定期进行电话回访或节日访问,可以了解客户的使用情况,及时处理可能出现的问题。对于个人客户,在客户购买产品后或经过维修后,要在一星期内进行电话回访,了解用户使用情况,以后按需要定期电话回访并如实填写回访表。

2. 售后服务调查内容

售后服务调查的内容主要包括以下几项:①目前产品的使用情况;②服务人员是

（左侧二维码图注）
3-1-15 案例：35 次紧急电话

3-1-16 实训题

否按时上门；③服务人员的服务态度、服务语言、服务质量如何；④工作前是否向客户介绍了服务价格；⑤是否给客户造成不必要的麻烦；⑥是否向客户详细介绍了产品的使用、保养常识；⑦维修方法是否与客户商量过。

3. 客户满意度调查

客户满意对保持客户忠诚和获取客户终身价值是非常重要的，很多企业因此定期开展客户满意度调查。呼叫中心需要经常为公司调查客户满意度，并用它来指导呼叫中心的服务。常用开篇语："尊敬的客户,您好！感谢您对××有限公司的帮助和支持！追求客户满意是我们公司的一贯目标,您的意见对于我们至关重要,我们诚恳地邀请您参加我们的客户满意度调查,希望您给予坦率的评价。"

4. 促销活动通知

如果公司有促销活动,呼叫中心座席代表应把消息快速有效地传达给目标客户。

5. 回访问候

产品出现投诉或保修问题,经过维修人员解决后,呼叫中心座席代表务必在短时间内对客户进行回访,并为给客户带来不便和损失表示真诚的歉意,感谢客户对企业的信任和惠顾,让客户知道企业会努力改进工作。

■ 3-1-18 微课视频：售后服务回访

■ 3-1-19 案例：福特汽车公司客户回访

🔍 **知识拓展**

（一）售后服务人员服务准则模板

第一条　本准则旨在以一流的服务态度、超值的服务质量,宣传企业文化,树立企业形象,规范售后服务人员的行为。

第二条　售后服务人员应以感激之情接待客户。不论遇到何种客户,都应该心存感激,只有这样,才能使售后服务人员工作得愉快。

第三条　售后服务人员应以微笑服务温暖客户。以温和、亲切的微笑来招呼客户,给客户一个好的印象。笑容要自然流露,一个售后服务人员经常心怀感激之情对待客户,自然就容易面带温和的笑容了。

第四条　在愉快的氛围中与客户交流。售后服务人员与客户接触时,应避免过多地谈论与工作无关的事,或开过分的玩笑;要积极主动地向客户介绍商品知识,或有关的商品维修知识和维修地点、商品退换方法等售后服务内容。售后服务人员也可亲切愉快地和对方交谈别的话题,但切忌乱扯,妨碍正常的销售活动。

第五条　售后服务人员必须使用礼貌语言,做到态度从容、言辞委婉、语气柔和,说话要用尊称,声调要平稳。和客户交谈时,都应用"您"等尊称,言辞上要加"请"字;对客户的要求如无法满足,应说"对不起"等抱歉的话;说话声调要平稳、和蔼,这样会使人感到热情。

第六条　与客户交谈时，要彬彬有礼、简练、明确、委婉、热情，不要生硬、冰冷、含糊其词。要讲究语言艺术，说话力求语意完整，合乎语法。与客户交流除了语言，还要用表情、动作来配合。

第七条　称呼与礼貌用语。对男客户可称"先生"，最好称为"某某先生"；对已婚女客户可称"夫人"；对未婚女客户可称"小姐"；如不知道女宾是已婚还是未婚，可称"女士"，或称"小姐"，切勿称"夫人"；对有学位的可称"博士先生"或"某某博士"；对有军衔的可称"某某先生"，如"上校先生"。见到客户都要按时间早晚主动问候"××好""早安""晚安"等。

第八条　向客户询问的各种必要信息。签订契约，确定送货地点，客户使用信用卡时，要向客户询问各种必要的信息。

（1）"对不起，麻烦您在这儿填上姓名、住址及电话号码。"

（2）"麻烦您告诉我府上附近有什么标志性建筑，这样可以让货早点送到您手上。"

（3）"谢谢您的捧场。麻烦您在这儿签名。"

第九条　当客户对服务人员抱怨时，最重要的是聆听抱怨的内容（他在抱怨些什么），并且郑重地向客户道歉。

（二）优质售后服务的形式

一般售后服务和优质售后服务有很大差距，优质的售后服务能够给企业提供更多的发展机会。通常情况下，优质售后服务要有以下三种表现形式。

1. 超常服务

针对每一位客户的特殊需要，在客户满意的原则下，提供相应的服务，满足客户"超出常规"的需求。根据售后服务的形式可将超常服务分为两种情况：一是客户自己提出的不同于其他客户的要求，而这种要求在服务规范中是没有的，这正是售后服务人员为客户提供有针对性服务的大好时机。另一种情况是虽然客户本人没有提出特殊要求，但他有这方面的需要，这就靠售后服务人员为客户提供有针对性的服务。

2. 超前服务

个性化的服务在于售后服务人员有主动精神，超前服务即主动服务。要主动寻找为客户提供服务的机会，即使在客户暂时用不着员工为他们提供服务之时，员工也要"时刻准备着"，待机而动。

3. 领悟服务

客户有某种难言之隐时，就需要售后服务人员能"心领神会"，敏感地觉察到他们内在的需要，并做出恰当的反应。售后服务人员能够做到把他内心需求"看穿"，而口中不"说穿"，然后"心领神会"地帮助客户，客户一定会感到十分满意。

3-1-20 实训题

子项目二　客户投诉处理

学习目标

1. 了解客户投诉的相关知识,包括投诉类型、原因
2. 掌握投诉处理的原则、流程和技巧
3. 能够根据不同类型的投诉进行正确处理,维持客户关系与企业形象
4. 养成投诉处理过程中的职业规范和品德素养

3-2-1 课件:投诉处理类型及常见原因分析

工作任务

投诉处理的基本程序

3-2-2 微课视频:投诉处理类型及常见原因分析

马女士进入某空调服务中心,怒气冲冲地来到总台,质问服务人员安装空调的韩师傅哪里去了。服务台刘小姐忙问有什么可以帮忙的。马女士说,韩师傅早上安装的空调质量太差,要求退货。

面对怒气冲冲的马女士,刘小姐没有急于询问具体情况,而是把马女士请到接待室,端来一杯茶水安慰她不要着急,并告诉她有什么问题一定会得到解决,公司决不会不负责任。

面对礼貌的服务人员,马女士不好意思再盛气凌人,于是便开始道出缘由。原来,马女士家早上刚刚安装的空调,中午开机不久就停止运转了,无论怎么按遥控也无法启动,她认为空调质量不好,要求退货。

面对马女士的要求,刘小姐没有辩解,而是与马女士商量,先派师傅随同前往检查一下空调,如果确实是质量问题,保证调换或退货。对于这合情合理的安排,马女士表示同意。

于是,空调师傅立即前往马女士家,经过检查发现是因为空调专用的电源开关保险丝容量过小,导致超过负荷而熔断。空调师傅重新换上大号的保险丝后,空调运转正常。

面对良好服务的马女士顿感自身行为的不妥,不仅向空调师傅致谢,还特意打电话向刘小姐表示歉意。

客服刘小姐面对怒气冲冲的顾客,既没有慌张,也没有厌恶,而是用平和的语气和自信让顾客首先平静下来,然后引导顾客讲出缘由。对于顾客的质疑刘小姐没有反驳,而是按照工作流程安排师傅查找事故原因,原因查明后顾客自然无话可说。

(资料来源:王晓望.客户服务技能训练教程:基于体验经济[M].2 版.北京:机械工业出版社,2017.)

在这个案例中,刘小姐处理投诉的流程把握得很好。那么,处理客户投诉的基本流程有哪些呢? 在处理的时候应该注意哪些内容呢?

1. 受理客户投诉

工作人员接到客户投诉以后，应该先填写投诉记录表，将客户的基本信息、投诉内容和投诉需求填写上去。

有关这个环节需要注意的是，如果客户非常生气，根本没有耐心填表，那么工作人员可以先对客户进行安抚，或者把客户引离公共场所，等客户冷静下来之后再请其填表，千万不可死板，不知变通。

2. 转发投诉

记录了客户的投诉信息以后，应将信息及时转给相关领导，然后由领导把任务分发下去，及时解决投诉。

3. 处理投诉

相关领导把投诉消息分发给相应的负责人后，负责人查明情况，无论投诉是否属实，都应该尽快与投诉客户联系，并妥善应对。处理以后，根据需要对客户进行回访调查，以免客户再次产生不满。

4. 记录投诉案例

客户投诉处理完毕以后，应该对投诉案件进行分类归档。把这些投诉案例记录在册，可以在每周或者每天的例会上进行通报，引为借鉴，减少投诉的发生。

小提示：掌握基本的客户投诉处理流程，才有可能熟练应对客户的投诉。

任务解析

客户投诉处理流程如图 3-2 所示。

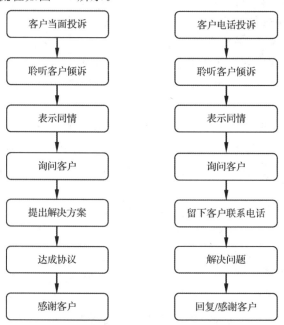

图 3-2　客户投诉处理流程

第一步　客户投诉

客户投诉的类型主要有以下几种。

1. 需求已满足而产生的异议

当客户对销售人员说"我不需要"或"我已经有"之类的话时,表明他们在需求方面产生了异议。具体来说,有可能是客户确实不需要或已经有同类商品,也有可能是客户想要摆脱销售人员的一种托词。针对第一种情况,销售人员应停止对客户的销售,转换销售对象;针对第二种情况,销售人员应运用有效的异议化解技巧来排除障碍,从而更深入地开展销售服务。

3-2-3 案例:处理顾客拒绝的 99 个经典话术

2. 商品质量存在问题而产生的异议

此类异议是指客户针对商品的质量、性能、规格、品种、花色、包装等方面提出反对意见,也称为商品异议。这是一种常见的客户异议,其产生的原因非常复杂,有可能由于商品自身客观存在不足,也有可能源于客户自身的主观因素,如客户的文化素质、知识水平、消费习惯等。由于主观因素产生的商品异议是销售人员面临的一个重大障碍,且异议一旦形成就不易被说服。

3. 服务方面产生的异议

这类异议是指客户针对购买前后一系列服务的具体方式、内容等方面而提出反对意见。此类异议主要源于客户自身的消费知识和消费习惯,处理这类异议,关键在于提高服务水平。

4. 价格方面产生的异议

在销售过程中,价格方面的异议是销售人员最常碰到的。价格方面的异议是指客户认为价格过高或价格与价值不符而提出反对意见。一般来说,客户在接触到商品后,都会询问其价格,因为价格与客户的切身利益密切相关。即使商品的定价比较合理,客户仍会抱怨。在客户看来,讨价还价是天经地义的事。

5. 在购买时间上产生的异议

此类异议是指客户认为现在不是最佳的购买时间,或对销售人员提出的交货时间表示反对意见。当客户说"我下次再买吧"之类的话时,表明客户在这方面提出了异议。此类异议的真正理由往往不是购买时间,而是在价格、质量、付款能力等方面存在问题。在这种情况下,销售人员应抓住机会,认真分析异议背后真正的原因,并进行说服或主动确定到货的具体时间。除此之外,由于企业生产安排和运输方面的原因,或正处于销售旺季,可能无法保证货物及时供应,在这种情况下,面对客户对交货时间提出的异议,销售人员应诚恳地向客户解释,努力得到客户的理解。

6. 对销售人员行为产生的异议

此类异议是指客户对销售人员的行为提出反对意见。这种异议往往是由销售人员自身造成的。销售人员或自吹自擂、过分夸大商品的好处，或态度不好、礼貌用语欠佳等，都会引起客户的反感，从而拒绝购买这一商品。因此，销售人员一定要注意保持良好的仪容仪表，举止得体，并注意自身素质的培养，给客户留下良好的印象，从而顺利地开展销售与服务工作。

7. 在进货渠道上产生的异议

此类异议是指客户对商品的来源提出反对意见。在销售过程中，客户经常会这样说："你们的商品质量不行，我宁愿去买另一家商场的商品。"这就属于进货渠道方面的异议。消除这类异议，一方面要靠销售人员劝说的技巧；另一方面，经营者要加大广告宣传的力度，让客户和其他公众了解企业，树立企业的良好形象。

8. 支付能力存在问题而产生的异议

此类异议是指客户由于无钱购买而提出反对意见。这种异议往往并不直接地表现出来，而间接地表现为质量方面的异议或进货渠道方面的异议等，销售人员应善于识别。一旦觉察到确实由于支付能力存在问题，应停止销售，但态度要和蔼，以免失去其成为未来客户的机会。

表 3-6 列出了客户投诉的常见原因。

3-2-4 实训题：客户投诉处理

3-2-5 测试题

表 3-6 客户投诉的常见原因分类

原因	内容	实例
商品问题引起的投诉	质量不良	● 衣服在经过洗涤后缩水、变形、褪色 ● 休闲装遇到汗水变色 ● 床单上有破洞
	商品标识不全	● 毛衣、丝织品、棉织品上未标明各材料成分 ● 按照商品标示的方法洗涤却褪色了
	制造上的瑕疵	● 裤缝有皱褶 ● 衣服上的饰物未缝紧，轻易脱落 ● 鞋子的皮与底很快脱落
	污迹、破损	● 成套的瓷器中，有一只已破损 ● 裙子上有污点
处理问题要点		商品质量不良的问题，首先是制造商的责任。而零售商在入货时未能详加检查、陈列时管理不当、销售时检查有疏忽，都难辞其咎，故也可以说是零售商的责任。客户因为商品使用不当而使商品破损的责任当然应该由客户自己承担。然而成功的商店在售出商品时，也应该详细地告诉客户有关商品的使用方法，并且让客户充分了解

续表

原因	内容	实例
服务方式欠佳引起的投诉	应对不得体	● 态度恶劣,举止失当 ● 语言失当 ● 销售方式不当
	商品标示与内容不符	● 标签上标示是 A 种规格的商品,却误拿成 B 种规格的商品 ● 标签上标示着一套商品的数量,回去拆开时,却少一个
	说明不足	● 使用说明不够详细,回去后使用不久就坏了 ● 说明不实,以致买回的商品无用
	金钱上的疏忽	● 收银条不清楚或未给收银条 ● 少找了钱给顾客 ● 弄错账,多收了顾客的钱
	礼品包装不当	● 忘了撕下价格标签,使客人丢脸 ● 弄错了贺卡
	不遵守承诺	● 客户依照约定的日期前来提货,却发现商品还未采购回来 ● 客户要求修改的服装不能按时提货
	运送不当	● 未在指定时间内送货 ● 未将货送到指定地点 ● 包装不好,使商品污损
使用不习惯	对新商品、新材料使用不习惯	加了丝的衣料会越来越发黄,并且每次洗后必须熨烫,且容易烫坏,因此使许多客户感到相当不方便

第二步 客户接待的处理技巧

客户投诉的方式通常为电话投诉、信函投诉、当面投诉三种。根据客户投诉方式的不同,可以分别采用以下接待处理技巧。

1. 电话投诉的处理

通常,企业应该设立专门的投诉电话和负责处理的人员,在处理电话投诉的时候要注意以下几个方面:

(1)从电话中确切了解投诉事件的基本信息,包括 4W1H,即 When、Where、Who、What、How,即什么时候、什么地方、什么人、做什么事、如何做。

(2)要认真倾听对方的投诉,并考虑对方的立场,同时用声音及话语来表示对客户不满情绪的支持。如有可能,把电话的内容予以录音存档,尤其是特殊的或涉及纠纷的投诉事件。存档的录音一来可以作为日后有确认必要时的证明,二来可以成为日后教

■ 3-2-6 课件:投诉方式及处理技巧

■ 3-2-7 微课视频:投诉方式及处理技巧

育训练的素材。

2. 信函投诉的处理

在处理信函投诉时,应该注意下面几个问题:

(1) 收到客户的投诉信时,应立即转送专职管理部门或专责人员。

(2) 立即通知对方已收到信函,以表示企业诚恳的态度和解决问题的意愿,同时请对方告知联络电话,以便日后沟通和联系。

(3) 按企业的规定及时提出处理方案,并与对方达成共识,尽早解决。

3. 当面投诉的处理

接待当面投诉的客户时要注意下列几个方面:

(1) 将投诉的客户请至会客室或管理办公室,以免影响其他客户。

(2) 千万不可在处理时中途离席,让客户在会客室等候。

(3) 按企业规定的"投诉处理步骤"妥善处理客户的各项投诉。

(4) 各种投诉都需要填写"客户投诉记录表",对于表内的各项记载,尤其是姓名、住址、联络电话以及投诉的主要内容必须请对方确认。如有必要,应该亲赴客户住处访问、道歉、解决问题。

(5) 所有的投诉处理都要确定处理的期限。

(6) 与客户面对面处理投诉时,必须掌握机会适时结束,以免拖延过长,既无法得到解决的方案,又浪费双方的时间。

(7) 客户投诉一旦处理完毕,必须立即以书面的方式通知投诉人,并确定每一个投诉内容均得到解决及答复。

(8) 由消费者协会移转的投诉事件,在处理结束之后必须与该协会联系,以便让对方知晓整个事件的处理过程。

(9) 对于有违法行为的投诉事件,例如寄放柜台的物品遗失等,应与当地派出所联系。

(10) 谨慎使用各项应对措辞,以免导致客户再次不满。

(11) 认识每一位提出投诉的客户,当客户再次来店时,应以热诚的态度主动向对方打招呼。

客户投诉是由多种原因造成的,由于导致投诉的原因不同,处理投诉的方式方法也应不同。

1. 处理商品质量差所带来的客户投诉

进入客户手中的商品品质不良,说明企业没有做好把关工作。对此,企业负有不可推卸的责任。解决此类投诉主要有以下几种方法:

(1) 向客户真心实意地道歉。

（2）奉送新商品。

（3）若是客户由于购买了该商品（如旅行时带了某用具去，却发现毫无办法使用等）而受到精神上或物质上的损失，企业应适当予以补偿。

2. 处理商品使用不当产生的投诉

如果在销售商品时，销售人员由于对该商品的说明不够准确，或者卖了不合客户使用目的的商品而导致破损的话，销售人员也必须承担部分责任。无论怎么样，只要错误的原因在企业一方的话，企业一定要做到以下几点：

（1）诚恳地道歉。

（2）以新品换旧品作为补偿。

（3）若以新品换旧品后仍然不能弥补客户所蒙受的损失，则应采取一定措施予以适当的补偿。

（4）现在市场上的商品五彩缤纷，令人眼花缭乱，同一类产品的材料、性能及使用方法也是越来越多样化，这就要求销售人员在平时为客户提供服务时注意这方面的知识积累，做到有备无患。

3. 处理客户误会时产生的投诉

如果客户由于误会而产生抱怨，销售人员一定要平静、耐心地把事情的原委告诉客户，让客户了解真实情况。但是也要注意，不要将话说得太明了，否则客户容易因为下不了台而恼羞成怒。因此，在处理这类投诉时，销售人员应注意以下两点：

（1）在解释时语气一定要委婉，要诚恳地让客户知道你并不是要让他难堪，而只是要使误会消除。这么一来，客户往往会很配合你，释怀轻松起来。

（2）不要老是强调自己的清白无辜，否则客户会用"我绝对不会那么糊涂，连这么简单的事情都搞不懂"等话语来为自己辩解，掩饰自己的过错。

4. 处理销售人员待客不当而招致的投诉

由于销售人员服务态度不佳而产生的客户投诉，并不像具体的商品品质低劣那样有明确的证据，而且即使是同样的待客态度和习惯，也可能会由于客户的心理不同而产生不同的反应，所以这类投诉处理起来比较困难。不论这类投诉产生的原因是否在销售人员，企业方面都必须做出如下处理：

（1）督促销售人员改进服务。

（2）经理（或调解人）应该仔细听完客户的陈述，然后亲自向客户保证今后一定要加强对销售人员的教育，不让类似的情形发生。

（3）经理（或调解人）应该陪同当事人，即引起客户不满的销售人员一起，向客户赔礼道歉，以期得到谅解。

常见的客户投诉记录如表 3-7、3-8 所示。

3-2-8 测试题

表 3-7　客户投诉登记表

受理编号		受理日期	
投诉客户姓名		投诉类型	□产品　□服务　□其他
客户地址		电话	
投诉原因			
客户要求			
投诉受理	□受理	□承诺办理期限	
	□不予受理	□理由	
备注			

表 3-8　客户投诉调查表

受理投诉		发生原因	处理经过	建议	
编号	摘要			对策	工作改进
备注					

■◧ 3-2-9 课件:制定解决方案,获取客户满意

第三步　投诉处理——制定解决方案

1. 提供解决办法

在倾听客户意见后,销售人员应从客户的立场出发考察每一种因素,采取行动并提出公平合理的最终解决办法。一些企业规定,解决问题是销售人员的责任;另一些企业则规定,当实际解决方案由总部的理赔部门做出时,销售人员应调查问题并提出备选方

案。允许销售人员做出处理决定的企业认为,销售人员最接近客户,所以他们最适合以恰当的方式做出公平的、令人满意的结论。而运用第二种方法的企业认为,如果解决方案来源于管理层而非销售人员,客户可能更易于接受。

客户非常看重企业对投诉的及时反应。销售人员应该避免指责运输部门、安装人员或企业中其他一些人,客户不会欣赏企业内部人员的互相推卸责任。销售人员有责任解决问题而不做任何对企业形象有消极影响的评论,因为拖延和推卸责任会使客户感到不满,销售人员应该尽一切可能加速行动,找出解决方案。处理投诉的时间如果拖延得太长,企业将失去留住客户的机会。

销售人员务必使客户理解企业提出的解决办法是公平合理的,有时需要做一些解释和说服工作,如介绍企业的决策过程和如此决定的原因等。在任何情况下,销售人员都不应该一味迎客户,以致客户和企业发生利益冲突。仅仅迎合客户并不能建立起友谊,反而可能导致客户失去对销售人员和企业的忠诚。任何涉及最终决策的问题应该在企业和销售人员之间处理,而无须客户的直接参与。已经决定的行动应由销售人员以一种果断的、有说服力的方式传达给客户。

■ 3-2-10 案例:客户投诉特殊案例三则

2. 公平解决索赔

为了帮助企业提出一个公平合理的解决办法,销售人员必须获得下列信息:客户索赔的金额、客户索赔的频率、客户账户的规模、客户的重要程度、所采取的行动对此客户和其他客户可能的影响程度、销售人员在处理其他索赔时的经验以及特定的索赔信息。在了解上述信息之后,企业的解决方案可采取以下形式:

(1)产品完全免费退换。

(2)产品完全退换,客户只支付劳动力和运输费用。

(3)产品完全退换,由客户和企业共同承担相关费用。

(4)产品完全退换,由客户按折扣价格支付相关费用。

(5)客户承担维修费用。

(6)产品送往企业的工厂再做决定。

(7)客户向第三方索赔。

■ 3-2-11 实训题:客户体验管理

第四步　客户反馈——满意度评价,回访

根据 ISO 10002 第 8.3 条提出的要求,企业还必须向投诉的客户就投诉处理过程的满意程度进行调查,其目的是为了解通过处理后,客户的满意程度是否有了真正的提高。ISO/TC 176 之所以推出 ISO 10002,根本目的就是要增强客户满意度,因此,对投诉客户的满意度进行调查就应该是一项不可缺少的内容。

■ 3-2-12 测试题

🔍 **知识拓展**

（一）投诉处理对于企业的意义

1. 投诉处理的本身构成了企业形象的一部分

企业对于投诉处理的服务必须通过投诉处理的工作人员来完成。企业形象的塑造不仅体现在产品质量上，还可以通过投诉处理的工作人员来得到充分的体现。周到、热情的投诉处理接待人员，高超的沟通联络技巧以及满意的投诉处理结果，是企业形象不可缺少的一方面。客户的投诉一旦得到有效处理，还可以立即得到广泛的传播，从而更加有助于企业形象的树立。

2. 投诉处理的过程更需要企业形象的树立

企业形象和客户投诉所感受到的服务质量有着密切的关系，良好的企业形象有助于企业对客户投诉的处理，而恶劣的企业形象会给客户的投诉处理带来负面影响。

正面的作用包括两个方面：第一，信任作用。一个博得广大客户好感的企业，可以比较顺利地进行客户投诉处理。也可以这样讲，同样的投诉处理的结果，具有良好形象的企业，就比较容易得到客户较高的评价和信任。第二，竞争作用。对形象良好的企业所提供投诉处理的服务，投诉的客户可能会给予充分的信任和认可。企业和人一样，也会有失误的时候，而形象良好的企业比较能够得到别人的谅解，提高竞争力，有利于企业的发展。

负面的作用表现在：由于企业自身的原因，如投诉处理接待不热情、不及时，投诉电话无人接听，做出的承诺不履行等都可能给客户造成恶劣的影响。在客户的心目中一旦形成了负面的企业形象，是很难一下子被消除的。即使企业此时此刻真心诚意地想通过对投诉的及时处理来重塑自己的企业形象，客户往往还是半信半疑。

所以，企业形象所感受到的服务质量，会起到一种"过滤"的作用。这种作用对不同的企业形象有不同的影响：对于有良好形象的企业，这种"过滤"作用具有"放大"的功能。这就是同样水准的客户投诉处理方式，形象好的企业容易得到客户理解的原因。相反，对于形象较差的企业，这种"过滤"只能起到"损害"的功能。也就是说，由于客户有了一种"先入为主"的思想认识，所以即使这些企业提供和其他企业一样水准的客户投诉处理，也不能轻易改变客户对企业的原有态度。因此，为了能够有效地处理客户投诉，企业应树立起良好的品牌形象。

（二）客户投诉的心理分析

客户投诉有着较为复杂的心理过程，且因人因事因情景而异，但其投诉的心理却具有一些共性。客户投诉的目的或是寻求情绪上的宣泄，或是寻求经济上的补偿，或是讨一种说法,或是希望企业能改进,或是以上各种目的的组合。

（1）求尊重。客户投诉肯定是自尊心受到伤害,很难平复,投诉的目的或目的之一就是要求当事人或管理人员当面认错并赔礼道歉,以维持其尊严。

（2）求宣泄。客户当需求没有得到满足或受到不公正对待而产生挫折感,心生怒气、怨气,故去投诉以求发泄心中的不满与愤怒,求得情感上的补偿和慰藉。

（3）求补偿。一般而言,客户因受损失而投诉,除对物质损失要求补偿外,更多的是对精神损失要求进行物质赔偿,以求得心理的平衡。

客户投诉,一则表明他对企业还没有绝望,企业还有机会与他做生意;二则表明不仅仅是投诉客户对该企业的产品不满,他还代表其他客户的意见,因为并不是所有对你不满的客户都会对你进行投诉;三则表明企业存在经营管理问题,尤其是企业的产品和服务方面,企业必须马上改进。

（三）投诉的预防

防患于未然,从预防入手,将客户的投诉消灭在未发生之前,这是企业对客户投诉所应采取的最主动积极的态度。企业若想有效地防止客户产生投诉,必须从以下几个方面做起。

1. 销售优良的产品

提供优良而且安全的商品给客户,这是预防客户产生投诉的基本条件。它包括以下几个方面:

（1）在经过充分市场调研的基础上,订购优良而且能够满足客户需求的产品。

（2）确实掌握产品的材料以及保存的方法,以便在产品销售时为客户提供更多的有关知识。由于科学技术的发展,以新原料、新工艺为特征的新产品大量问世,因此,企业在购进新产品时,一定要与生产厂家或批发商充分沟通:一方面在了解产品特性的同时得到品质保证;另一方面,在销售过程中可以为客户提供安装、使用、维护、储藏等方面的知识,防止客户由于缺乏新产品使用知识而出现投诉。

（3）严格检查购进的商品,避免销售有污损或有缺陷的商品。企业要建立一个商品质量检查的专门机构,定期对企业进行检查或抽查,特别是食品或其他与新鲜度有关的商品更要严格检查。

（4）在店面的商品出现污损、缺陷时,一定要及时撤换,杜绝不良商品流到客户的手中。商品陈列时要遵守"先进先出"的原则,保证商品的新鲜度。

2. 提供良好的服务

销售人员素质的高低、服务技能和服务态度的好坏,是影响企业服务水准的重要因素。因此,提供良好的服务必须从销售人员抓起,包括:

（1）搞好上岗培训，培训内容包括服务态度、服务技能和岗位制度三个方面。

（2）举办各种业务竞赛活动，促进销售人员整体业务水平的提高。通过这类表演、竞赛活动，鼓励服务水平高的销售人员，激励业务技能差的销售人员，以促进整个企业服务水平的提高。

（3）采取强制性措施，督促销售人员不断改进自己的服务工作。为了提高销售人员的服务水平，改善销售人员的服务态度，企业应制定一些有关的规章制度。如广州白云商贸公司将销售人员的德、能、勤、绩的综合考评与职工的工资等级和福利挂钩，形成了良好的约束与激励机制。

3. 注意店内的安全设施

如果顾客在商店发生意外而受伤的话，不管商店方面如何振振有词，其责任也是无法推卸的，因为这是店方的安全措施不够理想造成的，所以，一定要抓好店内的安全、保卫工作。

3-2-14 实训题

（1）要经常检查陈列窗的玻璃、天花板上的吊灯、壁饰等是否有破裂、掉落的危险，地面、楼梯是否过于潮湿、光滑，等等，以免顾客受伤。

（2）大型商场一定要预先设立在发生地震、火灾时用的紧急出口、太平梯和逃生路线，防火设备要经常检查。如果紧急出口或太平梯的通道上堆满货物的话，那么发生事故时就可能发生悲剧，因此，一定要禁止在这些地方堆放物品。

3-2-15 测试题

（3）保证顾客的财产安全。张贴温馨提示，有条件的话，可在店内设置监控系统。

综合能力训练项目

一、课后练习

（一）思考题

1. 售后服务的内容主要包括哪些？

2. 投诉处理的技巧有哪些？

（二）实训题

1. 实训项目：售后服务的流程。

2. 实训目的：了解售后服务的方式、步骤、注意事项。

3. 操作步骤：

第一步　服务请求

第二步　服务记录

第三步　服务方式选择

第四步　服务实施

第五步　服务回访

二、能力迁移训练

(一) 案例分析

"新三包规定"

一位女顾客带着读中学的儿子来到某购物广场一楼钟表柜台,请营业小姐检查购买才 14 天的"防水手表"。那位少年说:"你们这表有质量问题,买了才两周就不行了。夜视指示灯按钮不灵,有时可以按亮,有时就不行,下雨天就进水,里面全是雾气。"营业员小姐接过表按了一下按钮说:"没问题呀!"少年又说:"你再按一次看看。"营业员小姐又按了一次说:"哟,是有些问题。"孩子的母亲说:"那现在怎么办呢?""在 15 天之内可以换货。""那正好,我买了才 14 天,9 月 1 日买的,应该可以换货。"营业员小姐一听,马上说:"阿姨,对不起,我记错了,电器才是 15 天,钟表是 7 天。""小姐,不会吧!"顾客不相信地看着小姐,小姐马上接过话:"这是国家的'新三包规定',又不是我定的。"

顾客懒得与营业员进行理论,就说:"那就维修吧。多长时间可以取货?""至少要 15 天。""太长时间了,能不能快一点? 小孩读书天天要用表。""最快也要 10 天,修好了,我们电话通知你。""如果修好后再坏了怎么办?""如果修了三次,就可以换一块。""那多麻烦,你们应该为顾客多考虑一下,不要让顾客来来回回跑,这样会使顾客流失掉的。还有就是你们修表时间太长,别的商场一般是一个星期,而你们要半个月,这样很不好。"

顾客带着孩子离开钟表柜台去购物,孩子一边走一边还在说:"以后不要来这里买了。"

问题:请谈谈这个故事给我们的启示。

(二) 客户拓展游戏

"麻烦的客户"

角色扮演:分组分别扮演客户和售后服务管理专员,客户组要假意以各种理由进行投诉、刁难,售后服务组的同学要给出应对措施,解决问题并使客户满意。

项目四

大客户管理

学习目标

知识目标	技能目标	素质目标
通过本项目学习,你应该: ▶ 重点掌握客户 ABC 分类法 ▶ 掌握大客户的含义、特征、分类 ▶ 掌握大客户管理的内容、方法和技巧 ▶ 掌握客户满意度、忠诚度的测试方法以及实现客户忠诚度的做法	通过本项目学习,你应该: ▶ 能够运用 ABC 分类法对客户进行分类分级 ▶ 能够掌握大客户管理的技巧,能识别大客户,并针对性地进行维护和管理 ▶ 掌握大客户的拓展步骤及拓展过程中的注意事项 ▶ 掌握赢得客户信赖和好感的一些基本方法 ▶ 能够设计大客户满意度问卷,掌握客户满意度测试方法及问卷的分析方法 ▶ 能够正确处理大客户的不满意见 ▶ 能够进行客户忠诚的影响因素分析,根据不同特征将客户忠诚分成几种不同类型 ▶ 能够运用客户忠诚策略培养忠诚客户	通过本项目学习,你应该: ▶ 学会客户管理如何兼顾公平和效率,如何培养思辨能力 ▶ 以知促行,以行促知,加强理论联系实际 ▶ 培养精益求精的工匠精神和具体问题具体分析的辩证思维 ▶ 遵守公序良俗,坚持诚实守信 ▶ 树立开放、包容、自信的可贵品质 ▶ 抓主要矛盾和矛盾的主要方面,掌握自身的竞争优势,知己知彼,勇于开拓创新

●●● 案例导入

万客会分级管理

——会籍分类、权益管理部分(以上海地区为例)

万科客户俱乐部,简称万客会,由万科于 1998 年在广州创立。这是中国第一家房地产企业客户俱乐部,是住宅行业第一家客户关系机构,同时也是国内首家每年聘请第三方机构进行全方位客户满意度调查的住宅企业机构。随着万科的扩张,万客会也在大江南北生根开花,上海、北京、沈阳、成都、武汉、南京、长春、大连等全国 30 多个大中城市都有万客会的足迹。

一、会籍分类

按销售贡献和活跃程度,整个万客会会员的会籍分为以下四类。(见表 4-1)

表 4-1 万客会会员的会籍分类

尚未购买或尚未租赁上海万科开发物业的人士	蓝卡会员
现租赁万科物业的人士 通过三级市场购买过至少一套万科物业的人士 蓝卡会员中上一年度积分排名前5%的会员	银卡会员
通过二级市场购买过至少一套万科物业的人士 银卡会员中上一年度积分排名前5%的会员	金卡会员
金卡会员中上一年度积分排名前5%的会员 对万科企业、万客会成长具有特殊贡献人士	铂金卡会员

二、会员权益管理

(一)会员分级权益列表(见表 4-2)

表 4-2 会员分级权益列表

权益类型	蓝卡会员	银卡会员	金卡会员	铂金卡会员
参与万客会积分计划获得积分奖励	★	★	★	★
享受万客会精选商家特惠服务	★	★	★	★
网上会员自助服务	★	★	★	★
优先参观万科新项目	★	★	★	★
万客会年终答谢活动	部分参与	★	★	★
参与万客会会员活动	全体性 会员活动	银卡以上会员 专享活动	金卡以上会员 专享活动	铂金卡会员 专享活动
免费的在会资讯服务	《产品目录》	《产品目录》	《产品目录》 《万客会》	《产品目录》 《万客会》
会员购房优惠	0.2%	0.5%	1%	2%
年度限量版礼品赠送	部分赠予	部分赠予	部分赠予	★

(二)在会权益说明及操作

1. 积分权益

● 会员可通过参与《万客会会员积分计划》中的各项互动活动获取相应积分奖励,具体积分规则和奖励方式参见万客会发布的最新积分计划宣传页。

● 具体操作详见《万客会会籍管理——积分管理部分》以及《万客会积分操作作业指引》《万客会积分奖励兑付作业指引》。由系统专设积分管理模块,尽可能实现积分设置、积分登记、积分查询、积分结算、积分有效性比对、积分兑付、积分通知等自动管理功能。

2. 增值优惠权益

● 会员可享受万客会精选商家特惠服务、网上会员自助服务等。

● 具体操作：精选商家优惠服务，分为磁条卡（也有可能是条形码、IC卡）和普通卡（无功能的）两种情况。

磁卡：会员持卡在精选商家刷卡，可自动显示各级别的不同优惠，并由商家定期反馈会员消费信息情况。可增加会员优惠的严肃性和会员身份的尊贵性。

● 网上自助服务操作参见《万客会网站手册》《万客会网站维护作业指引》。

3. 优先参观权益

● 会员将有机会受邀请参观万科开发新项目，具体邀请时间和项目，万客会将视情况采用短信或者邮件的方式向特定会员发出邀请。

● 优先参观暂专指新项目会员开放日活动：具体操作参考《万客会会员开放日活动组织流程和操作细则》。

● 与项目共同明确开放日期、开放范围、开放目标客户对象、开放活动策划、开放邀请、开放日当天的客户到访情况登记和统计、活动结束后的效果评估反馈。

● 为体现会员专属权益，将视不同项目邀请不同会员对象（按项目目标细分客户标准而不限于目前的分级标准），并在活动现场通过刷卡进场、刷卡登记积分、刷卡领取活动礼品等体现会员专属权益。

● 通过特定的办法，保证现场刷卡登记信息的准确性。

4. 年度答谢权益

● 会员将有机会受邀请参与万客会年终答谢活动，具体活动信息将在活动前采用短信或者邮件的方式发出邀请。

● 年终答谢活动：指万客会代表万科地产每年年末举办的系列答谢活动，活动内容包括赠送会员高雅演出门票、答谢礼品、组织大型会员活动等。

● 确定活动内容和规模、明确活动参与对象、活动信息发布、活动组织实施、活动参与人员登记和统计、活动结束后的效果评估反馈。

● 需要系统实现短信、格式化邮件、自动语音系统登记、确认参加的功能；需要实现网上报名索票功能，同时实现凭密码或短信领取门票或验证身份等功能；以及活动现场刷卡登记和统计到访人员情况等功能。

5. 会员活动权益

● 万客会将为各级会员度身定制丰富多彩的会员活动，活动将视主题和规模邀请特定级别会员。

常规性会员活动:指万客会在年度内为各级别会员举办的活动,年初制定活动计划和大体活动举办时间。

● 与系统相关的在于活动对象的筛选、活动信息的发布提醒、报名(网站、短信、电话)、活动通知提醒、活动现场的到访登记统计、活动结束后的效果评估反馈。

6. 在会资讯权益

● 会员可享受万客会丰富的免费在会资讯服务,蓝卡会员与银卡会员可定期收到具实效性的《产品目录》,金卡以上会员可定期收到信息丰富、编印精美的《万客会》会刊以及不定期的会员增刊和特刊。

● 《产品目录》:将成为定期(暂定为每月)与会员进行在会沟通的印刷品,形式为内部杂志。发送对象为全体会员、潜在会员。

● 《万客会》:每两月编印一次的软性宣传品,形式为杂志类,发送对象为金卡会员,主动申请要求获得会刊的蓝卡会员,以及部分公关寄赠对象。

● 与系统相关部分:产品目录及会刊出刊邮寄时发送短信通知,如可能希望获取短信地址更新反馈;蓝卡会员在网站提出寄刊申请,进行审批并在数据库中进行登记,给予邮寄会刊;会刊的读者调查(网上或纸质)回收并在数据库中进行统计分析、反馈积分登记;会刊投稿积分登记;电子会刊的群发。

备注:联名购买万科物业或联名租赁万科物业的金卡或银卡客户,若系统内填写的同一邮寄地址,则仅可获赠一份《万客会》会刊或一份《产品目录》。

7. 银卡、蓝卡会员申请会刊

● 如果银卡、蓝卡会员希望收取《万客会》会刊,可登录万客会网站提出申请,申请通过后万客会将为会员寄赠为期一年的免费会刊。

● 银卡、蓝卡会员在网站固定页面申请,申请在网站后台转入数据库,经审核后在系统中开放会刊邮寄权益,系统自动设置为一年,到期系统将发出提醒告之会员将到期,询问是否仍需申请,请再次登录申请。或未来可通过积分换取会刊方式。

8. 银卡以上会员购房优惠权益

● 银卡或以上会员,在购买万科地产开发物业时可享有会员折扣优惠,会员折扣可与其他公开正常折扣一并享受。除特别说明的项目或情况外,银卡会员可享有原销售定价 0.5% 的优惠,金卡会员可享有 1% 的优惠,铂金卡会员可享有 2% 的优惠。

9. 蓝卡会员购房优惠权益

● 蓝卡会员在身份核实后,可享受 0.2% 的优惠。

三、会员级别管理

（一）会员晋级确认及晋级手续办理

1. 会员晋级规则

■ 各级会员（除铂金卡会员外）均有机会通过参与积分计划获得会员级别的晋升。

■ 蓝卡会员中当期积分累计排名前5%的，次年度可升级为银卡会员。

■ 银卡会员中当期积分累计排名前5%的，次年度可升级为金卡会员。

■ 金卡会员中当期积分累计排名前5%的，次年度可升级为铂金卡会员。

2. 晋级操作

每年年底在系统中将各级别会员按积分高低进行排序，系统自动按排序结果生成会员晋级名单表，表格上报领导审批，财务部备案，在系统中进行会员晋级操作。

（二）会员级别有效期

为筛选有效会员，确保会员质素，设置各级别会员权益有效期。

1. 蓝卡会员

权益有效期为两年，每两年更新一次会员信息，更新后可获续卡。

2. 银卡会员

权益有效期为两年，每两年更新一次会员信息，更新后可获续卡。

3. 金卡会员

购房成为会员的会籍终生有效。升级成为金卡的，权益有效期为两年。

4. 铂金卡会员

权益有效期为两年，两年后按积分排序重新评定。

🜨 岗位介绍

大客户管理岗位工作内容主要包括：负责安排客户服务经理对大客户的定期回访工作；负责保证企业与大客户之间信息传递及时、准确；负责经常性征求大客户对客户服务人员的意见，及时调整客户服务人员；负责关注大客户的一切公关与服务活动及商业动态，并及时给予技术支援或协助；负责根据大客户的不同情况，与每个大客户一起设计服务方案，以满足其在不同阶段的特定需求；负责制定适当的服务优惠政策和激励政策拓展大客户。

⚙ 项目简介

1. 项目内容

党的二十大报告指出，加快构建新发展格局，着力推动高质量发展。加快构建以国内大循环为主体、国内国际双循环相互促进的新发展格局。弘扬企业家精神,加快建设世界一流企业,着力扩大内需,增强消费对经济发展的基础性作用。十年来,我国成为一百四十多个国家和地区的主要贸易伙伴,货物贸易总额居世界第一,吸引外资和对外投资居世界前列,形成更大范围、更宽领域、更深层次对外开放格局。我们实行更加积极主动的开放战略,构建面向全球的高标准自由贸易区网络,加快推进自由贸易试验区、海南自由贸易港建设,共建"一带一路"成为深受欢迎的国际公共产品和国际合作平台。

"大客户"是企业的伙伴型客户,是企业忠实的客户,是为企业创造 80% 利润的客户,是为企业带来高收益而企业只需支付低服务成本的客户。这部分客户为企业节省了开发新顾客的成本,为企业带来了长期利润,并且帮助企业开发潜在顾客。因此,用科学的方法进行客户分级管理,站在企业的角度思辨地看待公平和效率,成功识别大客户,为大客户提供优质的专属服务,关注并不断设法提升大客户的满意度和忠诚度是企业客户管理中至关重要的一个部分。

根据大客户管理岗位的工作内容和工作流程,我们将该项目划分为客户价值分级管理、大客户专项管理、大客户拓展、调查大客户满意度、调查大客户忠诚度 5 个子项目。

2. 工作任务

以本校的校内外实训基地为载体,基于校外合作企业的实际情况,帮助企业识别优质客户,进一步拓展优质客户,按照价值对客户进行分级管理、大客户专门化管理,进行客户满意度和忠诚度调查,并为企业提出相应的对策和建议。

3. 项目学习课时

建议课内教学为 12 课时,课外学习为 16 课时。

4. 项目成果

在项目学习结束后,学生应递交以下项目学习成果:

(1)某企业大客户信息采集表 1 份;

(2)某企业大客户分级分析报告 1 份;

(3)某企业大客户拓展计划书 1 份;

(4)某企业大客户满意度调查分析报告 1 份;

(5)某企业大客户忠诚度调查分析报告 1 份。

子项目一 客户价值分级管理

学习目标

1. 重点掌握 ABC 分类法

2. 理解和掌握客户价值分级管理的工作要点,并能根据相应的情况选择合适的分级标准对客户进行分级管理

3. 学习客户分级管理如何兼顾公平和效率,如何培养思辨能力

工作任务

企业的人力、物力资源总是有限的,有限的资源投入要能够产生最大的产出,就必须把资源投入最能够产生价值的客户身上。所以客户应该是分层次的,地位也应该是多层级的:具有最大价值的客户在最核心的位置,对他们的需求的了解和满足也是最重要的;具有次要价值的客户则处于次核心的位置,对他们的需求的了解和满足处于次重要的位置。这就是所谓"客户分级"的概念。请以本校某一合作企业(杭州银泰百货)为例,对该企业的客户信息进行收集,并进行战略性分析,制定该企业客户 ABC 分类结果表。

任务解析

第一步 选择客户分类的标准

企业可以按照不同的标准对客户进行分类,但在客户管理中,按照客户价值分类,找到最有价值的客户,才是企业最重要的工作。

首先,按成交额进行划分。例如,一位业务员把交易额在 500 万元以上的客户算作 A 类客户,把交易额在 100 万元～500 万元的客户当作 B 类客户,把交易额在 100 万元以下的视为 C 类客户。当然,业务员还可以根据区域市场内的状况来确定划分标准。

其次,根据客户的发展潜力来划分。这时可能出现这种情况:某些具有很大发展潜力的 C 类客户可能会被重新划分为 A 类客户,或者一个即将倒闭的 B 类客户被重新划分到 C 类中。A 类客户应既具有最大成交额又具有最大发展潜力,B 类客户则为中等成交额和中等发展潜力,而 C 类则是由具有低成交额和低发展潜力的客户来组成。当业务员对客户进行 ABC 分析时,他会发现在大多数情况下,他花费的时间与客户类

型不成比例,即花费在 C 类客户上的时间多,而花费在 A 类客户上的时间少。

【阅读材料 4-1】

银行的客户分级

银行目前较为常用的资产规模指标有以下几类:一是客户在行人民币存款金额;二是客户个人家庭资产;三是客户月均收入;四是办理零售贷款金额;五是客户曾购买产品金额。客户金字塔模型就是按资产规模对客户进行分层,具体如表 4-3 所示。

表 4-3　某银行按资产规模划分的客户金字塔模型

客户金字塔模型		
客户分类	特点	针对性措施
铂金级客户	a.对企业贡献价值最大 b.约占整个客户群体的 1% c.对价格不太敏感,忠诚度相对较高	建立专门档案,指定专员定期接触,并深度挖掘其需求,对其提供个性化服务
黄金级客户	a.对企业贡献价值较大 b.约占客户群体的 4% c.与不同的企业合作以求降低风险	
钢铁级客户	a.约占客户群体的 15% b.对价格相对敏感,其贡献价值的能力和忠诚度一般	注重开发客户的长期价值,并在一定范围内采取个性化服务
乌铅级客户	a.客户群体中规模最大的一类 b.为企业贡献价值仅为 20%	

商业银行由于规模不同,对客户资产规模的划分应根据实际客户情况进行选择,同时在进行客户资产规模划分时也要深入考虑临界点的设置。例如,对于一个在 B 银行存款 1000 万元的客户,A 银行定义的最优质客户资产规模起点是 800 万元,而 B 银行起点则是 1200 万元,那么该客户在 A 银行就是最优质客户,在 B 银行就可能被列入中等客户范围内。此时当 A 银行的服务、产品等优于 B 时,客户就可能会转而选择 A 银行,造成 B 银行的客户流失。从反面来考虑,银行也可以通过这种方式来为整个市场上的客户提供更好的服务和产品,以占领更大的市场份额。

在进行客户 ABC 分类前,为了更便于找到最有价值的客户,应先做下列工作:

(1)识别企业的金牌客户。运用上年度的销售数据或其他现有的较简易的数据来预测本年度占到客户总数目 5% 的金牌客户。

(2)了解哪些客户导致了企业成本的发生。找出占总数 15% 左右的"拉后腿客户",他们往往一年多都不会下一单,或者总是令企业在投标中被淘汰。企业应减少寄送给这些客户的信件。

（3）找到企业年度最想与之建立商业关系的几个企业，并把这些企业的信息加到数据库中，对每个企业，至少记录 3 名企业联系人的联系方式。

（4）找出上年度对企业的产品或服务多次提出抱怨的大客户，悉心保持与这些大客户的业务往来，派得力的营销人员尽快与他们联系，解决他们提出的问题。

（5）了解去年最大的客户今年的产品订货情况，找出这个客户并赶在竞争对手之前去拜访该客户。

（6）了解是否有些客户从本企业只订购一两种产品，却会从其他地方订购很多种产品，若有，提请该客户考虑，是否可以用企业的另外几种产品代替其他企业的产品。

第二步　按步骤进行客户分类

ABC 分析的一般步骤如图 4-1 所示。

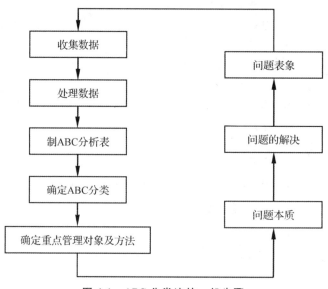

图 4-1　ABC 分类法的一般步骤

🔍 知识拓展

（一）客户分级的理论基础

1. 二八定律

4-1-3 微课视频：二八效应和长尾理论

二八定律又称帕累托定律，应用在客户分层中是指一个企业 80％的利润来自它 20％的客户，剩下 80％的客户仅贡献 20％的利润。在客户分层中，核心客户是主要服务对象。例如，银行重点关注核心客户，为核心客户提供差异化的产品和针对性的服务,做好核心客户的维护和开发,就能为银行带来 80％以上的利润贡献。

2. 长尾理论

长尾理论与二八定律不同,长尾理论关注 80％的尾部客户、产品和市场,认为这部分通过积少成多可以成为足够大的主要增长动力。在客户分层中,除了核心客户,其余都是长尾客户。如图 4-2 所示。

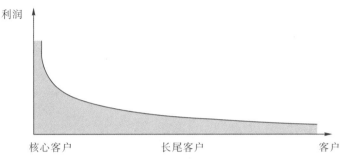

图 4-2　核心客户和长尾客户分布

二八定律与长尾理论貌似存在矛盾与冲突,实则不然。二八定律指导下的核心客户理论和长尾理论既存在区别也存在联系:二八定律专注于核心客户的大利润;长尾理论则专注于中小客户,通过扩大基数来提高利润,进而实现规模效益。在经济下行的大环境下,企业更应该要重视每一个客户,对客户进行分层管理,由粗放式管理模式向精细化管理模式转型。对于核心客户,我们要倾斜资源,优化产品,使客户高度满意,对于长尾客户,我们要改变业务模式,创新产品,提高客户黏性,从而实现"大客户做好,小客户不丢"。

(二) ABC 分类法的含义

客户管理的一个重要原则就是要做好对重要客户的管理。为此,就要进行客户类型分析,也就是在成交额和发展潜力的基础上对现有的客户进行分类,即按照价值对客户进行分类,这就是 ABC 分类法。客户 ABC 分类是以销售收入或利润等重要客户行为为基准确定的,实际业务操作中,客户的 ABC 分类一般根据以下三项指标:

(1) 客户规模(回款额);

(2) 客户贡献(毛利额);

(3) 企业品牌在客户经营链中的利润分析。

一般来说,ABC 分类法把客户群分为 VIP(Very Important Person)客户(A 类客户)、主要客户(B 类客户)、普通客户(C 类客户)与小客户(D 类客户)四个类别。

4-1-4 案例:某证券公司的客户分类与管理

4-1-5 案例:为了大客户,抛弃小客户

1. 顶尖客户

顶尖客户即 A 类客户,也叫 VIP 客户,是客户金字塔中最上层的金牌客户。他们是在过去特定的时间内,购买金额最多的前 5％～10％的客户。若客户总数为 1000,则

■ 4-1-6 客户拓展游戏：辩论赛

VIP 客户一般指花钱最多的前 100 位客户。

2．主要客户

主要客户是指在特定时间内，消费金额最多的前 15％～20％的客户中，扣除 VIP 客户后的客户。若客户总数为 1000，则主要客户多是指扣除 VIP 客户外，花钱最多的 100 位客户。

3．普通客户

普通客户是指在特定时间内，消费金额最多的前 30％的客户（扣除 VIP 客户和主要客户）。若客户总数为 1000，则普通客户是指扣除 VIP 客户和主要客户外，花钱最多的前 100 位客户。

4．小客户

小客户是指除去上述三种客户后，剩下的 70％的客户。

前面已经讲述过客户分类的 80/20 原则，即将企业的所有客户进行统计，我们会发现企业经营收入的 80％是由 20％的客户带来的，而这 20％的客户也就是企业的最佳客户。很明显，企业有更多的理由使这 20％的客户对企业的产品或服务更满意；而对于另外 80％的客户，在竞争中放弃他们也没什么值得可惜的，因为他们对企业的作用不大，甚至有时还会给企业带来麻烦。

国内某证券公司在解决客户资料分析方面的问题时发现，它的大客户虽然仅占公司客户的 20％，但却占了公司利润的 90％。换句话说，有八成客户让公司几乎赚不到多少钱。

因此，想要深入地了解客户，可以试着根据客户对企业所做的贡献，分析客户分布的情况，并找出其中最重要的 20％的客户。当然，其中因产业或公司的差异，比例往往不等。

在清楚地了解了客户层级的分布之后，可以由营销部门妥善规划项目，依据客户价值设计配套的客户关怀项目，而后佐以业务部门的共同努力，对 VIP 客户定期拜访与问候，确保客户满意，刺激有潜力的客户升级至上层，结果将使企业在成本维持不变的情况下，产生可观的利润增长。

（三）ABC 管理方法

在划分了不同等级的客户后，企业可分别采取不同的管理方法。

1．顶尖客户管理法

顶尖客户是非常有利可图并值得企业花费大量的时间来服务的。他们往往订单数量大，信誉较好，并且能很快付款。对这类客户的管理要把握以下几个方面：

（1）A 类客户进货额占企业总销售额的 70％～80％，影响相当大，因此应密切注意其经营状况、财务状况、人事状况的异常动向等,以避免倒账的风险。

(2)要指派专门的销售人员经常拜访这类客户,提供销售折扣,并且熟悉客户的经营动态。业务主管也应定期去拜访他们。

(3)应优先处理 A 类客户的投诉案件。

【阅读材料 4-2】

内蒙古联通大客户管理

大客户业务是联通整体营销战略的重要组成部分,发展大客户能给公司带来很好的经济效益。大客户管理系统的建设,旨在在大客户售前、售中和售后的整个生命周期中,为客户的市场开拓、信息管理、客户服务及营销决策支持提供一个综合信息处理平台。内蒙古联通的大客户管理系统建设正是基于上述背景而提出的,包括以下几方面管理内容。

1. 大客户资料管理:包括大客户相关资料信息管理和大客户基本业务两个方面。大客户资料的基本信息包括:客户基本资料、客户营业业务资料、客户计费账务资料、客户信用资料、客户服务资料、内部重要员工资料、项目工程资料、资源占用资料等。

2. 绿色通道:围绕客户走访、业务办理、合同签订、工程实施和业务开通工作流程,实现对大客户业务的售前、售中环节的过程管理,并通过人机协作实现流程的自动化。

3. 黄色通道:处理与大客户服务相关的业务,包括客户走访、客户来访、友情服务等日常业务联系活动。

4. 红色通道:处理与大客户有关的故障、投诉等业务。

5. 渠道管理:用于管理渠道代理信息,以及与渠道相关的业务信息,包括绩效佣金管理、合同管理、培训管理等。

6. 客户经理管理:管理大客户发展中心员工及与大客户发展中心有业务往来的相关部门的员工信息,以及与员工相关的业务信息,包括基本信息管理、奖金绩效管理、业务计划管理、工作日志管理、回访走访管理、培训管理等。

7. 资源市场信息管理:信息内容包括产品信息,宏观经济信息,行业经济信息,客户需求信息(按行业划分),竞争对手信息,行业经典案例,政策、法律环境对企业可能的影响,企业所处行业的发展态势及行业内竞争状况,等等。

内蒙古联通公司使用 CRM 进行大客户维护与管理,协调和改进原有业务流程,使企业可以在其所有的业务环节更好地满足需求和降低运营成本,从而达到保留现有大客户和发掘潜在大客户并提高企业盈利的目的。通过为大客户提供高品质、个性化的服务,大客户管理系统的实施提高了大客户的信赖度和忠诚度,形成并保持内蒙古联通公司的核心竞争力并带来良好的经济收益。

2. 主要客户管理法

B类客户的进货额只占企业销售总额的 $10\%\sim20\%$ ，略具影响力，平常由业务员拜访即可。这类客户往往比较容易变为企业的忠诚客户，因此，是值得企业花些时间和金钱来建立忠诚度的。如果这类客户的订单频率和数量没有上升或者他们开始向竞争者对手订更多的产品，那就要给他们提供更多的服务。在放弃一个主要客户之前，要找出他们从竞争对手那里订更多货的原因。

3. 普通客户管理法

普通客户进货额只占企业销售总额的 10% 以下，每个客户的进货量很少。对此类客户，企业若没有战略性的促销策略，在人力、财力、物力等限制条件下，可减少推销努力，或找出将来有前途的"明日之星"，将其培养为B类客户。对这类客户，企业可以将对其服务的时间削减一半，但一定要和这些客户保持联系，并让人们知道当他们需要帮助的时候，公司总是会伸出援手。

4. 小客户管理法

在与小客户打交道的过程中，他们往往是锱铢必较，忠诚度很低，不及时付款，订单不多，要求却很多。对这些客户，企业应提供很少的服务。业务员会拥有许多客户，然而能为他带来较大销售额和利润的客户却非常少。对那些重要的客户，业务员要为他们花费更多的时间，否则就意味着对自己重点客户的忽略。业务员要提高效率，就必须按照客户的成交量来规划自己的推销、拜访次数。总之，业务员要记住，时间是有限的，应当把时间用在"刀刃"上。

子项目二　大客户专项管理

4-1-7 实训题:分析某企业的客户分级管理

4-2-1 课件:大客户识别

学习目标

1. 掌握大客户的含义、特征和分类
2. 掌握大客户管理的内容和方法
3. 能够掌握大客户管理的技巧，能识别大客户，并针对性地进行维护和管理
4. 了解法治思维下的大客户关系管理，以及如何践行知行合一的理念

工作任务

大客户是企业的伙伴型客户，是企业忠实的客户，是为企业创造 80% 利润的客户，是为企业带来高收益而企业只需支付低服务成本的客户，因为他们与企业建立的是长期的共赢关系。这部分客户为企业节省了开发新顾客的成本，为企业带来了长期利润，

并且帮助企业开发潜在顾客。请以本校某一合作企业为例，为该企业采集大客户信息，制定该企业大客户信息分析表，并根据所学知识进一步为该企业制订大客户专属管理计划。

📋 任务解析

第一步 大客户识别

识别大客户是大客户管理中的关键一环。公司选择大客户的标准通常有：客户的采购数量（特别是对公司的高利润产品的采购数量）、采购的集中性、对服务水准的要求、客户对价格的敏感度、客户是否希望与公司建立长期伙伴关系等。

下面是识别大客户的工作流程。

1. 确定研究目标

通过对客户资料的收集、分析，找出大客户，实施对大客户的个性化管理，并对大客户服务进行跟踪，及时改进服务，以保持大客户的忠诚。所需收集的信息主要有：客户最近一次购买、购买频率、购买金额。

4-2-2 微课视频：大客户识别

2. 发展信息来源

企业应建立多渠道的、便于客户与企业沟通的信息来源，如销售中心、电话、呼叫中心、电子邮件、企业的 Web 站点、客户座谈会等。

3. 客户信息收集

通过上述信息来源进行客户信息收集，包括的内容主要有：姓名、性别、年龄、职业、住址、电话、电子邮件等客户个人信息，如果客户是企业则需了解该企业的经营战略、生产规模、产品品种、销售收入、资信级别、经营状况、发展瓶颈等企业基本信息；客户的消费品种、客户的还价能力、关注重点、购买习惯等历史购买信息；客户对实体产品的功能、品种、规格、价格等方面要求的信息，以及对服务产品的多样性、及时性、便利性等方面要求的信息；客户对企业的产品或服务不满的投诉信息。

4-2-3 案例：小本子上的秘密

4. 客户信息分析

对"购买金额"的分析可让企业了解客户在一定周期内投入本企业产品或服务的花费，这一指标是所有指标的支柱。"购买频率"，即在限定期内的购买次数。最常购买的客户是满意度最高、忠诚度最高的客户。将"购买频率"与"购买金额"结合起来分析，可以计算出客户为企业所投入的花费，为企业创造的利润。将"购买频率"与"最近一次购买"结合起来分析，可以找出流失的客户。通过对"最近一次购买"的分析，企业可以了解客户最后一次交易的时间距离现在有多久。"最近一次购买"是维系客户的一个重要指标，企业要定期检查这一信息来跟踪客户的忠诚度，并及时调整服务，从而与大客户

4-2-4 实训题：某商业企业大客户销售任务

保持长期的良性接触。

信息技术能够帮助企业建立与大客户的社会性联系。企业通过共享个性化客户信息数据库系统，能够预测大客户的需求并提供个性化的服务，而且信息能够及时更新。另外，社会性联系还受到文化差异的影响，长久以来关系就是中国文化中不可或缺的部分，培育大客户营销人员和大客户之间彼此信赖、尊重的关系显得尤为重要。在产品或服务基本同质的情况下，良好的社会性联系能减少大客户"跳槽"现象的发生。

企业的经营是动态的，企业与客户之间的关系也是动态的，因此在实施大客户管理时应注意到，识别大客户是一个动态的、连续的过程。一方面现有的大客户可能因为自身的原因或企业的原因而流失，另一方面又会有新的大客户与企业建立关系。企业应对大客户的动向做出及时的反应，既避免现有大客户的流失，又及时对新出现的大客户采取积极的行动。

第二步　建立大客户部

建立大客户管理部，是抓好大客户管理的有效手段，可以从以下几个方面做好对大客户的工作：

（1）优先向大客户供货。大客户的订货量大，优先满足大客户对产品的数量及对系列化的要求，是大客户管理部的首要任务。尤其是在销售上存在淡、旺季的产品，大客户管理部要及时了解大客户的销售与库存情况，及时与大客户就市场发展趋势、合理的库存量及客户在销售旺季的需货量进行商讨。在销售旺季到来之前，协调好生产及运输等部门，保证大客户的货源需求，避免因货源断档导致客户不满的情况。

（2）充分调动大客户中一切与销售相关的因素，包括最基层的营业员与推销员，提高客户的销售能力。许多推销员往往认为，只要处理好与客户中、上层的关系，就意味着处理好了与客户的关系，产品销售就畅通无阻了。但产品是否能够销售到最终消费者的手里却与基层的工作人员如营业员、推销员、仓库保管员等有着直接的关系，特别是对一些技术性较强、使用复杂的大件商品。

（3）向大客户及时提供新产品。大客户在对一个产品有了良好的销售业绩之后，在他所在的地区对该产品的销售也就有了较强的上扬影响力。新产品在大客户场所进行试销，对于收集客户及消费者对新产品的意见和建议，具有较强的代表性和良好的时效性。大客户管理部应该提前做好与大客户的前期协调与准备工作，以保证新产品的试销能够顺利进行。

（4）充分关注大客户的一切公关及促销活动、商业动态，并及时给予支援或协助。利用一切机会加强与客户之间的感情交流，如参加大客户的开业庆典等。

（5）安排企业高层主管对大客户的拜访工作。一个有着良好营销业绩的公司的营销主管每年大约有三分之一的时间是在拜访客户中度过的，而大客户正是他们拜访的主要对象。大客户管理部的一个重要任务就是为营销主管提供准确的信息，协助安排日程，以使营销主管有目的、有计划地拜访大客户。

（6）根据大客户的不同情况，与每个大客户一起设计促销方案。每个客户因区域、经营策略等的不同，所呈现的经营环境也就不同。大客户管理部应该协调推销员及相关部门与客户共同设计促销方案，使客户感到他被高度重视，他是营销渠道的重要分子。

（7）经常征求大客户对推销员的意见，及时修正推销员的言行，保证渠道的畅通。推销员是企业的代表，推销员形象的好坏，是决定企业与客户关系的一个至关重要的因素。大客户管理部对负责处理与大客户之间业务的推销员的工作，既要协助，也要监督和考核。对于工作不力的人员要呈报上级主管，以便及时调配合适人选。

（8）对大客户制定适当的奖励政策。生产企业对大客户采用适当的激励措施，如各种折扣、销售竞赛、返利等，可以有效地刺激大客户的销售积极性和主动性。

（9）保证与大客户之间信息传递及时、准确。大客户的销售状况事实上是企业市场营销工作的"晴雨表"。大客户管理部很重要的一项工作就是将大客户的销售状况及时、准确地统计、汇总、分析，并呈报上级主管部门，以便上级主管部门针对市场变化及时调整生产和销售计划。

（10）组织每年一度的大客户与企业之间的座谈会或联谊会。企业应每年组织一次企业高层主管与大客户之间的座谈会或联谊会，听取大客户对企业生产、服务、营销、产品开发等方面的意见和建议，对未来市场进行预测，对企业的下一步发展计划进行研讨等。这样的会议，不仅对企业的决策非常有利，而且可以加深企业与大客户之间的感情，增强大客户对企业的忠诚度。

第三步 培养大客户的忠诚度

大客户通常会获得许多以采购数量为基础的有利价值（价格方面的优惠信息），但是营销人员不能仅仅依靠这种方式来维持客户的忠诚度。因为这样总是有某种风险，比如，竞争者会参与竞争或实施报复，企业也可能因为成本增加而被迫提高产品价格等。

其实，许多大客户对附加价值的需求远远大于对价格优势的需求。比如，他们欣赏特别的保证条款、电子数据交换、优先发运、预先的信息沟通、客户定制化的产品及有效的保养、维修和升级服务等。此外，与大客户管理人员、销售代表等价值提供人员保持

良好的关系,也是激发大客户产生忠诚度的重要因素。

【阅读材料 4-3】

专业市场如何锁定 VIP

这是一个"会员经济"的时代,每个经营者都会把全部客户中的前 10% 列为最重要的"大客户",也就是他们最珍贵的 VIP 会员。专业市场也是如此,市场与商户双向选择的天平越来越向大客户的方向倾斜。为了吸引大客户入驻,市场会给出一系列的优惠政策,为了留住大客户,很多专业市场还设置了客户俱乐部等部门,为大客户提供更多的拓展优势和优先机会。

如果说物质层面的政策是一个专业市场吸引大客户的硬实力,那么领导者以及市场团队的人格魅力和工作能力则是专业市场的软实力。

荟生活创意时尚有限公司董事长陈志枢 2009 年正式进驻天虹服装城,至今已在天虹经营近七年。在来到天虹之前,他曾在江苏一个老服装市场从业十余年。他当时选择离开熟悉的市场,来到天虹开启事业的新篇章,最重要的契机就是天虹领导者的人格魅力。"我当时在老市场里主要做服装代理和批发业务,面积很大,生意也很平稳。那时候天虹正在开启女装时尚总部基地的转型新阶段,处于广纳人才的关键期。天虹领导者来到我所在的市场,与我谈话,我很惊讶地发现来找我的竟然就是天虹的董事长。我的第一反应是,大公司的董事长竟然亲自一家一家地洽谈,这位领导者是一个能做到礼贤下士的人,他一定能有一番作为。"陈志枢说。

陈志枢表示,在地方集群或者更大范围内,经营体量大、业绩好的大客户,往往非常看重市场领导者的个人魅力。大客户与市场领导者之间,并不仅仅是管理与被管理、服务与被服务的关系,不能单纯地区分甲方与乙方。"彼此更像是共同拼搏的创业伙伴,市场提供更便利的条件和更好的环境,商户提供更高的业绩与品牌知名度,一方丰富渠道,一方提升口碑。这样的双赢局面,是品牌经营者最愿意保有的双方关系。一个市场的领导者一旦给人一种强烈的想要共同合作的欲望,那么后续的具体事宜便可以水到渠成。"

(资料来源:胡晶.专业市场如何锁定 VIP[J].纺织服装周刊,2015(41):62—63.)

🔍 知识拓展

(一) 大客户的内涵

大客户,也称为关键客户或核心客户,是指那些能够为企业带来巨额收入或利润的重要客户。企业经营收入的 80% 是由 20% 的客户带来的,这 20% 的客户就是企业的核心客户。虽然对于不同企业而言这并不是绝对的数字,但却反映了一个事实,那就是核心客户对企业的价值。对核心客户的识别、开发与持续经营,已经成为行业竞争的焦点。尽管不同企业对核心客户的定义不同,但是作为核心客户,至少包含以下元素之一:

(1)与本企业事实上存在大订单并至少有 1～2 年或更长期连续合约的客户,能带来相当大的销售额或具有较大的销售潜力。

(2)有大订单且具有战略性意义的项目客户。

(3)对于企业的生意或公司形象,在目前或将来有着重要影响的客户。

(4)有较强的技术吸收和创新能力。

(5)有较强的市场发展实力。

大客户是市场上卖方认为具有战略意义的客户,经常被挑选出来并被给予特别关注。越来越多的企业开始谈论大客户管理,并且开始尝试大客户管理。大客户管理是卖方采用的一种方法,目的是通过持续地为客户量身定做产品或服务,满足客户的特点需要,从而培养出忠实的大客户。大客户在服务行业有的也叫 VIP 客户。大客户是企业收益的主要来源。针对这群金字塔顶端的客户,企业不仅要花心思经营,而且还要制定针对大客户的方针与策略。如中国移动公司按照 ABC 分类法,在客户管理中把公司全部顾客按购买金额的多少,划分为 A、B、C 三类。A 类为大客户,购买金额大,客户数量少;C 类为小客户,购买金额少,客户数量多;而一般客户,介于 A、C 类之间。管理的重点是抓好 A 类客户,照顾 B 类客户。对个人客户中占总数 10％、其通信费合计占运营商通话费总收入 38％的高端客户群,实施优先、优质服务。中国联通公司则分别给连续六个月通信费大于 300 元、500 元、800 元的 CDMA 或 GSM 客户颁发三星、四星、五星级服务通行卡,星级会员享受与其会籍相匹配的通信优惠,同时还可以享受到其他如全国范围内的预订房等许多通信外的优惠服务。

(二)大客户关系的实质

企业与大客户的关系到底是一种什么性质的关系?正确地理解和确定企业与大客户之间的关系性质,对于大客户关系的管理和维护意义重大。

企业与大客户之间的关系是共赢关系和战略伙伴关系,那么这两种关系的本质又是什么呢?我们认为企业和大客户之间关系的本质是:彼此需要是前提、相互信任是保障、共同利益是核心。

企业与大客户的关系不是庸俗的"关系"。在大客户营销中,有人提出:不会"搞关系"、不会要灰色手段的营销人员无法取得大客户营销的成功。正是因为大家都发现了这条所谓的"捷径",这种做法便越来越普遍,其负面结果是逐渐增加的关系培育费把一些小企业压垮了,大客户营销的成功概率也大大下降。事实上,我国的社会主义市场经济体制正在加快完善,法治建设也越来越健全,越来越多的采购采用招标形式,且招标活动越来越公开、公平和公正。从大客户的角度来看,其高层管理者也逐渐开始重视供应商的资质评价,考评的范围变得综合、科学;大客户自身也在避免采购权力的部门化和私人化,否则会降低自身产业链的整体价值。如此一来,缺少实力的企业仅凭"关系"已经难以成功获取大客户的青睐。目前,大客户营销理论和实践的变迁路径是从人际关系和灰色营销,到企业多部门的深度沟通和业务共赢,再到现在的战略伙伴关系的建立。大客户开始逐渐意识到供应商的战略地位,而不再是动不动就利用大客户的优势权利、地位故意压价。应该说,灰色营销和"关系"营销的温床正在从根本上逐渐被捣毁。

（三）大客户管理工作的复杂性

大客户管理工作因各种原因一直处于不断发展之中。合并、收购使顾客集中程度不断增强,少数顾客的销售额可能占了公司营业额的大部分(如 20% 的大客户的营业额可能占了公司营业额的 80%);另外,许多顾客往往集中采购某些商品,而不通过当地单位进行采购,这就给他们带来了更多向卖方讨价的机会,使得卖方必须高度重视大客户;再者,随着产品变得越来越复杂,买方组织会有更多的部门参与采购决策,一般的销售人员可能不具备对大客户进行管理的能力。

在设计大客户管理方案时,企业可能要面对许多潜在问题,这些问题一般包括:如何挑选大客户?如何对他们进行管理?如何开发、管理和评估客户经理?如何组建大客户管理机构?当地大客户管理部门应在组织中处于什么样的地位?

至于是否建立大客户管理部门,要视企业的规模而定。对于规模小的企业,客户数量较少,大客户更少,不必建立大客户管理部。如果企业的大客户有 20 个以上,那么建立客户管理部就很有必要了。

（四）大客户管理的解决方案

4-2-7 课件:大客户管理解决方案

实施大客户管理是一项系统工程,涉及企业经营理念、经营战略的转变,关系到企业的各个部门、企业流程的各个环节,要求企业建立起能及时进行信息交互与信息处理的工作平台,因此,企业应系统地制定一个大客户管理的解决方案。

1. 企业经营战略

4-2-8 微课视频:大客户管理解决方案

随着环境的变化,企业经营战略也应有一个不断革新的过程。企业采取以客户为中心的经营战略是市场发展的需要。它决定了企业通过与客户建立长期稳定的双赢关系,走上一条既满足客户需求又使企业更具竞争力的发展道路。在这一经营战略下,企业与客户结成利益共同体,企业结构调整和资源分配都是以满足客户需要为目标,企业在价值观、信念和行为准则上也形成一种以客户为中心的服务意识,并把它列为企业文化的一部分,在经营目标上把客户满意作为判断工作的标准之一。

2. 组织变革

企业应建立起以客户为中心的更为灵活的组织结构体系,将组织资源投向最能满足客户需要的方面,并在考核制度、薪酬制度、激励制度等方面贯彻以客户为中心的思想。生产制造部门要把好质量关,人力资源部门要培养高素质的员工完成高水平的服务,销售部门、财务部门、运输部门都应以客户为中心来组织。目前,企业对大客户的管理缺乏系统性和规范性。建立一个大客户管理部,并赋予其一定的考核权、调度权,将有助于改善大客户管理的混乱状况。

4-2-9 实训题

3. 企业的客户管理流程

企业应从流程角度分析公司的销售、服务现状,同时对大客户的运作方法进行分析,要站在客户的立场上体验其购前、购中、购后的感受,发现导致客户不满的原因。以客户需求作为流程中心,重新整合企业流程和业务操作方法,使企业中各部门的行动保持一致,研发部门、生产制造部门、销售部门以及运输部门、财务部门、人力资源部门都要彼此协调行动,积极投入以向大客户提供最满意的服务为中心的工作流程中,提高客户服务效率。

4. 利用信息时代提供的先进工具

(1) 在硬件上,包括计算机、通信设施及网络基础设施。由计算机与通信技术、互联网集成的呼叫中心,目前受到了特别的关注。它由自动语音应答、人工座席、CTI(计算机电话语音集成技术)和互联网构成,客户可以自由选择电话、E-mail、Web 站点等方式得到企业的服务。企业可以根据自身条件及业务发展需要选择呼叫中心的集成程度。

(2) 在软件上,ERP(企业资源管理系统)、SCM(供应链管理系统)、CRM(客户关系管理系统)等都是较为成熟的应用软件。但企业所属行业不同,规模不同,财力、物力、人力、管理水平也不同,选择的支持客户服务的软件会有很大的差异,企业不能为了跟随潮流而背上软件的包袱。

(3) 在技术上,可分为信息技术、数据资源管理技术、统计技术。信息技术包括电子商务、多媒体技术等;数据资源管理技术包括数据仓库、数据挖掘等;统计技术包括回归分析、马尔科夫模型等。先进的设施和技术为实施大客户管理提供了辅助手段,但对于企业来说,最核心的还是建立起以客户为中心的经营理念,不能为了使用技术而使用技术。

4-2-10 案例:善于观察才能找到问题核心

（四）大客户经理的责任和评估

大客户经理需要承担很多责任，主要包括：把握合同要点、发展和培养顾客的业务、了解顾客决策流程、识别附加价值机会、提供具有竞争力的情报、销售谈判、协调顾客服务等。大客户经理必须动员小组人员（如销售人员、研究与开发人员、制造者等）一起来满足顾客的需求。

大客户经理的典型评估标准是他们在培养客户的业务份额上的效率和年度利润，以及销售目标的达成情况。

许多企业在把他们最有力的销售人员提升为大客户经理时常常会犯一些错误，实际上，销售人员和大客户经理的工作要求是不同的。关于两种角色的区别，一位优秀的大客户经理如是说："我不是销售人员，而是客户的'营销顾问'。"

4-2-11 拓展资料：大客户部管理制度

4-2-12 拓展资料：怎样维护大客户

【阅读材料4-4】

孙晓蓉的大客户

2000年12月20日，中国人寿保险公司重庆分公司举行了新闻发布会：中国第一张由中国人寿保险公司总经理王宪章亲笔签名、保额高达1520万元人民币的个人寿险保单已于11月20日正式承保。完成这单人寿保险的是全国二级金牌营销员孙晓蓉。

孙晓蓉把自己的利益驱动转为客户市场，从单一的保险营销员转成了以下三个角色。

第一个角色：客户全方位的理财顾问。

第二个角色：客户的健康顾问。

第三个角色：爱心天使。

三个角色塑造好了，孙晓蓉告诉准客户："人寿保险就是这样的经济工具——能够使你在未来不可知的日子，有一笔可知的金钱！"她递给女老板一份寿险投资计划，察言观色，发现600万元的保额还不符合女老板的身份，于是迅速拿起笔把它划掉，改成1200万元的保额，这是发现对方对此比较感兴趣的缘故。孙晓蓉又为女老板设计了康宁终身（重大疾病）保险300万元，关爱生命疾病保险20万元，三项合计保额1520万元，年缴保额45万元，连续缴投保费20年。女老板认同孙晓蓉的保险投资计划，为了规避风险、合理合法地转移资产，用今天的钱保障明天的未来，决然在孙晓蓉处投了保。事后孙晓蓉才知道，该客户早就有了投保意向，在对重庆市几家保险公司和保险经纪人考察、了解、比较以后，才选择人寿保险和孙晓蓉的。

（资料来源：范云峰.客户管理营销[M].北京：中国经济出版社，2004.）

大客户拓展

学习目标

1. 掌握大客户的拓展步骤及拓展过程中的注意事项
2. 掌握接近大客户时的话语步骤、方法和注意事项
3. 能够熟练应用引起客户注意的各种方法
4. 懂得拜访客户时的礼仪要求
5. 掌握赢得客户信赖和好感的一些基本方法
6. 培养努力进取、诚实守信、开拓创新的精神,树立职业素养
7. 做到开放、包容,树立文化自信

工作任务

明白谁是大客户,知道一些识别、寻找大客户的基本方法并获得潜在大客户名单仅仅是营销人员销售工作的开始。接下去,我们要开始接近优质客户,想方设法引起优质客户的注意,把握客户心理,尽量赢得客户的好感和信赖,把潜在大客户真正变为现实的大客户。请以本校某一合作企业(杭州银泰百货)为例,对该企业的大客户信息进行收集,并着手进一步拓展计划,制定出该企业优质客户拓展计划书。

任务解析

第一步　**接近大客户**

1. 注意个人特质

营销人员接近优质客户时,要给对方留下一个好的印象,这就需要在个人特质上有所注意。个人特质应着重从下面两个方面进行提升:

(1)个人形象。所谓形象,即个人的着装及气质。在与客户接触时,个人形象是举足轻重的一环。营销人员着装得体、气质优雅,处处显得干净利索、恰到好处,会给人留下良好的印象。

4-3-1 微课视频:大客户拜访步骤

　　（2）工作态度。个人的一言一行都能反映其工作态度，而充分的事前准备则可以改善工作表现。因为事前准备能让你对自己、对企业、对产品都产生信心，而这种信心，正是良好的工作态度和敬业精神之本。

2. 接近客户时的谈话步骤

　　接近客户时，应注意谈话的步骤，如图 4-3 所示。

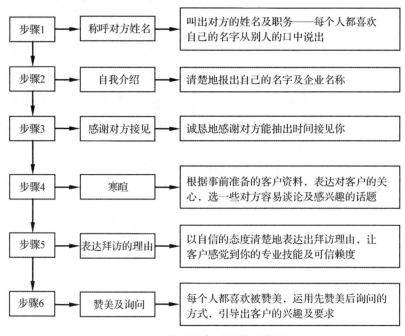

　　图 4-3　接近客户时的谈话步骤

3. 告诉准客户一些有用信息

　　每个人对身边发生了什么事情，都非常关心、非常注意，这就是为什么新闻节目一直维持较高收视率的原因。因此，你可以收集一些业界人物或事物的最新信息，在拜访客户时引起其注意。

4. 提出协助解决准客户面临的问题

　　如当客户的复印费用因管理不善而逐年上升时，你若能承诺协助他解决复印费用管理的问题,客户必定会注意你所说出的每一句话。

第二步　引起优质客户注意

1. 别出心裁的名片

别出心裁的名片,能吸引准客户的注意。名片代表递出名片的人,名片若和一般人使用的大同小异,那么名片就无法传递特殊的信息,无法引起准客户的注意。相反,要是你的名片设计独特,能传递一些特殊信息,必定能引起准客户的注意,准客户对你的言谈举止也会特别留意。

2. 请教客户意见

请教意见是吸引准客户注意的一个很好的方法,特别是你能找出一些与对方业务相关的问题。当准客户表达看法时,你不但能引起客户的注意,也能及时了解客户的想法,同时也满足了准客户被人请教的优越感。

3. 迅速提出客户能获得的重大利益

获得利益是现代人比较普遍的心态,因此,及时地告诉准客户他能立即获得哪些重大利益,是引起客户注意的另一个好方法。

第三步　与大客户约会

1. 遵守时间

严守时间是参加任何一项社会活动都必须遵守的准则。这一条对于营销人员来说尤为重要。很多时候因为迟到,可能会使好不容易到手的销售订单被取消,同时也影响到企业信誉。特别是开车赴约时,更需留意是否会塞车、有无停车位等问题,所以必须给自己足够的时间去赴约。

2. 注重外表

营销人员给客户的第一印象比任何事情都重要。如果要给人好感,取得信赖,就必须注重外表。

(1)不需穿着高级或流行服饰。在外表上,整洁是第一要领。

(2)避免穿着夸张,应选择干净、有格调的衣着。

(3)男士的胡子要勤打理,勿使用味道过浓的化妆品。

(4)领带要保持清洁,要与西装搭配。

(5)袜子以柔和、沉着的色调为主。

(6)注意头发长度。

(7) 注意领口及袖口清洁。

(8) 不戴过于华丽的手表。

(9) 注意手的清洁及是否受伤,清洁手指甲。

(10) 穿正式款式的鞋子,颜色以黑色或褐色为主,并保持清洁。

3. 打招呼

约会的第一步是从打招呼开始。在拜访客户时,清晰、明朗而有精神地说声"早安""午安""承蒙您照顾"等,会给客户留下良好的印象。

4. 鞠躬

鞠躬并不是指弯腰低头,平常表达敬意的鞠躬也因头部及腰部的角度差异而有着不同的意义。

5. 消除不良习惯

很多人常常不注意自己的不良习惯,有些不良的习惯会给客户留下很不好的印象。以下是让对方感到不愉快的不良习惯。

(1) 咬手指,托下巴。

(2) 经常摸头或额头。

(3) 说话时含口水。

(4) 不断咬嘴唇或吐舌头。

(5) 跷二郎腿或把脚伸得太长。

(6) 手臂交叉,搓手,抖脚,把手伸入裤袋。

(7) 东张西望,不断擦眼睛及手表。

(8) 嘴上叼烟,对人吐烟。

6. 拜访客户时的座次

若不想在客户会议室或会客室失礼,就需认识正确的座次关系。会议室及会客室的座席顺序,分别参照图 4-4、图 4-5。图中的①②③④等数字表示与会人员的重要性排序。

图 4-4　会议室座席顺序

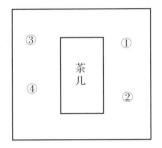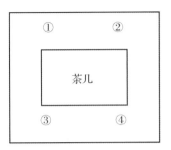

图 4-5　会客室座席顺序

一般以出入口为下座,综合性房间则以挂画及陈设装饰品的地方为上座。座位顺序为原则问题,但也因参与人员的地位、人数等具体情况而灵活处理。

4-3-2 案例:一个大额采购单的浮现

第四步　赢得客户好感

1. 第一印象暗示效果

虽然都知道凭印象判断是不客观的,可是很少有人完全不受其影响。因此,塑造良好的可信赖的印象是给人好感的一种方式。专业营销人员的形象在初次见面就可塑造,如初次会面前电话预约时表现出的电话营销专业技巧;若间隔三天以上时,可先寄出营销信函,在见面前再确认会面时间及感谢客户抽时间会面;也可先寄上一份企业简介,让客户先了解你的企业。这些工作都将给客户留下你是专业营销人士的印象。

4-3-3 实训题:客户寻找与拜访

2. 注意客户情绪

生理周期、感情、工作压力都会影响一个人的情绪,人都有情绪的高潮期及低潮期。客户情绪的变化是你无法事先了解的,因此,营销人员初次面对客户时若是感到客户处于低潮期,注意力无法集中,最好能体谅客户的心境,择机另约下次会面的时间,并迅速礼貌地告退。

3. 给客户良好的外观印象

"推销商品前先推销自己。"人的外观会起到暗示的效果,因此,营销人员要尽量使自己的外观给初次会面的客户一个好印象。穿着打扮是影响第一印象好坏的主要因素。

4. 记住并说出客户的名字

（1）必须听清楚对方的姓名。

（2）听到姓名后重复一遍。

（3）观察对方的特征。

5. 让客户有优越感

一般人都有虚荣心,让人满足虚荣心的最好办法就是让对方产生优越感;让人产生优越感最有效的方法是对于他自豪的事情加以赞赏。若是客户讲究穿着，可向他请教如何搭配衣服；若客户是知名公司的员工，可表示羡慕他能在这么好的企业工作。客户的优越感满足了，初次见面的戒备心也自然消失；彼此距离拉近了，能让双方的关系向前迈进一大步。

6. 替客户解决问题

在与准客户见面前，应了解客户面临着哪些问题，有哪些因素困扰着他。若以关切的态度站在客户的立场上表达对客户的关心，让客户能感受到你愿意与他共同解决问题及自信、开放、包容的态度，他必定会对你立刻产生好感。

【阅读材料 4-5】

几年前，许多文书使用的是大八开尺寸的纸，大八开要比 B4 纸尺寸大，一般复印机只能用 A3 纸复印后再裁切，非常不方便。对于这个问题，各复印机厂商的营销人员都很清楚，但复印机是从国外进口的，国外没有大八开的需求，因此进口的机器根本没有大八开的纸盘提供复印。

有一位营销人员，发现复印上存在这个问题，因此，他在拜访客户前，先去找技术部的人员咨询能否修改机器，使机器能复印大八开的尺寸。技术部人员略为研究后，发现另外一个型号的复印机稍微修改后即可复印大八开的纸。这个营销人员马上拜访他的客户，告诉客户他们企业特别愿意替其解决大八开纸复印的问题。客户听到后，对这家企业产生无比的好感。在极短的时间内，该企业的这款机器成为很多机构的主力机种。

（资料来源：滕宝红. 客户管理·售后服务［M］. 广州：广东经济出版社，2007.）

7. 自己要快乐开朗

快乐是会传染的，没有谁会对一个终日愁眉苦脸、深锁眉头的人产生好感。能以微笑迎人，能让别人也产生愉快情绪的人，也是最容易取得别人好感的人。

8. 利用小赠品赢得准客户好感

小赠品的价值不高，却能发挥很大的效力。不管拿到赠品的客户喜欢与否，至少表达了对客户的一种感谢接见的心意及尊重。相信每个人受到别人尊重时，内心的好感必会油然而生。日本人是最懂得赠送小礼物奥妙的，大多数公司都会费尽心思去制作一些小赠品，供营销人员初次拜访时赠送给客户。

9. 有第三者在座时避免谈论营销

营销人员如果这时候出现，在座的第三者也许会告退。如果第三者没有离座的意思，你的客户也会和你另定面谈时间。

第五步　赢得大客户信赖

（一）争取大客户认同

有研究发现，当人们四次或四次以上听到有关某个人、某企业或某企业的产品时，他们多半会认为他（它）是可以信赖的。

（二）永远优先考虑

1. 以大客户为中心

从客户的角度来考虑，可使你与客户的每次接触变得更有意义，并且这样的接触可以给双方带来更大的利益。

2. 与大客户建立关系

先给予客户好处而不期待立即获得回馈。带来持续购买的不是价格的吸引力，而是不断给予客户各种附加好处。当企业急着从与客户关系中获取潜在回报时，企业就偏离了与客户建立关系的初衷，客户满意度也会受到很大的影响。

3. 帮助大客户解决问题

从长远来看，只有客户取得成功，才能源源不断地购买你的产品；如果客户失败了，也就表明你的产品销售会受到影响。客户在其自身的业务经营中，可能会碰见诸如价格、产品展示、存货控制和仓储等问题。在不涉及自身商业秘密的前提下，应尽可能地帮助客户，有时可以充分地了解客户的业务，帮助其找到改善的办法。如果不能直接帮助，可以向其推荐别的人或企业，本着互利互惠的原则，长久合作，共创利润。

【阅读材料 4-6】

金蝶国际软件集团"以德践行，开放包容"的大客户服务

2020 年初，新冠肺炎疫情刚刚爆发的时候，金蝶突然接到一个任务：华海通信（原"华为海洋"）用了 10 多年的国外系统不能再继续使用，需要用本土系统。在此情况下，金蝶团队奔赴天津，因为赶上疫情暴发，任务非常紧。

但是华海和金蝶一起艰苦奋斗，用 68 天的时间上线了基于工业互联网平台的全业务场景协同解决方案，在当年 4 月份完全替换华海的 184 个国外系统，覆盖华海的 LTC（Lead to Cash，从销售线索到回款）、PTP（Procure to Pay，从采购到付款）、ITR（Issue to resolution，从问题到解决）、IPD（Integrated Product Development，集成产品开发）四大核心业务流程，以及全业务场景——研发、销售、工程项目、生产制造、供应链、售后服务、财务、人力资源和办公管理等，确保了每一位员工在信息系统的链接下更

高效地工作,保障了其业务的连续性。

ERP 国产化替代到了什么程度和阶段?目前存在哪些困难和挑战?从 2020 年到 2021 年,金蝶已初步完成了 44 家大型企业的国产化替代,把国外的 ERP 系统替换成了金蝶的 EBC 系统。调查发现,中国的大企业对包括金蝶这样的本土厂商越来越有信心。

虽然美国卡中国企业的脖子,对国内软件企业实施制裁,给金蝶形成了很大的压力,但是任何事情都可以转化,化挑战为机遇。我们可以看到,中国企业在各个领域实现国产化替代,实现技术的赶超,甚至引领。

当然,金蝶倡导开放包容的文化,纵使受到美国的打压,但是能合作的地方还是要学习与合作。例如,Gartner 这家国际咨询机构总部在美国,他们在这个行业里的洞察、观点,金蝶认为好的地方就拿来消化,并且跟业务结合起来。

4. 将事实和数据告知大客户

客户在意的除了你的扎实的专业知识外,还有友善、可靠和善解人意。以仁赢得人,以坦诚换坦诚,是建立客户信赖感的重要条件。

5. 只允诺可以履行的承诺

谈得火热的时候,营销人员和客户会欣然同意彼此的想法,为合作的可能性而激动不已,因此可能会得意忘形,允诺自己无法兑现的承诺,最后就会令客户失望。这样,即使可能做成一笔生意,也会失去一位客户。所以,对客户的承诺应慎之又慎。

4-3-4 案例:一个成功的拜访电话

🔍 知识拓展

(一)灵活选择接近客户的方法

接近客户的方法主要有下列几种。

1. 好奇接近

人们在遇到新奇事物或处在新的环境中,往往会表现出关注和探究倾向。此法正是利用这种心理,让客户对自己或自己的产品引起注意、产生兴趣。

2. 震惊接近

对于有些客户来说,只有利用此法才能突破其坚固的防线,促使他们考虑不愿考虑的问题。但在运用此法时要因人而异,并且要适可而止,否则会适得其反。

3. 调查接近

此法广泛适用于各类产品的营销。由于在使用过程中,隐蔽了营销目的,所以容易被客户接受,使客户需求得到一定程度的满足。

4. 其他方法

另外,还可以提及有影响的著名企业作为佐证,或以戏剧性的动作来显示产品特点等方式接近客户。

(二)接近客户时使用的敬语、敬称

接近客户时使用的敬语、敬称如表 4-5 所示。

表 4-5　接近客户敬语、敬称一览

称呼对方	自我介绍
贵公司,贵司	敝企业,本人
某先生/小姐	我,敝人
您,各位朋友	我企业员工
请多关照	一定安排,请多指教
前来贵地	前往拜访

(三)名片使用注意事项

(1)尽量选用质地良好的名片纸。

(2)切勿将名片放入或夹进车票夹、小笔记本中。

(3)名片夹要放于西装内袋,而非裤子口袋。

(4)彼此交换名片时,要双手递交自己的名片。

(5)伸出右手递交自己的名片的同时,也可伸出左手接过对方的名片。

(6)坐在椅子上时,要把对方名片端正地放在自己的名片夹内。

(7)不易念的姓名要向对方请教。

(8)对方有两个人以上时,可将名片按顺序排好,再按顺序递交。

(9)结束洽谈后将置于桌上的名片或名片夹收起,向对方轻轻点头致意告辞。

(四)访问次数与商谈内容及商谈方法

拜访并不是一两次就能成功的。营销人员在大客户开发过程中要注意,虽然订单来自目标大客户,但企业的营销行为却不能以订单为导向,而要以目标大客户为导向。为了开发客户,留住客户,与大客户建立长期的合作关系,企业营销人员要全力以赴,努力进取,开拓创新,多次拜访,多次沟通;根据目标大客户所处的采购阶段的特点,制定出有针对性的目标大客户开发方案,以满足其在不同阶段的不同要求,引导其需求,帮助其成功,获取其满意。

初次拜访与拜访几次后所谈的内容及进行的方法是不一样的,具体如表 4-6 所示。

表 4-6　访问次数与商谈的内容、进行的方法归纳

访问次数	商谈的内容、进行的方法
第一次访问	1. 使人产生好感，比什么都重要。 2. 为了再次拜访，第一次访问谈话时要将谈话的要点及客户的主要事项等尽可能地记录下来。
第二次访问	1. 对客户的想法，如何做肯定的回答及如何应对等都要事先做好准备。 2. 掌握客户的意愿，试探他是否有向公司购买的意愿，建议客户在下次商谈时拿出提案进行商谈。
第三次访问	1. 拿出与上司讨论过的提案书，准备第一次的提案。 2. 在这个阶段，自我经营色彩浓厚的客户便会提出自己的决定。 3. 参考同行的价格并向决策者提交方案。在向公司提出建议书时，对于第一次提案而不能决定是否订购的客户不要强迫。 4. 回想到目前为止所需补充的地方、有说服力的及决定性的工具等，以备第四次、第五次访问时再用。
第四次访问	1. 第四次是访问最难的阶段，对营销人员来说是表现实力及完成的阶段。 2. 再次确定第三次访问时所掌握的要点及到目前为止的要点等。 3. 使出最后招数，提示对方资金方面的问题。 4. 依事例的不同要求上司同行，对第三次访问不能决定购买的原因向客户一语道破，让对方考虑并做决定。
第五次访问	务必请上司和客户做最后的决定，穷追不舍只会浪费时间。在第五次拜访后仍不能决定购买时，请上司做决断，果断地将此客户从名单中删除。

（五）客户名字的重要性

每个人都希望别人重视自己。名字的魅力非常奇妙，重视别人的名字，就如同看重他自己一样，能让你很快获得别人的好感。营销人员在面对客户时，若能流利、不断地以尊重的方式称呼客户的名字，那客户对你的好感也将越来越浓。准客户的名字如果已被报纸、杂志报道，若是你带着有报道准客户名字的剪报一同拜访他，客户能不被你感动吗？能不对你心怀好感吗？

（六）优质客户开发计划表

做什么事情都得按步骤进行才能做到有条不紊。而要做到这一点，首先就得有个具体目标及实现目标的计划。盲目地开发客户只可能是碰得头破血流，因此，我们必须制作客户开发计划表（见表 4-7、表 4-8）。

表 4-7　大客户开发计划表

企业名称		填表日期	
开发计划启动时间		开发计划终止时间	
开发客户分类			
开发步骤			
开发区域			
开发成本估计			
开发收益估计			

总经理：　　　　　　　　营销经理：　　　　　　　　制表人：

表 4-8　优质客户开发报表

地址		电话	
网址		E-mail	
主要负责人			
所用产品			
第一笔交易数量及品名			

开发经过：

总经理：　　　　　　　　营销经理：　　　　　　　　制表人：

备注：	

子项目四　**调查大客户满意度**

学习目标

1. 掌握客户满意度的影响因素、测试内容、测试方法以及分析要素

2. 能够设计大客户满意度问卷,掌握客户满意度测试方法及问卷的分析方法

3. 能够正确处理大客户的不满意

4. 讲诚信,育匠心,创新服务,精准服务,提高客户满意度

工作任务

大客户满意度是当前市场竞争的一个焦点。满意度研究不仅可以用来衡量企业的产品或服务质量，更为重要的是，它可以从客户的角度分析对企业产品或服务不满意的原因，以提高企业的竞争力。对于企业来说，测评客户满意度的根本目的就是提供信息使管理者能够做出正确的决策，尽可能提升客户满意度，从而提高客户保留率，进而提高企业利润。

但客户满意不是一个孤立的概念，它既与消费者的事前期望有关，又与消费者的购后行为相关联。所以，大客户满意度的分析与测定，不仅要集中于大客户满意本身，还应研究与大客户满意相关的变量，从而在整体上认识大客户满意，分析大客户满意。

请以本校某一合作企业（杭州银泰百货）为例为该公司设计一份大客户满意度问卷。

■ 4-4-1 课件：大客户指标测试对象和指标体系

🔡 任务解析

> **第一步** 确定大客户满意度测试的对象和内容

■ 4-4-2 微课视频：大客户满意度测试的对象、内容和指标体系

客户是产品或服务接受者的统称，包括最终客户、消费者、销售及分销商、受益者等。因产品类别不同，市场、地域不同，客户不同，测试客户满意度的目的不同，测试对象也不同。大客户满意度的测试对象有下列几种类型。

1. 现实客户

客户满意度测试的对象一般是现实客户，即已经体验过本企业产品或服务的客户。许多企业的失败，不是因为吸引客户过少，而是由于不能提供客户满意的产品或服务，使客户流失，业绩减退。因此，测试并提高实现客户满意度非常重要。

2. 使用者和购买者

一般来说，购买者和最终使用者是一致的，但也有两者不同的时候，如小孩，虽然他们是最终使用者，但与购买者是分离的。所以，在测试客户满意度时是以产品或服务的最终使用者为测试对象，还是以实际购买者为测试对象，或者以两者为测试对象，需要首先声明。

3. 中间商客户

企业把产品或服务提供给客户的方式很多，有些企业并不与消费者直接见面而需要经过一定的中间环节，这时，客户对产品或服务的满意度，与批发商、零售商这样的中间商就有很大的关系，测试中也不可以忽略对中间商的测试。

这里只介绍消费者和中间商两类客户满意度测试的内容，见表4-9和表4-10。

表 4-9　消费者满意度测试内容

最终消费者满意度测试内容	商品的品质	硬件服务
		软件服务
	服务的品质	人的服务
		机械化服务
		设备化服务
		功能化服务
		系统服务
	其他的服务	环境保护服务
		社会公益服务

表 4-10　中间商满意度测试内容

中间商满意度测试内容	商品	硬件服务 软件服务	多样化、品质、功能、设计、颜色、命名、使用说明书
	服务	交货期	
		技术能力	
		经销支持	
		营销人员的服务质量	
		物流	
	经济性	买卖条件	
	企业形象	品牌形象	
		社会的贡献	

为测试和掌握客户对产品或服务的满意程度,可按商品在购买后的使用品质要素进一步分解,见表 4-11 和表 4-12。

表 4-11　产品满意度测试内容

产品使用带来的充实感	产品效用	产品机能目的一致性	商品机能范围
			客户目的的充实性
		产品机能发挥度	产品机能水准
			产品机能依赖性
	产品使用方便性	产品使用方便性	产品使用经济性
			产品使用难易性
		产品取得容易性	产品调度经济性
			产品调度容易性

表 4-12　服务满意度要素分析

服务带来的充实感	
情绪型服务	机能型服务
信用度	信赖性
客户理解度	迅速应对
舒适度	安全性
畅快度	临近度
个人感动	简便性

第二步　建立大客户满意度测试指标体系

1. 提出问题

建立客户满意度指标测试体系的第一步，就是要明确影响客户满意度的因素有哪些，同时还必须考虑如何获得这些因素并量化，可试着回答下面几个问题：

（1）影响大客户购买和使用的满意因素有哪些？

（2）在这些满意因素中，哪些因素能成为满意指标？

（3）每一个满意指标对购买和使用的影响程度如何？

（4）上述数据可以从哪些渠道获得？

（5）应该采用哪些方式采集数据？

（6）采集数据时应注意哪些问题？

2. 采集数据

采集数据的方法有很多种，建立不同的客户满意度指标体系，侧重的采集方法是不同的。在客户满意度指标体系建立过程中常采用的方法包括以下几种：

（1）现场发放问卷调查。在客户或公众比较集中的场合（如展览会、新闻发布会、客户座谈会等），向客户发放问卷现场收回。这种方式快速，如果辅之以小奖品，问卷回收率就会比较高，同时具有宣传效果；但要注意甄别客户与潜在客户，其缺点是调查的准确性不高。

■ 4-4-3 案例分析

（2）电话调查。电话调查适合于客户群比较固定、重复购买率比较高的产品，其好处是企业可以直接倾听客户的问题，速度快，能体现对客户的关怀，效果较好；不利之处是可能干扰客户的工作和生活，造成客户反感。因此调查项目应尽量简洁，以免拉长调查时间。如果客户数量较少，可以由企业营销人员直接联系客户；如果客户数量较多，可以采取抽样方式,委托专业调查公司,或双方合作进行。

(3)邮寄问卷调查。通常在庆典或重大节日来临之际,向客户邮寄问卷,并辅之以慰问信、感谢信或小礼品。邮寄问卷调查数据比较准确,但费用较高,周期长,一般一年最多进行 1~2 次。

(4)网上问卷调查。这种方式具有节省费用、快速的特点,特别是在门户网站(如新浪网)上开展的调查很容易引起公众对企业的关注。问题是网上调查只对网民客户有效,结论失之偏颇,所提问题不可能太多。

4-4-4 拓展阅读:提升用户满意度的 App 细节

第三步 制定调研方案,设计问卷

1. 制定调研方案

在确定调查对象和建立评价指标后,就需要制定详细的调研方案。调研方案包括调研目的、调研内容、调研对象、样本规模和配额、研究方法、调研频率、调研执行时间、调研费用预算以及报告的撰写和提交的时间等内容。

4-4-5 阅读:大客户指标测试对象和指标体系

2. 设计问卷

设计客户满意度调查问卷时,应精心挑选调查项目,问题可以采取直接提问式、间接提问式、排序式、引出式等;提出问题应注意策略,不能涉及客户隐私,让客户不舒服或有取宠客户之嫌;同时项目不能太多,应根据近段时间发生的问题有重点地提出;表格结构与问题尽量简洁明了,让客户容易回答。客户满意度调查表栏目见表 4-13。

4-4-6 课件:大客户满意度调研方案和问卷设计

表 4-13　大客户满意度调查表栏目

调查栏目	解释
基本项目	客户基本情况、购买的产品或服务、产品取得方式及时间等
总体满意度	客户对企业总体的满意度评价
产品指标	产品的性能、价格、质量、包装等
服务指标	服务承诺、服务内容、响应时间、服务人员态度等
沟通与客户关怀指标	沟通渠道、主动服务等
与竞争对手比较	产品、服务等方面的比较
客户再次购买和向其他人推荐的问题	从中可以分析客户忠诚度
问题与建议	让客户对企业提出宝贵建议

4-4-7 微课视频:大客户满意度调研方案和问卷设计

4-4-8 拓展阅读：美联航空暴力事件的影响

4-4-9 案例：××机场客户满意度调查问卷

常见的大客户满意度测试方法有下列几种：

（1）通过询问直接衡量，如"请按下面的提示说出您对某产品或服务的满意程度：很不满意、不太满意、一般、比较满意、很满意"（直接报告满意程度）。

（2）要求受访者说出他们期望获得什么样的产品或服务，以及他们实际得到的是什么（引申出来的不满意）。

（3）要求受访者说出他们在产品上发生的任何问题及提出改进措施（问题分析）。

（4）要求受访者按产品各要素的重要性进行排序，并对企业在每个要素上的表现做出评价（重要性、绩效等级排序）。这种方法可以帮助企业了解它是否在一些重要的因素方面表现不佳，或在一些相对不重要的因素方面过于投入。

（5）研究显示，在收集有关客户满意度的信息时，询问客户有关再次购买和推荐的问题，也是十分有价值的，他们共同构成了客户满意度调查指标。

第四步　大客户满意度测试的分析和报告

客户满意度测试的分析方式很多，如直接计算法、百分比法、加权平均法等。下面简要介绍加权平均法。

4-4-10 课件：大客户满意度分析及报告

1. 加权平均法的要素 K 及等级 X（见表 4-14）

表 4-14　加权平均法要素表

要素 K	等级 X				
	X_1	X_2	X_3	X_4	X_5
K_1	n_{11}	n_{12}	n_{13}	n_{14}	n_{15}
K_2	n_{21}	n_{22}	n_{23}	n_{24}	n_{25}
K_3	n_{31}	n_{32}	n_{33}	n_{34}	n_{35}
K_4	n_{41}	n_{42}	n_{43}	n_{44}	n_{45}

4-4-11 微课视频：大客户满意度分析及报告

表中，$K_1 \sim K_4$ 为顾客满意度（Customer Satisfaction，CS）的四个要素，$X_1 \sim X_5$ 为 CS 的五个等级，$n_{11} \sim n_{45}$ 为 20 个调查结果的值。

将表中不同的要素和等级分别赋予不同的权数，由此得出以下计算公式：

$$CS = K_1 \times X_1 \times n_{11} + K_1 \times X_2 \times n_{12} + \cdots + K_4 \times X_5 \times n_{45}$$

$$= \sum K_i \times X_j \times n_{ij} \quad (i = 1 \sim 4, j = 1 \sim 5)$$

最终，$CS = CS \times 100 / N$ （$N = \sum n_{ij}$）。其中，N 为实际样本数。

2. 等级 X 及权数的确定（见表 4-15）

表 4-15　等级 X 及权数确定表

CS 等级 X	X_1	X_2	X_3	X_4	X_5
权数	1.0	0.8	0.6	0.3	0

3. 要素 K 及权数的确定（见表 4-16）

表 4-16　要素 K 及权数确定表

CS 要素 K	K_1	K_2	K_3	K_4
权数	0.4	0.3	0.2	0.1

将收集的某一产品或服务的客户满意度测评数据进行统计计算后,应进行分析并做出报告,并提供以下内容:

（1）产品或服务满足客户需求程度及满意度,以及改进重点。

（2）忠诚客户的百分比及对企业未来经济效益的影响。

（3）客户对产品价格的承受能力。

（4）产品在行业竞争中优劣势的分析。

■ 4-4-12 案例:××机场大客户满意度调查报告

知识拓展

（一）客户满意的概念

客户满意是 20 世纪 80 年代中后期出现的一种经营思想,其基本内容是:企业的整个经营活动要以客户满意度为指针,从客户的角度、用客户的观点而不是企业自身的利益和观点来分析考虑客户的需求,尽可能全面地尊重和维护客户的利益。奉行这一方针的企业,应从广义的产品概念也就是核心产品(由基本功能等因素组成)和附加产品(由提供信贷、交货及时、安装使用方便及售后服务等组成)两个层次出发全面满足客户的需求。客户满意是客户通过一个产品或服务的可感知的效果,与他的期望值相比较后形成的愉悦或失望的感觉状态。客户满意度是可感知效果和期望值之间的变异函数。客户行为意义上的满意度,是指客户在多次购买中积累起来的一种长期沉淀形成的情感诉求。客户经济意义上的满意度是产品质量、性能、价格、服务等的综合。

■ 4-4-13 课件:客户满意的含义、分类及影响因素

1. 客户满意的定义

在 2000 版的 ISO/DIS 9000 中,客户满意被定义为"客户对某一事项已满足其需求和期望的程度的意见",其中,"某一事项是指在彼此需求和期望及有关各方对此沟通的基础上的特定时间的特定事件"。

■ 4-4-14 微课视频:客户满意的含义、分类及影响因素

菲利普·科特勒对满意的定义是指一个人对一个产品或服务的可感知效果与他的期望值相比较后所形成的感觉状态。

2．客户满意度

客户满意度(C)＝客户的感知值(B)/客户的期望值(A)

（1）当$C>1$时，表明客户获得了超过期望的满足程度；

（2）当$C=1$时，表明客户的感受与期望值相吻合，可以接受；

（3）当$C<1$时，表明客户的感受为"不满意"。

所以，客户满意与否，取决于客户接受产品和服务的感知与客户在接受之前的期望两者间的比较，通常情况下，客户的这种比较会有三种结果，如图4-6表示。

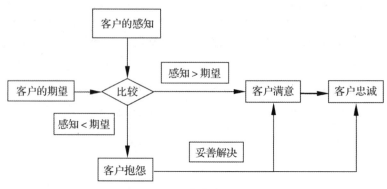

图 4-6　客户满意的对比

客户感知与客户期望进行比较，当感知>期望的时候，客户会满意，进而客户忠诚。当感知<期望时，客户会不满意或者进行抱怨，这时企业应该妥善解决。如果解决得好，客户依然会满意，并且可以通过一系列的客户关系管理手段来促进客户的忠诚度。

（二）客户满意分类

客户满意包括物资满意、精神满意和社会满意三个纵向层次。

1．物资满意层

物资满意层是客户在对企业提供的产品核心层的消费过程中所产生的满意。物资满意层的支持者是产品的使用价值，如功能、质量、设计、包换等，它是客户满意中最基础的层次。

2．精神满意层

精神满意层是客户在对企业提供的产品形式和外延层的消费过程中产生的满意。精神满意层的支持者是产品的外观、色彩、装潢、品位和服务等。

3．社会满意层

社会满意层是客户在对企业提供的产品的消费过程中，所体验到的社会利益维护

4-4-15 案例分析

程度。社会满意层的支持者是产品的道德价值、政治价值和生态价值。产品的道德价值是指在产品的消费过程中,不会产生与社会道德相抵触的现象;产品的政治价值是指在产品的消费过程中不会导致政治动荡、社会不安等后果;产品的生态价值是指在产品的消费过程中不会破坏生态平衡。

客户满意的层次如图 4-7 所示。

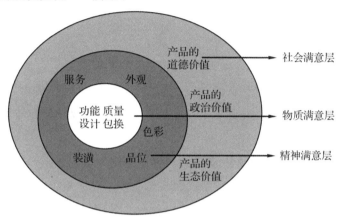

图 4-7　客户满意的层次

(三)客户满意度的影响因素

根据客户满意度的定义,客户满意是建立在期望与现实基础之上的对产品或服务的主观评价。一切影响期望与服务的因素都有可能影响客户满意度。

从企业工作的各个方面分析,影响客户满意度的因素可归结为以下五个方面。

1. 企业因素

企业是产品与服务的提供者,其规模、效益、形象、品牌、公众舆论等在内部或外部表现的东西都影响客户的判断。如果企业给客户一个很恶劣的形象,很难想象客户会考虑选择其产品。

2. 产品因素

产品因素包含四个层次的内容:第一,产品与竞争者同类产品在功能、质量、价格方面的比较。如果有明显优势或个性化较强,则容易获得客户满意。第二,产品的消费属性。客户对高价值、耐用消费品要求比较苛刻,因此这类产品难于取得客户满意;一旦满意,客户忠诚度将会很高。客户对价格低廉、一次性使用的产品要求较低。第三,产品包含服务的多少。如果产品包含服务较多,难于取得客户满意,而不含服务的产品只要主要指标基本合适,客户容易满意。但其产品如果与其他厂家差不多,客户很容易转向他处。第四,产品的外观因素,如包装、品位、配件等,如果设计得细致,有利于客户使用并体现其地位,会带来客户满意。

3. 营销与服务体系

企业的营销与服务体系是否有效、简洁,是否能为客户带来方便,售后服务时间长短,服务人员的态度、响应时间,投诉与咨询的便捷性等都会影响客户满意度。同时,经销商作为中间客户,有其自身的特殊利益与处境。企业通过分销政策、良好服务赢得经销商的信赖,提高其满意度,能使经销商主动向消费者推荐产品,解决消费者一般性的问题。

4. 沟通因素

企业与客户的良好沟通是提高客户满意度的重要因素。很多情况下,客户对产品性能并不了解,容易造成使用不当,需要企业提供咨询服务;客户因为质量、服务中存在的问题要向企业投诉,如果缺乏必要的渠道或渠道不畅,容易使客户不满意。

5. 客户关怀

客户关怀是指不论客户是否咨询、投诉,企业主动与客户联系,对产品、服务方面可能存在的问题主动向客户征求意见,帮助客户解决以前并未提出的问题,倾听客户的抱怨、建议。通常,客户关怀能大幅度提高客户满意度,但客户关怀不能太频繁,太频繁反而会造成客户反感。

从对客户满意度的直接影响因素分析,可以将影响因素分为不满意因素、满意因素与特别满意因素三类:

（1）不满意因素是指某一与客户希望相反的消极条件或事件。它是客户购买该产品的最低要求,集中在产品或服务的重要方面,如产品质量、应该提供的基本服务、客户意见反馈渠道等方面。如果产品存在不满意因素,则客户的满意度下降;反之,则客户的满意度既不会提高,也不会下降。

（2）满意因素是指与客户满意期望相当或略好的因素或事件,如价格折扣、款式、性能、型号的多样选择性等。满意因素越多,客户的满意度也越高。但是,满意因素并不能弥补不满意因素,例如,如果客户在专卖店大幅度打折后购买了产品,但后来发现产品质量差,满意因素会很快被不满意因素抵消。

（3）非常满意因素是超出客户事先预料、对其产生积极影响的性能、服务或感受。例如,如果客户在办理住宿手续时,发现酒店知道他的姓名,安排了他喜爱的楼层与房间朝向,并且在房间里发现有免费点心、水果,这些就是非常满意因素。

企业可以通过减少或彻底消除不满意因素,提供更多的满意因素和非常满意因素来达到提高客户满意度的目的。

【阅读材料 4-7】

某饮料公司的客户满意度调查

国内某饮料公司曾进行过一次顾客沟通调查,调查对象是对公司有抱怨的顾客。下面是那次调查的主要发现:

超过 12% 的人向 20 人或更多的人转述该饮料公司对他们抱怨的反应;

对公司的反馈完全满意的人们向 4~5 名其他人转述他们的经历;

10% 对公司反馈完全满意的人会增加购买该饮料公司的产品;

那些认为他们的抱怨没有完全解决的人向 9~10 名其他人转述他们的经历;

在那些觉得抱怨没有完全解决的人中,只有 1/3 的人完全抵制公司产品,45% 的人会减少购买。

(四)客户满意度的衡量指标

客户满意度是衡量客户满意程度的量化指标,由该指标可以直接了解企业或产品在客户心目中的满意度。客户满意度的衡量指标通常包括以下几个。

1. 美誉度

美誉度是客户对企业的褒扬程度。对企业持褒扬态度者,肯定对企业提供的产品或服务满意,即使本人不曾直接消费该企业提供的产品或服务,也一定直接或间接地接触过该产品或服务的消费者,因此他的意见可以作为满意者的代表。借助对美誉度的了解,可以知道企业所提供产品或服务在客户中的满意状况,因此美誉度可以作为企业衡量客户满意度的指标之一。

2. 指名度

指名度是指客户指名消费企业产品或服务的程度。如果客户对某种产品或服务非常满意时,他们就会在消费过程中放弃其他选择而指名道姓,非此不买。

3. 回头率

回头率是指客户消费了该企业的产品或服务之后再次消费,或如有可能愿意再次消费,或介绍他人消费的比例。当一个客户消费了某种产品或服务后,如果他心理十分满意,那么他将会再次重复消费。如果这种产品或服务不能重复消费(比如家里仅需一台冰箱),他会向同事、亲朋好友大力推荐,引导他们加入消费队伍。因此,回头率也是衡量客户满意度的重要指标。

4. 抱怨率

抱怨率是指客户在消费了企业提供的产品或服务之后产生抱怨的比例。客户的抱怨是不满意的具体表现,通过了解客户抱怨率就可以知道客户的不满意状况。

4-4-16 阅读材料:满足客户需求

5．销售力

销售力是指产品或服务的销售能力。一般说来,客户满意的产品或服务就有良好的销售力,而客户不满意的产品或服务就没有良好的销售力,所以销售力也是衡量客户满意度的指标。

客户满意度指标是用以衡量客户满意度的项目因子或属性,找出这些项目因子或属性,不仅可以用以测量客户的满意状况,而且还可以由此入手改进产品或服务的质量,提升客户的满意度,使企业永远立于不败之地。

(五)提高大客户满意度的途径

企业在大客户营销中也要注意优化成本管理,不能一味简单满足大客户的要求,如果满足了大客户的不合理要求就会造成其得寸进尺,为以后的合作增加麻烦。即使面对激烈的市场竞争,企业也要平衡成本与服务之间的关系,若想在保证大客户满意的同时又不触及企业的"成本红线",就要从以下几个方面着手。

1．了解大客户不满意的真实原因

提高大客户满意度最根本的途径是寻找导致大客户不满意的真正原因,及时跟进,积极寻求解决办法。一般来说,造成大客户不满意的因素包括:市场上出现了更好的竞争品牌和产品,企业的服务没有吸引力,产品质量和客户服务质量下降,等等。

2．对流失的大客户进行成本分析

如果已经造成了大客户的流失,不能简单归纳为企业的大客户管理失败,也不能将责任全部推给大客户。经验表明,流失一个大客户将给企业造成15%的损失,开发一个新的大客户的费用是维护一个老客户的5倍。当然,如果是因为大客户提出的要求超出了企业的可控成本,而且企业经过反复沟通也解决不了问题,那么大客户流失也是一个不得已的选择。

3．疏通、完善投诉和建议渠道

产生不满的大客户如果投诉渠道不畅,会强化其不满意程度,给企业的大客户管理带来更大的难题。企业要疏通和完善投诉建议的渠道,及时了解大客户提出的问题,并做出快速反应。

4．建立信息预测、预警系统

任何事情都具有不确定性,但是在不确定性中可能也存在一定的规律性。为了进一步为大客户提供有价值的信息,企业可以与大客户分享短期、中期、长期的产品需求和价格、价格波动态势,将预测和预警信息及时告知大客户,减少大客户不必要的损失,为大客户赢得先机,进而提高大客户的满意度。

5. 提供精准服务

如果企业服务没有创新,随着时间的推移,原有的优势就会丧失。因此,企业要进一步提升服务空间,不断进行服务创新,实施精准服务。在通过精准服务提升大客户满意度的过程中,要对大客户的需求进行详细周密的调查,了解竞争对手尤其是行业领导者的服务内容,在此基础上设计能够有效满足大客户需求的精准服务计划并组织实施。

子项目五 调查大客户忠诚度

学习目标

1. 掌握测量客户忠诚度的方法以及实现客户忠诚度的做法
2. 进行客户忠诚的影响因素分析,根据不同特征将客户忠诚分成几种不同类型
3. 能够运用客户忠诚策略培养忠诚客户
4. 探索经济新常态下如何做到忠诚守信,全心全意服务,增加客户黏性

工作任务

某顾问公司曾对几十个行业进行了"忠诚实践项目"的研究,结果表明:客户忠诚和持续忠诚度极高的公司,其利润额始终保持在高位,增长速度很快;进而为客户创造更多的价值又有利于培养客户的忠诚;而忠诚的客户又会给企业带来利润的增长。从广告业、经济保险业、出版业到汽车修理、商品分销等各种行业,忠诚的力量都产生了令人惊愕的效果。具有最大价值的客户在最核心的位置,所以对他们需求的了解和满足也是最重要的。

请以本校某一合作企业(如杭州银泰百货)为例,为该公司测量大客户的忠诚度及价值。

🔲 任务解析

第一步 认识忠诚客户及价值

客户忠诚是客户更偏爱购买某一产品或服务的心理状态或态度,或是"对某种品牌有一种长久的忠心"。客户忠诚实际上是客户行为的持续反映。

忠诚型的客户通常是指会拒绝竞争者提供的优惠,经常性地购买该公司的产品或服务,甚至会向家人或朋友推荐的客户。尽管满意度和忠诚度之间有着不可忽视的正

◢ 4-5-1 微课视频:大客户忠诚度的含义及价值

比关系，但即使是满意度很高的客户，如果不是忠诚客户，为了更便利或更低的价钱，也会毫不犹豫地转换品牌。

忠诚客户所带来的收获是长期且具有累计效应的。一个客户能保持忠诚度越久，企业从他那儿得到的利益就越多。企业实行以客户忠诚为基础的管理是其提高利润的一个有效途径，因为：

（1）对于很多行业来说，企业的最大成本之一就是吸引新客户的成本。

（2）企业吸引一个新客户的成本往往比留住一个老客户的成本高 4～6 倍。

（3）客户的忠诚程度与企业的利润之间具有很高的相关性。统计数据表明，客户对企业表示满意与他们对企业保持忠诚之间没有必然的联系，仅仅得到客户的满意还远远不够，更重要的是让他们得到想要的价值。

（4）客户流失率每减少 2％就相当于降低了 10％的成本。

（5）与长期利润相关的唯一因素往往是客户忠诚，而不是销量、市场份额或低成本供应商。

（6）对大多数企业来说，如果能够维持 5％的客户忠诚增长率，其利润在 5 年内几乎能翻一番。

图 4-8 说明了客户忠诚度提高 5 个百分点时，不同行业获利的增长情况。

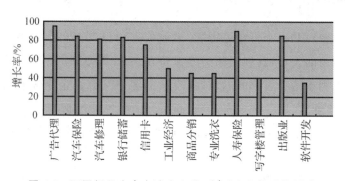

图 4-8　不同行业客户忠诚度上升 5％对企业获利的影响

客户忠诚之所以能产生如此高的经济效果，主要源于两种力量。

（1）客户数量增长效应，即忠诚对企业客户存量的增长作用。假设有两家公司，一家公司的客户保持率为 95％，另一家公司是 90％，即前者的客户流失率是每年 5％，后者是每年 10％。再假设两家公司每年的客户新增长率是 10％，那么第一家公司的客户存量每年将净增 5％，而第二家公司则为零增长。这样持续 14 年后，前者的客户存量将翻上一番，但后者将没有实质性的增长。可见，在其他条件相同的情况下，客户保持率维持在每年增加 5 个百分点，则企业的客户存量 14 年翻上一番；倘若每年维持 10％的增长，企业的客户存量每 7 年即可实现成倍增长。

（2）客户保持时间效应。这种力量往往在利润方面为企业带来更为直接的显著的效益。在大多数情况下，企业赚取每一客户的利润与其停留的时间成正比。随着客户保持年限的延长，投资回报率会以指数规律增长。

在大多数行业，长期客户对企业的贡献随时间的延长而增加。因为高度满意的客户随时间的增加会购买更多的产品或服务，使营业成本减少。长期客户的服务成本会随着时间的增加而递减，因为在已建立信赖前提下的交易行为会为双方节省大量的时间、精力、体力成本。高度满意的客户经常会把卖方推荐给其他潜在客户，因而在企业向新客户进行推荐时成本几乎为零，从而间接地为企业创造更多的收入和利润。当面临卖方合理的价格调整时，长期客户对价格的敏感度较低，不会因一点小利而离开。

4-5-2 阅读："金钥匙合作伙伴"系统

第二步　测量大客户忠诚度

测量大客户忠诚度可以采用下列标准。

1. 大客户重复购买次数

在一定时期内，客户对某一品牌产品或服务的重复购买次数越多，说明对这一品牌的忠诚度越高；反之，则越低。由于产品的用途、性能、结构等因素也会影响客户的再购买次数，因此在确定这一指标的合理界限时，要根据不同产品的性质区别对待，不能一概而论。

4-5-3 案例：HN网通提升客户忠诚度举措

2. 大客户购买挑选时间

客户购买商品都有一个挑选过程。但由于信赖程度各有不同，客户对不同产品的挑选时间是不同的。根据购买挑选时间的长短，可以确定客户对产品忠诚度的大小。通常客户挑选的时间越短，说明他对该品牌的忠诚度越高；反之，则说明他对该品牌的忠诚度越低。在利用客户购买挑选时间测定忠诚度时，也要考虑产品的属性。个别属性的产品或服务，客户几乎对品牌不太介意，而对化妆品、酒、烟、计算机与汽车等产品，品牌则在客户做出购买决策时起着举足轻重的作用。

4-5-4 课件：大客户忠诚度测量标准

3. 大客户对价格的敏感程度

客户对价格都是非常重视的，但是这并不意味着客户对产品或服务价格变动的敏感程度相同。事实表明，对于喜爱和信赖的产品或服务，客户对其价格变动的承受能力强，即敏感度低；而对于不喜爱和不信赖的产品或服务，客户对其价格变动的承受能力弱，即敏感度高。据此可以测量客户对某品牌的忠诚度。

4-5-5 微课视频：大客户忠诚度测量标准

4. 大客户对竞争产品的态度

根据客户对竞争产品的态度，可以来判断对某一产品忠诚度的高低。如果客户对

4-5-6 案例：MaBelle生活体验提高情感转换成本

竞争产品不感兴趣，或没有好感，就可以推断他对本品牌的忠诚度较高。一般来说，对某种产品或服务忠诚度高的客户会不自觉地排斥其他品牌的产品或服务。

5. 大客户对产品质量的承受能力

任何产品或服务都有可能出现因各种原因造成的质量问题。如果客户对该品牌产品或服务的忠诚度较高，当产品或服务出现质量问题时，他们会采取宽容、谅解和协商解决的态度，不会因此而改变对它的偏好；如果客户的品牌忠诚度较低，服务产品出现质量问题时，他们会深深感到自己的正当权益被侵犯了，可能产生很大的反感，甚至通过法律方式进行索赔。

4-5-7 拓展阅读：雷沃：知顾客者得天下

第三步 实现大客户忠诚的价值

基于忠诚管理商业体系，企业必须学会忠诚领先企业构筑忠诚力量的策略与方法。各忠诚领先企业的策略各具特点，但基本的做法有以下几种。

1. 设计一个卓越的大客户价值主张

商业体系中的每一个企业在制定战略规划时都应该对价值主张进行设计，而衡量价值的标准是客户的需求。针对目标客户的需求进行价值让渡系统的设计，能为客户提供相较于竞争对手更优异的价值。

4-5-8 课件：实现大客户忠诚的策略和方法

2. 建立大客户忠诚

建立客户忠诚的有效方法是：选择合适的客户，将客户进行分类，选择有保留价值的客户，制定忠诚客户计划；了解客户的需求并有效地满足其所需；与客户建立长期稳定的互动关系，有效地吸引客户为获得较高级别的待遇和服务而重复或扩大购买；不断发现并制定超越客户要求和期望的特别策略，持续超越客户的期望，不仅让客户满意，而且令客户感动。

4-5-9 微课视频：实现大客户忠诚的策略和方法

3. 培养雇员忠诚

培养雇员忠诚的方法是：企业应该选择那些特质、潜力、价值观与公司的制度、战略和文化相一致，才识兼备，技术娴熟，工作能力强，能够长期做出令人满意贡献的人；充分满足雇员的需要，尊重员工的合理要求，倾听员工上进的需求等；在员工培训和个人发展上舍得投资；在员工中树立"客户至上"的意识；充分授权，使员工感到受重视、被信任，从而增强其责任心；建立有效的激励制度，将员工的报酬与其客户的满意程度挂钩。

4. 赢得投资者忠诚

忠诚领先的企业需要谨慎选择合适的投资者，即愿意与公司达成长期合作关系的投资人。为赢得投资者的忠诚，企业必须花费大量的精力建立一个忠诚投资者的评价体系。

赢得投资者忠诚的最佳途径：一是丰厚的利润；二是工作能力强的经理人；三是企业的发展潜力。投资者的忠诚是企业必须争取的重要一环，直接关系到企业的生死存亡。

🔍 知识拓展

■ 4-5-10 阅读材料：英国 Tesco 如何提高客户忠诚度

（一）如何判断客户忠诚

你可以从以下八个方面观察自己的客户：

（1）客户重复购买率。忠诚的客户经常、反复地购买你的产品或服务。你甚至可以定量分析出他们的购买频度。

（2）钱包份额。客户在购买某一产品或服务时所占该客户购买同类产品或服务总支出的百分比。

（3）购买时间。忠诚的客户会长期地购买同一企业的产品或服务。

（4）推荐潜在的客户。如果客户经常向身边的人推荐本企业的产品，或在间接的评价中表示认同，则表示忠诚度高。

（5）挑选产品或服务的时间。客户选择产品或服务所用的时间越短，表明忠诚度越高。

（6）对产品或服务质量价格的态度。忠诚的客户对产品出现的质量事故宽容，对产品的价格不敏感。

（7）情感。忠诚的客户会因为是你的产品或服务而乐意购买，对你的产品的认同度高，他们较其他客户更关注你所提供的新产品、新服务。

（8）对企业竞争者的态度。忠诚的客户会排斥你的竞争对手。

【阅读材料 4-8】

王品台塑牛排的客户忠诚管理

——专访北京王品台塑牛排西单店店长徐琳

1. 从选址开始，服务就开始了

王品一直在选择店址上有这样的讲究：通常会选择那些闹中取静的环境。"比如在北京的西单店，它紧邻着西单北大街，外面是非常繁华的街道，但拐到了里面来就会发现这里是一个非常清静的地方。像上海的两家店也是这样，浦东那里比较繁华，但我们选择了在时代广场的 7 楼，这样就有了一个相对安静的就餐环境。"这样的环境可以让每个到王品的顾客感到更加轻松惬意，更好的用餐环境也可以让人感到更好的服务。但是这样也会带来一个问题，比较隐蔽的选址可能会让第一次来这里的客人不容易找到餐厅，所以王品在服务上又有了这样一个规定：对于那些第一次打电话预定餐位的客人，餐厅都主动询问客人他们是否熟悉餐厅的位置，然后为他们预留停车位。其实关于

服务的较量,王品已经在这个环节就开始显示出自己的实力了。

2. 服务里的"绝对准确"

吃过王品的客人都知道,在王品基本只有一个用餐价格——198元,这个价格包括了6道主菜和一款甜品或饮料,另外会加10%的服务费。对于餐厅来说,零点当然也可以,并且获利更大,"但我们一般不会建议客人零点的,因为一份色拉汤就要55元,会比较不划算。"在王品,菜肴的分量和味道可以说是十分的精准,如果你在上海的餐厅享受过这种美味的话,在北京的店里你会惊奇地发现,这里的菜肴和上海的那么相像,不但口味,连形状和摆盘都一样。王品的店长这样解释他们的台塑牛排:"王品的牛排是精选牛的第六到第八根的肋骨,它是一块带骨的牛排,全熟,骨长17cm,我们的每块牛排可以说都符合这个标准。如果它的重量没有达到我们的重量范围,我们就会选择丢弃。所以我们可以骄傲地说,你在每家王品吃到的牛排都是一样的长度和重量的。"

做餐饮服务,准确性是非常重要的,但也是非常难以把握的一个环节。"准确",就是不多不少正好的意思,如果想让自己的人性化服务也能做到非常准确,这着实是要花上一番功夫的。"按照王品的要求,给客人加水要加八分满,我们就会在服务员培训的这个过程中,让培训师检查他,反复地训练这个技巧,直到他在加水的时候一下子可以加到八分满为止。王品对于牙签的摆放也有自己的规定,我们要求所有牙签摆放好后一定要看出是一个五边形,'王品'的字样朝上,其中的一组牙签稍稍高于其他牙签,方便客人使用。这些每天服务组长都会抽查,这是非常细节和标准化的东西。既然王品是做连锁的,就必须要求有这些标准化的东西在。这也是王品生存的法宝。"

3. 记住每个"特殊"客人

对于在王品就餐且就餐习惯比较特殊的客人,王品都会有一个登记和记录。"我们会把客人当作自己的朋友,而不是通常意义上说的'顾客就是上帝'。在与客人的沟通和观察中,王品的服务员会获得很多关于客人的信息。在王品就发生过这样的事情,在美国的一位顾客,是洛杉矶王品店的老顾客,他不喜欢吃蒜类食物,后来他到上海出差,竟然惊奇地发现那里的王品服务员也非常了解他的习惯,并且在那里感受到了和美国一样的菜肴和服务。客人觉得这个非常神奇,可对于我们来说会有这样的服务也算是在意料之中的吧。因为来王品就餐的每一位客人,我们都会给他登记一个卡,其中有他的外形特质、职业爱好、口味特点。尤其是对那些饮食习惯比较特别的客人,可能我们第一次看到他还不会有非常准确的反应,但是只要再次见到这位客人,服务员一定会想到关于这个客人的一些准确信息,并且很快就会把这个客人的信息推送给店里的同仁。"

在北京的西单店有这样一位王先生,很喜欢一个人来王品就餐,除非是同事们的聚会,他一般都会选择一个靠近窗户的位置,个人口味是非常喜欢喝王品的酸梅汤,而且一定要是冰的。"我们一看见他来了,就会为他准备他喜欢的位置。而且原本我们的酸梅汤在套餐里是一小杯的,但对于王先生,我们每次都会给他准备一大杯端给他。对于王先生的这个习惯,我们餐厅的每位服务员都是知道和了解的。我们觉得要让客人'感动',记住他们的习惯应该是其中非常细小的一个环节。我们的服务员每个人都会记住相当多客人的习惯,我们就是要想到客人的前面,在这个方面用心思也是王品一直提倡的。"

4. 培训有"价值"的服务员

"王品最看重服务员的是'为客人服务的那颗心',我们选取的人可能在其他方面不是非常优秀,但只要他有'全心全意为客人服务'的心,就是非常难能可贵的。""客人其实就像是你的朋友,哪怕你今天犯了一些错误和过失,只要真诚地对待他们,他们都是会原谅你的。""我们在招聘阶段会对服务员进行一个选择,除了对外形有要求外,更重要的是看对客人的服务态度,比如说微笑。我们要看他是否真的从内心为客人着想。进入王品之后,我们会有一个比较特别的'新人庆',也就是一个7天的培训期。我们会教授员工公司的经营文化和基本的服务流程,这7天虽然是带薪的培训,但如果在这个过程中有不符合要求的地方,我们还是会把他淘汰的。7天之后他就会到现场去服务客人了,并从这天开始一个'黄金14天的学习',会有专职的培训师进行带领,手把手、一对一地进行个别培训。我们会在这14天中了解这个员工的一些特点和喜好,知道他适合什么样的职位,按照其特性去发挥特长,这样就会让我们的新员工有更快的进步。我们在这个培训期中也会教授一些特别实用的东西。"

5. 真心"服务"的不同理解

王品的服务不能用占比多少来衡量,不能说王品是服务更多一点还是菜品的口味更多一点。来王品的客人,有的是为了满足生理上的需要,喜欢吃这种口味的牛排;有的是喜欢王品这种让人感觉很安全的就餐环境;有的则是喜欢在王品享受那种被尊敬的感觉。所以应该这样说,王品可以给不同客人以不同方面的满足。"应该区分对待我们的客人,因为他们对服务的要求和标准都是不尽相同的。比如,像商务客人,王品就会在他们用餐中比较少地去打搅,通过客人的肢体语言分析客人希望得到的服务。像家庭聚餐则是另外的一种样子。家庭一般有老人和小孩,我们的服务员就会针对这样的客人进行特别服务。小孩子可能比较容易闹,我们会主动帮这样的家庭适当地照顾小朋友,这样家庭的其他成员就会比较好地享受菜肴,更加安心地用餐。"

6. 特色服务"细节中见精神"

王品的服务原则是让顾客感动,店里有这样的口号——"让顾客感动到痛哭流涕"。"王品最有特色也是非常有意思的一个服务项目叫'珍藏时光',像客人的结婚纪念日、生日都会准备一些活动。在客人的结婚纪念日时,我们会让客人互许心愿、传戒指,让我们的同事一起给他们唱歌,为他们送去祝福,让他们有一种朋友般的感受。这个服务项目从最早的王品店就有了，但是会根据每家店的不同进行部分调整，比如我们可能选择不同的歌、不同的礼物和祝福。"这些服务项目确实为王品带来了人气，但更叫人记住王品的是服务当中的一些细节。"在情人节或者圣诞节这样比较重大的节日，我们的183个餐位可能就不能完全满足客人的需要了。我们当然会为客人做一个科学的安排，但还是会有客人在等位。即使是在我们翻台的时候，肯定也会让客人等2到3分钟，我们就会及时让服务员为这些在等的客人进行点餐，让他们觉得很快就能吃上了。如果我们估计客人要等10分钟左右，就会为他们准备红茶、红酒或者他们喜欢的饮料。"

7."金牌服务"的目的就是要建立"顾客的忠诚"

在经济不景气的时候，"忠诚"总是一个热门话题。我们知道在低迷时期开展新的生意是多么困难，而且在任何时候争取一个新的客户通常需要很高的花费。同时，因为企业内部延续不断地流失和新进员工的现状，也在持续制造着更低的效率和高昂的费用。毋庸置疑的是，当你的所有客人、员工以及合作伙伴都紧紧跟随着你的时候，你的生意和利润将得到更快的增长。

（二）满意度与忠诚度的关系

忠诚度是指客户再次购买相同企业产品或服务的行为。调查表明，如果一个网站不能吸引人，那么75%的客户不会访问第二次。亚马逊的客户中，65%是回头客，这就是它成功的主要原因之一。客户对企业是否满意，会不会再次光临，客户心中有自己的评判标准，那就是企业的产品或服务能否最大限度地满足客户需求。

客户与企业进行业务往来的时间长短，只是忠诚度的一种指标。忠诚度的基础在于持续的客户满意，它是一种情感上的联系，而不是一种行为。忠诚的客户来源于满意的客户，但满意的客户并不一定是忠诚的客户。有些企业客户的满意度提高了，但销售额并未取得明显增加。客户的忠诚度有赖于满意度的提高，更取决于客户对你的信任度。从这个意义上说，建立并加强客户对你的信任度更为重要。客户满意度和忠诚度的关系如图4-9所示。

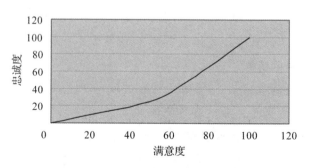

图4-9　客户满意度与客户忠诚度的关系

为了增强忠诚度,企业必须提高每个客户的满意度水平,并长期保持住这种水平,因此企业需要增加提供给客户的价值。增加价值能使客户感到自己的所得超过了其期望,但这并不意味着要降低价格,或者在同样的价格下提供更多的有形产品。增加价值的途径很多。如果客户是因为对获得的价值和享受的服务感觉良好而留下的,他们将更可能成为忠诚的客户。比如企业可以改进服务使其产品或服务更加方便易得。这类简单方法还包括通过员工培训使员工可以更好地回答客户的问题,向客户推荐使他们感到满意的产品或服务。增加客户在与企业的每一次互动中获得的价值,企业提高客户满意度水平的可能性就更大。这种忠诚度可以带来重复的购买、推荐和价值的增加。

(三)客户价值与忠诚的关系

价值预示着选择,也就是忠诚。面临一组可以选择的产品或服务,客户要采取购买行为时,首先要确定可考虑购买的产品或服务的范围,再确认价值最高、最值得购买的几组产品或服务,最后会选择综合价值最高的那组产品或服务。这个过程有时是有意识的,有时是无意识的,有时可能还伴随着某些情感因素。如果我们能够准确估量客户购买产品或服务的相关价值因素,那么我们就可以预测客户在几组竞争的产品或服务中会做出怎样的选择。

客户价值是可以计量的。最基本的品牌价值模型有三方面的构成要素:价格,包括购买价格和耗费的成本,如精力耗费、体力耗费和时间耗费等;有形品质,如产品品质和附加服务品质等;无形品质,如商标、人员形象和企业形象等。

我们可以将这三方面的要素概括为价格、实用性和品牌。每一个要素以及每一个要素内的子要素都构成购买的一种份额,一次具体购买的总的份额就是客户偏好的构成,也就是价值构成。对于任何一种产品或服务,每个客户都有基于经验的独特的价值方程式。以这些价值方程式为尺度,客户围绕几组竞争的产品或服务做出最终的选择。理性的客户总是选择价值构成最高的产品或服务。可见,价值驱动了购买。如果掌握了客户的价值方程式,我们就能够围绕几组相互竞争的产品或服务,预测客户的选择。

对于被抽查商品客户份额的确定,可以分为以下四个相互关联的步骤:

第一步,将几组产品中所有品牌的价格列举出来,这一步骤是为了对不同品牌的价格和功能进行比较和分析。

第二步,结合价格对于每个品牌的功能和实用性,即有形品质进行考察,包括所有看得见、可触摸到的品质。分析过程中,将第一步骤中的价格因素融入第二步骤,结合价格对每一种功能进行重新分类和考察。

第三步,对于第二步骤所得的结论进行抽样调查,对于每个结论进行个别分析。目的是确认综合结果,并寻找不良品质和功能,继而分析不良品质和功能对这种品牌价值构成所造成的影响。

第四步,对于每一个品牌,用 0～10 的级别,对其无形品质进行考察。这一步骤同第二步骤紧密相连,揭示商标等无形价值对商品价值构成的影响。

通常来说,对于每一种测试的商品都可以预测价值的构成,从而预言客户购买的份额。更进一步讲,运用以上步骤对每一种商品进行模拟分析,可以有效地预测怎样提高商品价值构成、怎样增加市场份额。

在一组产品或服务中,对其中某种产品或服务进行分析,我们会发现客户价值构成涉及范围很广泛,选择的份额和份额的提高与客户的利益分割紧密相关。

理想结构的价值模型是可以预测客户选择的。价值模型是与客户发展深层次关系的主要工具。借此我们可以知道客户怎样进行选择、怎样保持客户忠诚。

综上所述,促进和提高客户忠诚,即增加重复购买次数,关键是要深入客户的考虑范围,确保你所生产的产品或服务在同行业拥有最高的客户价值。

（四）忠诚客户给企业带来的收益

1. 销售量上升

忠诚客户都是良性消费者,他们向企业重复购买产品或服务,而不会刻意去追求价格上的折扣,而且他们会带动和影响自己周围的客户产生同样的购买行为,从而保证企业销量的不断上升,使企业拥有稳定的利润来源。

2. 加强竞争地位

忠诚客户持续地从企业而非企业的竞争对手那里购买产品或服务,则企业在市场上的地位会变得更加稳固。如果客户发现所购产品或服务存在某些缺陷,或在使用中发生故障,能够做到以谅解的心情主动地向企业反馈信息,求得解决,而不是以投诉或向媒体披露等手段扩大事端,企业将会取得更大的收益,在激烈竞争中立于不败之地。

3. 能够减少营销费用

首先,通过忠诚度高的客户的多次购买,企业可以定量分析出他们的购买频度,不必再花太多费用去吸引他们。其次,关系熟了,还会减少经营管理费用。再次,这些忠诚的客户还会向他们的朋友宣传,为企业赢得更多正面的口碑。

4. 不必进行价格战

忠诚的客户会排斥企业的竞争对手,他们不会被竞争者的小利所诱惑,会自动拒绝其他品牌的吸引。只要忠诚的纽带未被打破,他们甚至不屑与胜企业一筹的对手打交道,这样企业就不必与竞争者进行价格战。

5. 有利于新产品的推广

忠诚的客户在购买企业的产品或服务时,选择呈多样性,因为他们乐意购买你的产品或服务,信任你,支持你,所以他们会较其他客户更关注你所提供的新产品或新服务。一个忠诚的客户会很乐意尝试企业的新业务并向周围的朋友介绍,这样有利于企业扩展新业务。

当企业节省了以上种种费用之后,就可以在改进网络服务方面投进更多的资金,进而使客户获得良好的回报。所以,今天的企业不仅要使客户满意,更要紧紧地维系住自己的客户,使他们产生较高的忠诚度。

(五)客户忠诚的分类

客户忠诚可以分为以下几种类型。

1. 垄断忠诚

垄断忠诚是指客户别无选择下的顺从态度。比如,因为政府规定只能有一个供应商,客户就只能有一种选择。这种客户通常是低依恋、高重复的客户,因为他们没有其他的选择。公用事业公司就是垄断忠诚一个最好的实例,微软公司也具有垄断忠诚的性质。一个客户形容自己是"每月 100 美元的比尔·盖茨俱乐部"的会员,因为他至少每个月要为他的各种微软产品进行一次升级,以保证其不会落伍。

■ 4-5-11 案例:将钻饰赋予情感

2. 惰性忠诚

惰性忠诚指客户由于惰性而不愿意去寻找其他供应商。这些客户是低依恋、高重复的客户,他们对企业并不一定满意,如果其他企业能让他们得到更多的实惠,这些客户便很容易被人挖走。拥有惰性忠诚的企业应该通过产品或服务的差异化来改变客户对企业的印象。

3. 潜在忠诚

潜在忠诚的客户是低依恋、低重复购买的客户。客户希望不断地购买产品或服务,但是企业一些内部规定或其他的环境因素限制了他们。例如,客户原本希望再来购买,但是卖主只对消费额超过 2000 元的客户提供免费送货,由于商品的运输方面的问题,该客户就可能会放弃购买。

4. 方便忠诚

方便忠诚的客户是低依恋、高重复购买的客户。这种忠诚类似于惰性忠诚。同样,方便忠诚的客户很容易被竞争对手挖走。例如,某个客户重复购买是由于地理位置比较方便,一旦别的企业能够提供更方便的地理位置,该客户就容易流失。

5. 价格忠诚

对于价格敏感的客户会忠诚于最低价格的供应商。这些低依恋、低重复购买的客户是不能发展成为忠诚客户的。现在市场上有很多的 1 元店、2 元店、10 元店等小超市，就是从低价出发，做好自己的生意，但是重复光临的人却不是很多。

6. 激励忠诚

企业通常会为经常光临的客户提供一些忠诚奖励。激励忠诚与惰性忠诚相似，客户也是低依恋、高重复购买的类型。当公司有奖励活动的时候，客户们都会来此购买；当活动结束时，客户们就会转向其他有奖励或是有更多奖励的公司。

7. 超值忠诚

超值忠诚即典型的感情或品牌忠诚。超值忠诚的客户是高依恋、高重复购买的客户，这种忠诚对很多行业来说都是最有价值的。客户对于那些使其从中受益的产品或服务情有独钟，不仅自己重复购买，还乐此不疲地宣传它们的好处，热心地向他人推荐。

（六）客户忠诚的其他类别

1. 超级忠诚

4-5-12 拓展阅读："联想"发掘大客户的终生价值

超级忠诚指那些对一个企业、一种产品或服务特别忠诚的人。他们一般在一段时间里与一种产品或企业建立起个人的关系，然后把这种关系内部化。他们几乎认为自己是这一企业或产品的一个组成部分而不是客户。这种越级忠诚对于企业来说是有帮助的，因为这些人实际上起到了推销的作用，他们向朋友、亲戚和同事推销。但是如果他们彻底失望的话，也能带来较大的破坏作用。这种超级忠诚的客户流失就不仅仅是一个人流失，还会带来较大比例的客户流失。

2. 伪忠诚

许多顾客是习惯性的人，他们是不自主的客户，也就是说他们没有别的选择，在垄断或没有其他竞争的市场环境下只能成为某一品牌的忠诚客户。比如，在一个小山村，那里仅有的一家农资供应商店只出售一种品牌的农膜，一个没有交通工具的客户如果真的需要农膜的话，只有对这个品牌的农膜忠诚了。对于这类客户，我们称之为"伪忠诚"，一旦有选择机会，他们就可能选择另一种品牌的产品。

3. 不忠诚

在忠诚这个问题上客户并不亏欠企业。许多客户也许觉得如果去别的地力消费就是不忠诚，但感觉不忠诚不等于真的不忠诚。如果客户决定选择另一企业或服务机构，他们的决定将是正确和合理的，他们完全有这种选择的权利。

4. 逆忠诚

由于客户对他们十分忠诚的企业感到失望而决定投向另一家企业，这种情况可以称为逆忠诚。它与不忠诚不一样，在逆忠诚的情况中是因为企业让客户失望，客户的忠诚在这一次错误发生后也还是能保持的,前提是企业能迅速进行改正。

有六种客户行为同上面讲到的忠诚类型有着紧密的联系。

1. 热心追随者

热心追随者表现了超级忠诚的特点,他们因为对服务或产品感到愉悦,会告诉所有的亲朋好友。他们对企业的认同感太紧密,以至于会认为自己就是企业的一部分。如果他们感到不满,则可能会起到破坏作用。这些人感到不满时不仅感到失望,而且会有被出卖的感觉。这种感觉可能会使他们产生一种消极心理。除非他们不满,原则上热心追随者是不会轻易改弦更张的,但如果他们真的不满,那企业就要十分重视并采取实际行动,否则让他们离开,企业损失会很大。

2. 忠诚者

忠诚者构成了客户群体中最重要的部分。他们不容易波动,更能容忍错误,他们较少提出自己的不满,他们是企业持续发展的坚实基础。

3. 唯利是图者

这部分是最难对付的客户。他们从本质讲是非忠诚的,只会选择最便宜或者最方便的东西。他们可能会表现出对某一类产品的忠诚,但绝不会对某一品牌忠诚。他们可能从一种品牌换到另一种品牌,或从一家企业换到另一家企业。

4. 不自主者

不自主者似乎很忠诚,但这只不过因为别无选择而已。如果一个社区只有一家商店,那么商店就能得到很大部分客户,此时商店是无法知道它的客户是忠诚的还是不自主的,除非出现另一个竞争者或一种替代产品。

5. 背叛者

多次使一个客户感到不满,达到一定程度后,他就会背叛这个企业。对于他们的不满,企业必须确保投诉能以最快的速度解决,这样才能确保短时间的不满不会变成长时间的不满,从而避免他们离去。

6. 捣乱分子

这些人往往是那些热心追随者,当他们感到失望而又无法挽回时,就会渴望报复或要求赔偿。问题得不到解决的时间越长,他们就越发愤怒。有的时候他们采取的行为可能是极端无理的,甚至用法律手段。对付这类客户拟采取的方法是他们要什么就满足什么,如果必要的话给得更多些,使他们对企业的破坏程度降到最低。

对于客户的行为,我们可以用如图 4-10 所示的矩阵图来表现。

满意的客户不一定忠诚,忠诚的客户也不一定满意,所以,以客户满意和客户忠诚为标准可以把客户分为四种类型:满意度和忠诚度都高的客户是忠诚客户或者热心的倡导者,是企业最喜欢的客户类型,满意度很高但忠诚度不高的客户是唯利是图客户,

图 4-10　客户行为矩阵

忠诚度很高但满意度不高的客户为人质型客户,满意度和忠诚度都不高的客户为背叛者或者反对者,如图 4-11 所示。

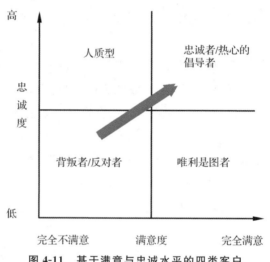

图 4-11　基于满意与忠诚水平的四类客户

满意与忠诚是两个完全不同的概念,满意度不断增加并不代表客户对你的忠诚度也在增加。调查显示,65％～85％表示满意的客户会毫不犹豫地选择竞争对手的产品,所以客户满意的最高目标是提升客户的忠诚度,而不是满意度。

客户满意与客户忠诚的关系在不同行业的表现是不一样的。如图 4-12 所示,地方电信、航空、医院等垄断行业的客户满意与客户忠诚的关系是,客户虽然不满意但是客户的忠诚度特别高,主要是因为这些行业是垄断行业;而对于竞争激烈的行业如电脑、汽车等行业,虽然客户的满意度很高,但客户的忠诚度并不高,主要是因为这些行业选择的余地比较大。

（七）如何提高客户忠诚

为客户创造惊喜是提高客户忠诚的第一要素。有数据显示,当客户认为企业能满

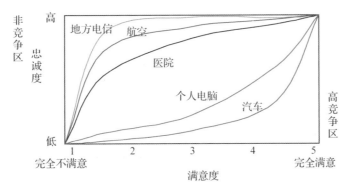

图 4-12　满意度—忠诚度关系曲线

足现有的要求,选择其他竞争对手的概率是 50%,但如果企业能不断地为客户提供意想不到的服务,流失率仅为 12%。要想使客户满意上升到客户忠诚,必须从以下六点入手。

1. 规范化

服务的规范化强调七个方面的内容。

(1) 时限:向客户提供服务的过程应该花费多长时间? 每个步骤所需要的时间是多少?

(2) 流程:如何协调服务提供系统的不同部分,它们之间如何相互配合成整体?

(3) 适应性:服务能否按照不断变化的客户需要做及时调整? 便利程度如何?

(4) 预见性:你对客户需求的预测如何? 能否抢先一步向客户提供信息?

(5) 信息沟通:你如何确保信息得到充分、准确和及时的沟通?

(6) 客户反馈:你了解客户的想法吗? 如何知道客户对你提供的服务是否满意?

(7) 组织和监督:有效率的服务程序是如何分工的,由谁来监督?

2. 服务人员有效技能

服务人员的有效技能包括以下七项。

(1) 仪表:你希望客户看到什么? 符合仪表要求的外在指标是什么?

(2) 态度:如何传递适当的服务态度? 怎样通过表情、语气、肢体语言来把握?

(3) 关注:认同客户的个性,从而以一种独特的方式对待每一位客户。

(4) 得体:在不同的环境中,说哪些话比较合适,哪些话不能说?

(5) 指导:服务人员如何帮助客户? 如何指导客户做出选择和决定?

(6) 销售和服务技巧:你提供服务的技巧如何? 客户是否很容易接受你的推荐和服务方式?

(7) 礼貌地解决客户问题:如何解决客户的不满?

3．可亲近性和灵活性

服务中展现出的可亲近性与灵活性可以反映在以下八个方面。

（1）关注我：敏感、快速地关注到客户的需求和特殊情况。

（2）了解我的行为原因：设身处地为客户考虑。

（3）能帮我解决问题：对问题的理解和处理能力。

（4）我和他人是平等的：不能区别对待客户。

（5）用我能懂的方式沟通：不要摆官腔或技术员的架子。

（6）不要以恐吓压制我：绝对不可以威胁客户。

（7）能指导我：如果客户有问题，应帮助他们解决问题，他们会感谢你。

（8）灵活，可以通融：以人为本，客户不是机器，你也不是操纵机器的人。

4．可靠性

可靠性是指可靠准确的履行服务承诺的能力。很多企业发现，可靠性被排在客户关注要素的第一点，如最近进行的"制造业的最佳运输方式"调查，可靠性是制造商选择承运商时需要考虑的最重要因素；准时交付排在第二位；然后是成本和产品丢失或损坏情况。雪铁龙公司开展的一份调查研究表明，维修人员高度评价高质量售后服务的重要性。他们认为，在评定一个零部件供应商的诸多标准中，零部件的可得性排在第一位，紧跟其后的是及时送货率，价格只是排在诸多要素中的第七位。售后零部件服务对客户产生的影响要比整车销售服务对客户产生的影响大三倍以上。

5．自我修复

要对业务成熟、业务本身存在缺陷、成熟的业务遇到外行的客户这三种情况加以分析，取得数据，再集中汇总分析。在小组及部门展开讨论，得出最行之有效的服务技巧和工作流程时，尤其是注意总结以前同事成功的经验或失败的教训。要将此项业务按照不同服务情况、服务对象，定期加以分类并形成量化的评估标准，时时自我提醒、自我修复、自我监督。

6．服务承诺

服务承诺分"无条件服务承诺"和"对重要服务内容承诺"。服务承诺影响研究表明，承诺使员工的士气和忠诚度得到增强，承诺可以使员工产生自豪感。对于客户来说，承诺降低了客户的风险并建立了对服务组织的信任。一个有效的承诺能影响到企业的盈利能力，使企业建立起一种更积极的服务文化。同时，承诺能间接地减少员工的变动成本。

以下是一些企业做出的服务承诺。

（1）汉普诺酒店："客户不满意，可以不付款。"

（2）第一银行信托："任何不满意的顾客都可以退还费用。"

（3）施乐公司："给每位顾客定制无条件承诺的内容。"

（4）麦当劳："100％顾客满意。"

（5）联邦快递承诺："包裹及时送达,否则退钱。"

（八）获得客户忠诚的策略

1. 产品差异化策略

产品差异化是指立足于企业产品的基本功能,尽可能多地向客户提供增补性能。企业通过差异化的产品来吸引客户,赢得客户的满意和忠诚,应注意以下几点:

（1）提供高质量、低价格、品质恒久的好产品。

（2）及时迅速地提供产品和服务信息。

（3）不断开发适应客户需求的新产品。

（4）采取"先做后说"的策略。

（5）尽可能多地带给客户附加价值。

产品的差异化从本质上来看是一种以客户为中心的战略,其目标就是要通过形成产品的差异化,带来附加价值,提供一系列满足甚至超过目标客户群体期望的产品和服务。

2. 客户差异化策略

采用客户差异化策略的前提是必须了解客户,熟悉每个客户的独特之处、特别需求等,以便掌握导致客户之间差异的原因。"了解客户"对于建立客户忠诚非常重要。为了识别每个客户的独特之处,可从以下几个方面着手:

（1）从内在因素识别忠诚客户群,如成熟的市场或是某个关系密切的群体。

（2）对不同的消费群体进行准确的营销定位。

（3）测算客户能够带来的盈利,或客户价值。

（4）制定合理的定价与派送战略,使处于盈利边缘和非盈利的客户为你带来利润和忠诚。

充分了解客户,掌握的客户信息越多,就越能够具有针对性地制定个性化的服务和一对一的营销策略,从而获得客户的忠诚。个性化的服务和一对一的营销是以产品最终满足单一消费者需求为依据的。如果能够对每个客户提供差异化的解决方案,能够为他们提供最大的附加价值,企业就能获得最大的客户忠诚。

（九）培养忠诚客户的三大战术

1. 让客户认同"物有所值"

培养忠诚的客户群,不仅要做到价廉物美,更要让客户明白商品物有所值。目前,一些企业、品牌的竞争趋向于价格战,其主要原因是同类产品、企业的"经营同质化",客户忠诚度盲从为"谁的价格更低"。因此，品牌只有细分、找准产品定位、寻求差异化经营、找准目标客户的价值取向和消费能力，才能真正培养出属于自己的"忠诚客户群"。只有保持稳定的客源，企业才能赢得丰厚的利润。当企业把打折、促销作为追求客源的唯一手段时，企业和品牌就会失去它们最忠实的客户群。

2. 对终端客户用好会员卡

2002 年度广州百货零售业的排名中，友谊百货总店以超过 9 亿元的年销售额名列前茅。据统计，在这 9 亿元的销售额中，61％是由 VIP 会员创造的，可以说，是忠诚的客户为友谊百货赢得了销售额的增长。

企业在利用 VIP 卡培养自己的忠诚客户时，首先，要对自己的目标客户进行区分，VIP 卡要成为企业酬谢忠诚客户的优惠，而绝不是"寻觅便宜货"的工具。其次，回报必须诱人，VIP 卡的回报可以是物质的，也可以是情感的。在物质方面，企业给予的回报必须与 VIP 会员的价值观相符，一些奢侈品的推荐试用以及增值服务，将会比单纯的折扣和很多廉价品赠送更具有吸引力。同时，企业也可以通过一些非实物的酬谢，使客户沉浸在归属感中，如开通热线、举办俱乐部会员活动等。再次，对 VIP 客户服务项目要不断更新，如新品试用、免费升级、折旧换新等。总之，要让 VIP 会员感受到自己"与众不同"。

3. 对中间商构建"双赢"战略

中间商和渠道对产品品牌的态度将直接影响到企业自身的生存，因此，企业应该在产品发展的不同阶段对中间商和渠道采取不同的培养政策。在产品"入市期"，企业首先要制定长远的发展规划，对中间商的要求不一定是"最强"和"最好"的，应根据自身品牌的定位设定选择的标准。实践证明，与企业一起发展成长的中间商是"最忠诚的客户"。同时，企业与经销商应结成"共赢同难"的战略合作伙伴关系，共同投入，并公开企业一年的经营计划，避免把风险全部转嫁到中间商身上，给渠道以信心。在"发展期"（随着商品品牌的发展壮大，此时是厂家和中间商获得利润最高的一段时间），维系客户忠诚度的方法已不再是加大双方的沟通，而是转变为加强利润分配的管理监控，实施"定点、定量返利"，给渠道合理、公平的利益分配。在"成熟期"，随着产品市场价位的透明，中间商的利润逐步下降，他们的忠诚度也开始转移。这时企业为了品牌的继续生存，首先应该做到的是"同品牌新产品的推出"，并加大广告促销的投入，用行动宣传品牌的研发能力；同时加强渠道监管，可以适时地取消"定量返利"。

（十）忠诚计划的几种模式

1. 独立积分计划模式和联盟积分计划模式

独立积分是指某个企业仅为消费者对自己的产品或服务的消费行为和推荐行为提

供积分,在一定时间段内,根据消费者的积分额度,提供不同级别的奖励。这种模式比较适合于容易引起多次重复购买和延伸服务的企业。在独立积分计划中,是否能够建立一个丰厚的、适合目标消费群体的奖励平台,是计划成败的关键因素之一。很多超市和百货商店发放给顾客的各种优惠卡、折扣卡都属于这种独立积分计划。

联盟积分是指众多的合作伙伴使用同一个积分系统,这样客户凭一张卡就可以在不同商家积分,并尽快获得奖励。相较于企业自己设立的积分计划的局限性,联盟积分则更有效,更经济,更具有吸引力。

目前世界上最成功的联盟积分项目是英国的 NECTAR,积分联盟由 NECTAR 这个专门的组织机构设立。这个机构本身并没有产品,只靠收取手续费赢利。该项目吸引了包括 Barclays 银行、Sainsbury's 超市、Debenhams 商场和 BP 加油站等很多企业加入。客户凭 NECTAR 卡可以在特约商户消费,或者用 Barclays 银行卡消费,都可获得相应积分,并凭借积分参加抽奖或者领取奖品。NECTAR 因此把消费者对它的忠诚转变成对特约商户的忠诚,并由此向特约商户收取费用。在很短时间内,NECTAR 就将 5880 万英国居民中的 1300 万变成了自己的客户,并从中取得了巨大的收益。除此之外,航空业也普遍采取这种联盟形式,现在,更是出现了航空业、酒店业、租赁业等企业的联盟。

企业是选择单独推出积分计划还是选择加入联盟网络,是由企业的产品特征和企业特征决定的。如果企业的目标客户基数并不是很大,企业主要通过提高客户的"钱包占有率"最大程度地发掘客户的购买潜力来提高企业的利润,则推出独立积分卡较合适;如果企业的目标客户基数较大,希望得到其他企业提供物流、产品、客户资料方面的支持,降低企业的各种压力,则参与联盟积分较合适。

2. 联名卡和认同卡

联名卡是非金融界的营利性公司与银行合作发行的信用卡,其主要目的是增加公司传统的销售业务量。例如,美国航空公司(American Airline)和花旗银行联名发行的 AAdvantage 卡就是一个创立较早而且相当成功的联名卡品牌。持卡人用此卡消费时,可以赚取飞行里程数,累积一定里程数之后就可以到美国航空公司换取飞机票。美国电报电话公司的 AT&T Universal Card 也是很受欢迎的联名卡,它通过对客户长途电话的折扣与回扣,扩大了客户群,提高了竞争力。

认同卡是非营利团体与银行合作发行的信用卡。持卡人主要为该团体成员或有共同利益的群体。这类关联团体包括各类专业人员。持卡人用此卡消费时,发卡行从收入中提成出一个百分比给该团体作为经费。运动协会(如美国橄榄球协会 NFL)、环保组织、运筹学管理科学协会的认同卡就是这方面的成功例子。

从市场渗透的角度来说,针对有一定特殊共性的消费群体来设计品牌,是一个极好的市场细分的手法,对加强信用卡发行单位和签约单位的客户忠诚度非常有效。

3. 会员俱乐部

4-5-13 综合能力训练项目

有的企业客户群非常集中,单个客户创造的利润非常高,因此与客户保持密切的联系非常有利于企业业务的扩展。它们往往会采取俱乐部计划和客户进行更加深入的交流。这种忠诚计划比单纯的积分计划更加易于沟通,能赋予忠诚计划更多的情感因素。

作为忠诚计划的一种相对高级的形式,会员俱乐部首先是一个"客户关怀和客户活动中心",但现在已经朝着"客户价值创造中心"的方向转化。而客户价值的创造,又促使客户对企业的忠诚度更高。

4-5-14 客户拓展游戏:情景模拟

"会员俱乐部"可为企业带来综合性的效果:

(1) 链式销售。即客户向周围人群推荐所带来的销售。

(2) 互动交流,改进产品。通过互动式的沟通和交流,可以发掘出客户的意见和建议,有效地帮助企业改进设计,完善产品。

(3) 抵制竞争者。用俱乐部这种相对固定的形式将消费者组织起来,在一定程度上讲,就是一道阻止竞争者入侵的防火墙。

【阅读材料4-9】

国货"长红"得靠硬实力

此前,蜂花在与网友的互动中"哭穷"和大方承认自家产品"廉价",相关话题登上了社交媒体的热搜榜。事情的起因是,该品牌发布的新产品被不少网友吐槽"包装太土太难看",还被建议可以通过参加设计比赛进行改良。

蜂花作为国内第一个液体洗发、护发产品的民族品牌,首次提出"洗护分开"的理念,拥有广大的消费群体和坚实的市场基础,产品定位为大众消费、平价商品,让普通老百姓都能消费得起,一瓶蜂花护发素仅卖9.9元。值得关注的是,已成立几十年的蜂花公司,目前无一条行政处罚信息。这家平价国货企业用实际行动感动了消费者。

无论消费环境如何变化,品质永远是核心竞争力。国货品牌要想赢得更多消费者,就要洞察新生代消费者的产品需求和审美追求,持续为其提供有价值的产品。蜂花的出圈,正是自身品质的实力体现。事实证明,真正有持续影响力的国货爆品,基本都是依靠品质和创新双轮驱动。网友为蜂花的包装设计"操心",在一定程度上反映出品牌创新元素的缺失。人性化、个性化的创意呈现,是产品畅销的必备元素。一直以来,蜂花以价格亲民著称,近10年价格仅涨了2元。目前虽然蜂花产品已覆盖国内1600多个县市,但销售渠道仍以线下为主。一直扑在产品上的蜂花很少打广告,或者是升级产品包装设计。此次事件,是网友们给国货品牌的一次善意提醒。

令人欣喜的是,越来越多的老牌国货已经在发挥自身优势寻找新的"爆品",探索让

"爆红"转变为"长红",增强客户粘性,提高品牌忠诚度。比如,有运动品牌针对消费者"吐槽"其产品款式老土、与其他品牌同质化严重等缺点,一方面与博物馆、国产漫画合作推出联名产品,另一方面签约年轻设计师汲取创意和灵感。在此之前,包括运动、餐饮、日化等多领域的多个老牌国货,都通过提升品质、改善服务、畅通销售渠道等重新焕发生机。国潮之风正当时,但无论这股风有多大、持续多久,最终能被吹到高处的,一定是那些能靠真功夫、硬实力说话的国货。

项目五

数字化客户管理

学习目标

知识目标	技能目标	素质目标
通过本项目学习,你应该: ▶ 理解数字化客户管理的含义 ▶ 掌握常用的数字化客户服务平台 ▶ 熟悉客户拓展商品软文写作的要素和方法	通过本项目学习,你应该: ▶ 能够根据产品特征,结合品牌定位,完成客户画像构建及目标客户洞察 ▶ 能够理解和掌握常用的数字化客户服务沟通平台及技巧,并能熟练操作 ▶ 能够结合目标客户特征和营销方式开展数字化客户裂变营销	通过本项目学习,你应该: ▶ 具有良好的客户服务意识和创新思维 ▶ 具有洞察问题、发现问题和解决问题的综合能力 ▶ 掌握职业道德准绳,具有正确的市场价值观和数字化客户管理理念

案例导入

2021 年用户年度报告盘点,这 30 个平台做得漂亮

2021 年结束了,但属于你的 2021 年依旧被记录着。年度总结在岁末年初的关头层出不穷,虽说被各大 App 总结过的生活不能代表真实的生活状态,但也会收获一些被遗忘的或者只被特定平台所记录的生活彩蛋。

在年度报告就是流量密码的年末,各大平台都想抓住机会进行一场大型的品牌客户管理,但只有足够懂得用户想要的才能打好这场年末硬仗。下面就让我们一起来看看各平台的表现如何吧。

一、音乐播客类

1. 网易云音乐

不负所望,网易云音乐作为每年听歌报告的热门选手,今年也带给我们很多惊喜。今年新增了"云村"场景,用户定制了自己的虚拟人物形象后便能以定制形象游览云村,在游览过程中,用户这一年在网易云音乐的各项成就也慢慢浮现出来。在社交媒体上被热议的"音乐灵魂"和"年度歌手"是这次报告中的两大亮点,从中感受到了品牌方想

要了解用户真实情感的真诚。

2.QQ音乐

今年QQ音乐的主题是"时光采样",将用户遗留在音乐中的特殊时刻,如"干饭"时刻、幸运时刻、邂逅时刻等,用具体的日历形式逐一标记,串联起用户一整年的音乐回忆。在最后的用户报告页面,QQ音乐根据用户的听歌天数,为用户分配不同的音乐星球。同时,用户的听歌时长也被换算成经典的星月等级,走了一波情怀路线。

3.酷狗音乐

酷狗音乐的听歌报告在视觉上采用了干净明亮的配色,搭配3D动画风格以及呆萌的小胖手形象,增加记忆点的同时也颇具趣味性。表扬锦旗实在让人印象深刻,契合了今年的主题——表扬每一个爱音乐的你。毕竟,谁不愿意当一个被表扬的小可爱呢?

4.咪咕音乐

被称作周杰伦专属播放器的咪咕音乐,今年也采用了可爱的3D画风,随着小火箭发射,带领用户在音乐宇宙的不同星球中遨游。今年,"百事可爱星"和"夜魅孤影星"上是否有你的身影呢?一年中穿梭了这么多个星球,总有一个是你的本命星球吧!找到了本命星球的你还会获得星球居住证哦。

5.喜马拉雅

喜马拉雅2021年度收听报告中的动画、文案和搭配的BGM十分和谐。和往年一样,报告全程有喜马君和小雅出镜,不同的是,今年使用了流行的3D画风,而不是之前的平面手绘风。值得一提的创新之处是报告,会根据用户常听内容,发送一条神秘嘉宾发来的语音,期待值原地拉满了!

6.小宇宙

小宇宙今年的视觉表达可以说做得十分优秀了,有一种"我把你今年听过的东西都明明白白摆在你面前了,你要好好看哦"的既视感。没有太多插画类的视觉元素,以醒目的黑体字和logo为主,年度报告清晰易懂。

二、购物支付类

7.支付宝

又到了一年一度凭空造钱的环节,即使支付宝年度账单每年的制作水准都在线,但依旧有很多人表示:"我不想知道今年到底花了多少钱啊!"但实事求是地讲,每一页插画页面都让人感到暖暖的浓浓烟火气,文案也很治愈很有诗意。账单结尾处,一改往年生成年度关键词的形式,创新性地采用了随机抽取新年幸运签的形式。

8.美团

在大部分App采用低饱和度的温暖向视觉风格时,美团年度账单鲜艳明快的色彩让人看过一眼就忘不了!今年年度账单采取的逻辑是:账单的页数根据用户使用美团购买商品的种类多少而定,如果你是一个休闲玩乐都离不开美团的忠实用户,那么,今年的年度账单真是够你翻上一阵子的了。最后,还会根据用户的消费习惯送上专属优惠券,实打实的福利让人很难不爱!

9. 京东

今年京东年度账单的主题是"'账'量你的购物气质",有点把年度账单做成性格测试的感觉了。视觉风格上,炫彩的 3D 质感就像果冻一样 Q 弹,萌萌的大眼睛也让人印象深刻。年度账单还会根据用户使用京东的天数,附送一个容量不等的"气质瓶",今年你收到的瓶子有多少毫升呢?结尾的购物气质会根据用户的购买特点给出两种气质,玩法上会更加有意思些。

10. 饿了么

饿了么今年的用户报告走的扁平插画风还是蛮讨人喜欢的,但美中不足的地方是,属于用户的个性化内容少了些。在首页点击"解锁我的年终礼"后,会出现以月历形式表现一年的 12 幅插画动画,然后就是用户报告的结果页面,内容不免有些单调。最后点击"领取年终礼"会有优惠券放送,也算是扣紧"年终礼"主题的同时,带给用户的一点小惊喜了。

11. 淘票票

去年淘票票的年度报告在内容呈现上更多倾向于淘票票的整体数据而非用户的个人数据,缺少一定的代入感。今年则能很明显地感觉到淘票票终于把关注点放到了用户身上。今年的观影报告,会按照月份生成用户观影数量的折线图,根据用户观看影片类别生成观影印象词云以及用户观影海报墙。

三、社交休闲类

12. 微博

鲜亮的配色搭配欢脱的画风,的确十分符合微博一直以来带给大家的活力满满的感觉。报告在内容上和往年的变动并不大,展示了一年来用户使用微博的天数、使用最频繁的表情、最常用的高频词以及参与热门话题的次数等内容。每页的文案也很符合微博的调性,是会让人"哈哈一笑"的小幽默。

13. 豆瓣

豆瓣的年度书影音报告算是文艺青年们最期待的报告之一了,今年的渐变简约风也很符合豆瓣的调性。今年你看过几部剧、读过几本书、听过多少张专辑豆瓣都会告诉你答案。你今年第一次涉足的领域、第一次接触哪些演员的作品……是否也会勾起一些属于那个时空的回忆?

豆瓣今年的年度社区报告中,最大的亮点莫过于"我的 2021 拼贴诗"了。豆瓣把散落在豆瓣社区各个角落的句子分成一组一组,用户可以挑选句子进行二次创作,形成一首独一无二的拼贴诗。不得不说,这波操作很豆瓣了,豆瓣诗人们可以行动起来了!

14. 知乎

今年的知乎年度报告很特别的一点是,除了个人报告外,还新增测试"测测我看世界的视角"。测试会按照月份罗列出 2021 年的社会大事件,用户可通过选择对该事件的看法的选项,来生成自己的视角报告,可以说是对一整年大事件的回顾了。用户个人向回顾加上社会整体回顾,知乎这次做得很全面。

15. 微信读书

今年微信读书的年度报告一出,就收获了很多好评。报告按照四季流转为用户梳理这一年看过的书,数据展示简洁明了。"你现在的气质里,藏着你走过的路,读过的书,爱过的人。"微信读书会根据用户这一年读过的书,生成一个词语来形容读了这些书的你,也是蛮有诗意的。

16. 腾讯 QQ

QQ 年度报告的视觉风格还是比较迎合年轻受众群体,配色活泼。内容上,报告会根据用户社交形象生成页面,并根据用户不同社交形象生成一只 3D 企鹅,看上去圆润惹人爱,甚至还有机会抽到隐藏款企鹅形象。

17. 微博超话

微博超话延续微博年度总结的视觉风格,整体呈现出配色明亮、欢快活泼的感觉。在这里,记录着 2021 年你超话打卡签到的天数、最常逛的超话,以及这一年发布的人气帖子等内容。最后的用户报告页面,会生成最适合你超话属性的社区装备卡,"十八倍扩音器""独家物料母带"……你的社区装备又是什么呢?

18. Keep

Keep 今年的运动报告选用了黑体字,给人一种刚劲有力的力量感。在内容上,会把用户今年的运动量与 2020 年做对比,也会展示运动时间、跑步里程数以及最久坚持运动周数等详细的运动数据。"运动赋予人们自由",Keep 的自由之城会在用户报告页面根据用户运动量生成自由报告。

四、视频类

19. 哔哩哔哩

今年哔哩哔哩年度报告延续了去年的主题——"时光机",整体风格上色彩对比度高,有一种霓虹灯闪烁的趣味性在里面。除常规介绍用户数据的"我的年报"外,还根据用户数据生成专属的"年报视频",以及专属的小电视个性形象。不得不说,B 站这回真是用心了。

20. 腾讯视频

腾讯视频今年的年度总结和冬奥会结合起来,让人眼前一亮。鹅东尼化身冬奥会

运动员,穿着亮眼的运动服,在报告里做着不同的冬奥会项目。报告结尾没有用户个性化报告页面,稍显美中不足。右上角点击"去看彩蛋",点进去是腾讯视频2021年的大数据汇总,算是用户个人回顾与品牌整体回顾的兼顾。

21.抖音

抖音今年的年度报告产生了很多有趣的视频,比如根据年度报告判断一个人的真实喜好、二创的段子——"总裁的年度报告"等内容,也从侧面证明了抖音年度报告做得还不错。透明小人、唯美画风以及还不错的洞察,构成了这份报告。最后,点击"发布得奖励",抖音会自动生成用户年度报告的抖音视频,进一步推动年度报告的传播推广。

五、生活服务类

22.印象笔记

今年的印象笔记延续了去年的主题——"你在记录什么?"整体上画风清新自然。报告记录了用户创建的笔记数量、常用时间、收藏和发布记录等数据。用户可解锁"白日梦想家"、"星辰收集者"和"指引黎明的破晓者"等身份,文艺范十足,和清新的画风十分相配。

23.钉钉

没想到,就连钉钉也出了年度报告。看到微博上有人全年被DING了1230次的年度报告,打工人无法言说的痛又增添了几分。虽然和去年相似,报告都采用了矢量插画风,但就视觉效果来讲,钉钉真的在进步,页面更加精致了。另外悄悄说下,结果页用户获得的专属勋章是可以赠送给这一年和你并肩工作的小伙伴的。

24.航旅纵横

航旅纵横称得上是2021年出行类年度总结中的TOP级选手了。在页面设计上,渐变的矢量画风简洁生动;内容上,既有用户个性化的盘点内容,如全年飞行次数、解锁的新航线等,也会穿插如神舟十二号发射、孟晚舟回国等与飞行相关的2021年度大事件,融合巧妙,不会让人觉得过于生硬。用户报告页面,利用数据呈现出用户在2021年的足迹地图,大大增强用户的成就感,促进用户分享。

25.不背单词

一个名为"不背单词"的背单词App,其年度报告在视觉呈现上,选择了主流的3D插画风,可爱的小宇航员形象全程出镜;在文案上,不仅有对用户个人背单词数据的记录总结,还会把数据具象化,比如你背单词的时间相当于别人看了多少集电视剧,更能激发用户的成就感。最后报告按照时间顺序,整理了用户的学习成长清单,回忆满满。

26.携程旅行

携程旅行为用户罗列出了年度消费金额、下单次数以及最常下单时间段等内容。最后的用户报告页面,会根据用户消费习惯生成一个个性化人物形象,点击"换一换",

就可以为人物更换发型、衣服和裤子,定制的自由度很高。美中不足的是,定制形象页面需要点击才能看到,这导致很多用户可能根本没有发现这个小彩蛋。

27.高德地图

高德地图的年度报告采用高德地图品牌年度大事件与用户个人数据交替呈现的形式,衔接的流畅度不是特别高。整体上中规中矩,没有特别让人眼前一亮,报告结尾同样为用户贴上个性化的标签。

六、其他类

28.喜茶

喜茶的年度报告风格太让人有记忆点了,喜感爆棚的小男孩大头照看过一眼就再也忘不掉了,橙绿配色搭配格子元素显得活泼欢快。既然是茶饮品牌的年度报告,那一定会有今年你最爱的单品,以及奶茶总花销之类的数据,最后生成的"芒芒 tan""芋泥 tan""爆柠 tan"等可爱称号也十分有梗。

29.瑞幸咖啡

瑞幸咖啡的蓝色手绘风年度账单显得干净又美好,每一页都是可以拿来当壁纸的感觉。和去年以企业成长为主的年度总结相比,今年则把主要关注点放在了用户身上,在最后的报告结果页面会将前面提到的内容整理成一纸清单,让人忍不住截图保存。

30.奈雪の茶

奈雪の茶今年采用了科技感满满的视觉风格,小宇航员全程出镜,以宇宙为背景,为用户回忆这一年的奶茶摄入量和年度最爱奶茶等内容。最后的"多元美好的霸气生命体""深沉而舒缓的星辰"等用户印象,也显得很特别、很有趣。

以上就是为大家整理出的2021年用户年度报告盘点。虽不能把所有平台的年度报告全部展现出来,但从主流的30个平台的年度报告中,我们也能对当下平台们对用户的洞察程度略窥一二:同样都是推出一份用户数据总结,有些年度报告恰到好处地将品牌文化与满足用户的情感共鸣起来,达到用户自发分享传播的效果;也有很多年度报告依旧是重复而鲜少创新,存在单纯依靠数据堆砌的弊端。

12月份的尾巴、1月份的前奏,在这样的时间点,对于大多数用户来讲,收到一份懂自己的年度总结,应该就是平台送出的最好的新年礼物了。

😊 岗位介绍

数字化客户管理岗位工作内容主要包括:负责结合公司的经营发展目标,开展客户日常维护和运营,并持续挖掘用户需求,收集客户信息,挖掘潜力及核心客户,利用各种通信工具,开展企业线上平台的客户咨询与拓展,解决客户的疑问(关于商品、快递、售后、价格、网站活动、支付方式等疑问），处理交易中的纠纷，售后服务以及订单出现异常或者无货等情况时与客户进行沟通协调。

项目简介

1. 项目内容

党的二十大报告指出，加快发展数字经济，促进数字经济和实体经济深度融合，打造具有国际竞争力的数字产业集群。优化基础设施布局、结构、功能和系统集成，构建现代化基础设施体系。

新经济时代，云服务、移动互联、大数据和人工智能技术应用推动商业持续数字化转型，商业经营生态的改变驱动产品和服务的数字化变革，企业与客户之间关系也在发生深刻转变，随之而来的数字化客户管理的需求量也迅速增加。企业应了解掌握数字化客户管理的工作范围及职能，根据企业实际，建立客户经营的体系机制，搭建客户经营平台和分析工具，应用客户画像分析洞察客户的需求、行为和价值，适配产品和服务，优化直达客户的营销策略，赋能差异化客户经营，通过优化客户经营指标和运作流程，创造新客增长和提升存量客户价值，促进客户忠诚。

根据数字化客户管理的工作内容，我们将该项目划分为数字化客户识别、数字化客户开发和数字化客户维护 3 个子项目。

2. 工作任务

以本校的校内外实训基地为载体，基于校外合作企业的实际情况，根据企业应用客户画像分析洞察客户的需求，搭建良好的客户经营平台，撰写有效的商品软文，开展数字化客户裂变营销，做好客户识别、开发及维护，为提升企业形象及客户忠诚度提供借鉴。

3. 项目学习课时

建议课内教学为 12 课时，课外学习为 6 课时。

4. 项目成果

在项目学习结束后，学生应递交以下项目学习成果：

（1）某企业数字化客户管理工作范围及职能报告 1 份；

（2）某企业常用数字化客户开发操作案例 1 份；

（3）某企业常用数字化客户维护案例 1 份。

子项目一　数字化客户识别

学习目标

1.了解数字化客户管理的含义

2.掌握数字化客户画像建立的内容和方法

3.掌握数字化客户行为洞察的内容和方法

4.熟悉常用的数字化客户管理分群策略

工作任务

本项目的工作任务是要求运用基本的网络调研方法和手段认识数字化客户管理，并以校内生产性实训基地为例，通过应用客户画像进行分析建模，洞察客户行为倾向和价值增长潜力，熟悉数字化客户管理分群策略，为后续数字化客户识别学习项目的开展和实施打好基础。

（1）什么是数字化客户管理？

（2）如何建立数字化客户画像？

（3）如何开展数字化客户行为洞察？

（4）常用数字化客户管理分群策略有哪些？

（5）数字化客户识别过程中个人信息安全及隐私保护注意事项有哪些？

任务解析

（一）客户画像建立

构建用户画像，包括以下四个步骤：目标设定、用户信息获取和研究、用户画像建立和丰富、系统可视化。

第一步　目标设定

目标设定，即确定企业构建用户画像的主要目的是什么。企业构建用户画像通常用于改进产品设计、提升服务质量、增加消费者黏度和精准营销等。具体的战略影响用户画像体系建立选择什么样的维度。

不同类型的企业和行业提取的数据信息也不同。以内容为主的媒体或阅读类网站、搜索引擎或通用导航类网站的用户画像，往往会提取用户浏览内容的兴趣特征，如体育类、娱乐类、美食类、理财类、旅游类、房产类、汽车类等。社交网站的用户画像，则会提取用户的社交网络，从中发现关系紧密的用户群和在社群中起到意见领袖作用的明星节点。电商购物网站的用户画像，一般会提取用户的网购兴趣和消费能力等指标。网购兴趣主要指用户在网购时的类目偏好，如服饰类、箱包类、居家类、母婴类、洗护类、饮食类等。消费能力指用户的购买力，如果做得足够细致，还可以把用户的实际消费水平和在每个类目的心理消费水平区分开，分别建立特征维度。金融领域的用户画像，还会有风险画像，包括征信、违约、洗钱、还款能力、保险黑名单等。另外，还可以加上用户的环境属性，如当前时间、访问地点、特征、当地天气、节假日情况等。当然，对于特定的网站或 App，肯定又有特殊关注的用户维度，因此需要把这类维度做到更加细化，从而能给用户提供更精准的个性化服务。

总而言之，根据企业目标设定不同，用户画像所选择的特征维度需要进行匹配。

第二步 用户信息获取和研究

采集数据构建用户画像是为了还原用户信息，因此采集的数据来源于所有用户相关的数据。数据的获取方式有很多种，数据挖掘是最为常见也是较为精准的一种方式。

如果数据有限，则需要定性与定量结合补充。定性就是去了解和分析，而定量则是去验证。一般而言，定量分析的成本较高、相对更加专业，而定性研究则相对节省成本。定性方法如小组座谈会、用户深访、日志法、阶梯法、透射法等，主要是通过开放性的问题引出用户真实的心理需求，具象用户特征；定量更多是通过定量问卷调研的方式进行，关键在于后期定量数据的建模与分析，目的是通过封闭性问题的回答，一方面对定性假设进行验证，另一方面获取市场的用户分布规律。

用户数据划分为静态数据和动态数据两大类。静态数据相对稳定，主要包括用户的人口属性、商业属性、消费特征、生活形态、CRM 等 5 个维度。动态数据则来源于用户不断变化的行为信息，主要有场景、媒体和路径 3 个来源。例如，一位消费者打开某网站网页，买了一件衣服：场景指消费者访问设备、访问时段和访问时长等；媒体指消费者访问的媒体平台类型，如社交类、资讯类、游戏类、购物类等；路径指消费者进入平台、使用平台和离开平台的轨迹。

第三步 用户画像建立和丰富

1. 标签计算

在数字营销中，建立和丰富用户画像就是通过算法规则进行标签计算，来定义目标群体消费者画像。一个事件模型通常包括时间、地点、人物三个要素。每次用户行为本质上是一次随机事件,可以详细描述为:什么用户,在什么时间,什么地点,做了什么事。

（1）用户

关键在于对用户的标识,用户标识的目的是区分用户、单点定位。

（2）时间

时间包括两个重要信息,时间戳和时间长度。时间戳,是为了标识用户行为的时间点;时间长度,是为了标识用户在某一页面的停留时间。

（3）地点

指用户接触点。每个用户接触点潜在包含了两层信息——网址和内容。

网址,每一个链接(页面/屏幕),即定位了一个互联网页面地址,或者某个产品的特定页面。网址可以是电脑上某电商网站的页面,也可以是手机上的微博、微信等应用某个功能页面,或某款产品应用的特定画面。如,长城葡萄酒单品页,微信订阅号页面,某游戏的过关页。

内容,每个网址(页面屏幕)中的内容。内容可以是单品的相关信息,类别、品牌、描述、属性、网站信息等。如,红酒、长城、干红。

对于每个互联网接触点,网址决定了权重,内容决定了标签。

（4）事情

指用户行为类型。对于电商来说,有如下典型行为:浏览、搜索、添加购物车、评论、购买、点赞、收藏等。

综合上述分析,用户画像的数据模型,可以概括为下面的公式:用户标识＋时间＋行为类型＋接触点(网址＋内容)。某用户会因在什么时间、地点、做了什么事而被打上标签。

用户标签的权重可能随时间的增加而衰减,因此定义时间为衰减因子,行为类型、网址决定了权重,内容决定了标签,可进一步转换公式:标签权重＝衰减因子×行为权重×网址权重。

2. 标签验证

建立消费者画像模型之后,还需要通过实践来验证标签对应的处理结果与预期大体相符。

第一,消费者画像的模型设计必须与最初的目标设定相符合,要适应特定的场景和行业。如,在游戏中,角色的性别和年龄可能并不代表消费者现实中的实际属性。

第二,用户画像的粒度要适中,就如市场细分一样,不是分得越细越好。模型设计的标签越多,覆盖的人群反而越少,表征能力越弱,不利于进行消费者洞察。

第三,要明确消费者的特征维度会随着时间和场景的变化而变化,是一个动态的信息数据,因此需要商家不断地更新,及时调整策略。

第四步　系统可视化

建立用户画像的最终目的是服务于数字化客户管理，为相关部门提供更好的决策依据，所以需要利用数据可视化工具，将群体或个人用户的消费者画像信息用一种清晰易懂的视觉化方式呈现给相关部门。

用户画像可以使用各类图来展现，常用的表示类属的有饼图、堆叠横条图、矩形树图、马赛克图、旭日图等；表示时序数据的有条形图、折线图、散点图、点线图、径向分布图等；表示空间数据的有位置图、箱线图、子弹图等。除了一些具体的图外，还可以将数据更加形象化表示，如淘宝近几年都会发布的消费者年度淘宝账单等。

（二）目标客户洞察

对企业而言，做好目标客户洞察是非常重要的，能够赋予品牌更多的价值，也有利于各个方面工作的开展。通过 MAN 法则识别目标客户是进行目标客户洞察的第一步，是开发潜在目标客户、培养忠诚客户的前提。

MAN 法则认为作为顾客的人（Man）是由金钱（Money）、权力（Authority）和需要（Need）这三个要素构成的。企业在进行目标客户洞察时，通常需要对企业和产品本身进行通盘考虑，结合具体情况采取不同的对策。只满足"用得着"或"买得起"条件的客户并不能构成目标客户，同时具备"用得着"、"买得起"和"说了算"条件的客户才是企业真正的目标客户。因此，企业在选择目标客户时，必须遵循一定的条件，即 MAN 法则。

第一步　目标客户识别

以校内生产性实训基地销售的休闲食品为例，结合上述建立客户画像的知识，根据 MAN 法则，识别该类产品的目标人群。

表 5-1　目标人群识别

类别	休闲食品
对产品具有购买能力的人	
对产品具有购买决策权的人	
对产品具有购买需求的人	

第二步 客户资源分析

请进一步对每位客户进行购买能力、购买决策权和购买需求等的分析,并将信息填写在下列表格内。

表5-2 客户资源分析

客户资源	购买能力	购买决策权	购买需求
客户A			
客户B			
客户C			
……			

第三步 不同类别的客户数量及典型特征

接下来,根据不同类别的客户,描述客户的典型特征,并统计客户数量。

表5-3 不同类别的客户数量及典型特征

序号	购买能力	典型特征	客户数量
1	理想目标客户		
2	无购买需求的客户		
3	无购买决策权的客户		
4	无购买能力的客户		
5	无购买能力和购买决策权的客户		
6	无购买决策权和购买需求的客户		
7	无购买能力和购买需求的客户		
8	非客户		

(三)形成数字化客户识别报告

完成上述对校内生产性实训基地开展的数字化客户画像分析,洞察客户行为倾向

和价值增长潜力,对门店数字化客户进行管理分群,最后形成校内生产性实训基地数字化客户识别报告。

🔍 知识拓展

(一)数字化客户管理概述

1. 数字化客户管理的含义

数字经济时代,随着 5G、物联网、大数据、云计算、区块链等技术的应用,企业由原来单纯以产品为中心,发展到产品本身和产品服务并重,客户服务成为企业运营的生命线。数字经济时代呼唤客户数字化服务转型,重塑数字化服务新体系。数字化服务呈现在线化、平台化、智慧化、透明化等特点。数字化服务转型策略为:服务意识的数字化转型,由被动服务向合作共赢的服务生态转变;服务能力的数字化转型,由传统后置服务向个性化智慧服务转变;服务体验的数字化转型,由结果管理向全程体验管理转变;服务价值的数字化转型,由单纯服务向创造价值服务转变。

数字经济时代,客户、技术和服务都在发生变化,企业必须将客户置于战略决策的焦点,转变业务体系,应用系统化的措施落实客户管理,才能在争取客户的竞争中获得优势。

数字化客户管理一般是指企业通过现代信息技术收集客户信息,对客户进行数据分析从而把握客户的属性特征和行为偏好,输出用户画像,实现企业对客户的针对性服务和提供产品,提升客户消费体验,从而培养客户的忠诚度,实现客户价值最大化和企业收益最大化的客户管理方式。

随着数字化技术和移动互联网应用的发展,数字化客户管理以移动互联、大数据与云计算为基础,数据成为最具价值潜力的资源,客户管理也成为企业和组织参与客户竞争、提升核心竞争力的重心。

数字化客户管理是从过去"以资源为中心,以流程驱动"升级为"以客户为中心,以数据驱动"。以客户为中心的管理,主要体现在围绕客户全旅程和全生命周期经营,将客户的利益放在首位,聚焦目标客户,向客户提供一体化服务,提升客户服务体验;以数据驱动,则体现在经营过程中,通过数据技术、智能连接和计算能力等数字化转型的三个技术驱动力,对客户精准洞察和全旅程经营分析,提升客户服务和营销效率。

数字化客户管理与传统客户管理的根本区别,就在于企业从以前的半闭环运营模式升级为围绕客户全生命周期的全闭环经营模式,从过去的"以资源为中心,以流程驱动"到"以客户为中心,以数据驱动"的转变。这是社会经济发展的结果,也是企业在数字化转型之路上必经的一环。

以地产为例,围绕"营销获客—跟客转化—认购签约—验房收楼—磨合入住—业主服务—多经转化—多元业态引流"客户全旅程展开经营,以数据驱动来提升客户旅程中各节点的转化效率和客户满意度。

2. 数字化客户管理的特征

(1) 消费者彼此相互连接

数字化的用户实时在线,通过社交网络连接在一起,更加主动地选择与商家的连接和交互方式。

(2) 非线性的数字化决策

数字化用户的决策过程发生了变化,不再是线性决策。理解数字化决策模式才能更好地实现客户转化。

(3) 不断增长的体验期望

数字化用户更加注重体验,用户之间的相互连接使得用户通过社交媒体发出的声音变得更具影响力。

(4) 信任成为忠诚的基础

数字化用户不再轻易地保持忠诚,他们希望更富情感的关系互动,赢得信任的过程需要更具策略性。

(5) 经营客户的长期价值

数字化用户的价值更加容易测量,企业需要建立更加完善的策略来赢得用户的长期价值。

3. 数字化客户管理常用渠道

(1) 常用的交流工具

网络社区、微信、App、电子邮件、在线表单、即时信息、企业的服务中心。

(2) 常用的网上支付工具

目前网上支付工具越来越多,常见的网上支付工具包括电子钱包、网络银行、第三方支付、移动支付等。

(3) 常见的网上管理工具

很多交易平台提供管理工具,企业可以方便轻松地利用它们批量上传商品、下载商品资料来做修改和备份。如微信公众号、微信服务号、淘宝助理、易趣助理、拍拍助理、有啊店铺助手等都是平台提供的管理工具,因此在内部接口上有着不可比拟的优势,不管是上传还是下载商品,速度和准确率都是外部管理工具难以企及的。

（二）数字化客户画像建立

1. 客户画像的含义

用户画像的概念最早由"交互设计之父"艾兰·库伯提出，是建立在一系列属性数据之上的目标用户模型。用户画像一般是产品设计、运营人员从用户群体中抽象出来的典型用户，本质上是一个用以描述用户需求的工具。也即是根据消费者的社会属性、消费行为和生活习惯的差异制定标签规则，形成一套便于机器做标签提取、聚合等分析，将消费者区分为不同类型，抽象形成一个消费者的模型。而数字营销时代的用户画像更多是根据用户人口学特征、网络浏览内容、网络社交活动和消费行为等信息进行抽象描画。消费者留在网络和各类服务器上的行为数据和数据库里的大量数据被分析和挖掘出来，最终被贴上一系列的"标签"，而"标签"是能表示用户某一维度特征的标识，主要用于企业业务的运营和数据分析。

2. 客户画像的作用

（1）精准营销

用户画像可以为精准营销提供坚实的信息基础。通过实时收集消费者的行为数据，完善消费者的用户画像，可将用户群体切分成更细的粒度，实现精准化的广告或服务信息推送。同时也可以通过实时收集消费者的反馈信息，及时调整营销计划，指导企业做出更精准的营销策略。

（2）指导研发

用户画像可以指导企业进行产品研发和用户体验优化。用户画像将消费者进行更细致的划分，并针对细分目标的市场需求，开发设计合适的产品，并进行有效定位。同时根据用户画像的分析，评估目标消费群体的喜好、功能需求等，进一步优化消费和服务体验。

（3）数据应用

用户画像是企业收集得到的数据仓库，这些数据与企业的各类数据库打通，进一步成为其他业务拓展的基础。如根据用户画像收集的消费者的性别、年龄、学历、兴趣偏好等数据成为系统推送和投放广告的数据基础。

3. 客户画像的内容

源于数字营销和大数据的用户画像其实是市场细分的升级版，强调的是对用户进行高度精炼的特征标识。而技术的发展使得通过数字渠道对用户的个体性追踪成为可能，与用户相关的各类数据更多地被商家收集。根据企业的类型或行业不同，用户画像需要收集的数据也会有所不同，但人口属性和行为特征是大部分公司做用户画像时会包含的。

用户画像需要的海量数据大体分为静态信息数据和动态信息数据。

静态信息数据是指用户相对稳定的信息,主要包括人口属性、商业属性等表面信息。其中人口属性主要指用户的年龄、性别、昵称、所在的省份和城市、教育程度、婚姻情况、生育情况、工作所在的行业和职业等。商业属性主要指消费等级、消费周期等。

动态信息数据是指用户不断变化的行为数据,主要指用户通过数字渠道留下的行为数据。如用户打开哪个网页,查看哪个产品,购买哪个产品,是否分享了相关的产品,是否留下了相关的评价,等等。对商家来说,还必须从两个角度关注和分析动态信息数据:一个是关注行为类型,如浏览、点赞、评论、回复、社交互动、购买决策等;另一个是关注接触点,如消费者选择了哪个购物平台,购买决策具体发生在哪个网页等。

(三)数字化客户行为洞察

目标客户洞察是数字化客户管理中的一个核心要素,深刻的目标客户洞察就像灯塔,指引企业在开放无边界的数字信息海洋中找到正确的方向,从而制定适合的数字化客户管理策略。

1. 目标客户洞察的含义

目标客户指企业提供产品和服务的对象。随着经济的发展和市场的日益成熟,市场的划分越来越细,以至于每项服务都要面对不同的需求。企业应当根据每一项产品和服务选择不同的目标客户,只有确定了消费群体中的某类目标客户,才能有针对性地开展营销活动并获得成效。

目标客户并不完全等同于潜在客户。潜在客户是指对某类产品(或服务)存在需求且具备购买能力的待开发客户。这类客户与企业存在着销售合作机会,经过企业及销售人员的努力,可以把潜在客户转变为现实客户。目标客户则是企业主动寻找定位的尚未有购买行动的客户,与潜在客户的定义方式不同。潜在客户和目标客户可以完全重叠或部分重叠。

基于此,目标客户洞察可以理解为对目标客户的持续、深入理解,涉及目标客户认知洞察、目标客户行为洞察、目标客户需求洞察以及目标客户感知洞察四个方面。

2. 目标客户洞察的内容

在目标客户洞察过程中,虽然企业收集的信息会因客户不同而各具差异,但基本上以客户的"认知""行为""需求""感知"这四个内容维度为主。其中,客户需求洞察是核心。

(1)目标客户认知洞察

目标客户洞察的第一个内容维度是"认知"。认知洞察主要包括了解客户对企业品牌(品类)以及与企业品牌相近的其他品牌(品类)的认知。只有掌握客户的认知情况,才能有效改进，并提高企业品牌的价值。

除了既有品牌，对计划推出的品牌也应该进行目标客户认知洞察，了解他们对于企业的需求和想要创造的价值有关联的其他品牌（品类）的认知。另外，在进行目标客户认知洞察时，不能局限于客户对产品功能的认知，还要特别注意他们对品牌（品类）的各种"感觉"。除了关注目标客户的正面认知，其负面认知也需要高度关注。

（2）目标客户行为洞察

目标客户洞察的第二个内容维度是"行为"。研究客户行为的基本逻辑在于，人们对品牌的认知和需求总是会如实地反映在他们的行为当中。根据"5W1H"分析法，从由谁购买（Who）、购买什么（What）、为何购买（Why）、何时购买（When）、何处购买（Where）、如何购买（How）等方面洞察目标客户行为。

①由谁购买（Who）。"由谁购买"是对目标客户自身进行研究。目标客户包括在购买行为中起不同作用的五种角色：发起者（首先提议去购买某产品的人）、影响者（对最终购买商品有直接或间接影响的人）、决策者（最后决定购买意向的人）、购买者（实际购买商品的人）和使用者（实际使用商品的人）。

一般情况下，决策者的地位最重要，购买者对所需购买的商品有临场决定的权力。

②购买什么（What）。"购买什么"是对目标客户购买对象进行研究。企业可以通过市场调查研究目标客户的需求，提供在质量、性能、款式、价格等方面能满足客户需要的产品。

③为何购买（Why）。"为何购买"是针对目标客户购买动机进行研究。购买动机是直接驱使客户实施某种购买活动的内部动力。没有动机的购买行为是不存在的。因此，企业通过对目标客户的调研准确把握目标客户的购买动机，是企业制定营销策略的重要依据。

④何时购买（when）。"何时购买"是对目标客户购买时间进行研究。目标客户的购买行为在时间上往往表现出一定的规律。例如，节假日往往是日常消费品的购买高峰期。企业准确把握目标客户购买的时间规律，有利于在合适的时间集中力量开展促销工作，以达到最佳的效果。

⑤何处购买（Where）。"何处购买"是对目标客户购买地点进行研究。对于生活便利品，目标客户通常会选择网购或就近购买；对于价值较高的商品，目标客户一般会选择到大型商店或权威平台购买。企业应该根据目标客户的购买特征，合理布置销售网点并设置销售渠道，方便目标客户购买。

⑥如何购买（How）。"如何购买"是对目标客户购买方式和支付方式进行研究。购买方式包括现场购买、网上购买等；支付方式包括全款支付、分期付款等。企业应该根据目标客户的特点，提供灵活多样的购买、支付方式。

（3）目标客户需求洞察

目标客户洞察的第三个内容维度是"需求"，这是整个洞察活动的核心。

①目标客户需求洞察内容。

需求类别识别。客户需求从类别上可以分为对产品的需求和对服务的需求。客户对产品的需求有很多种，基本与最终产品的"有用性"和"有效性"相关。目标客户需求洞察可以使企业客观、具体地描述出客户对产品的需求。

需求目的识别。按客户购买目的的不同，客户需求可以分为生产性需求和生活性需求。生产性需求是为满足生产活动的需要而产生的需求，如企业对生产厂房、机器设备、原材料等的需求；生活性需求是为满足个人或家庭生活的各种需要而产生的需求，如人们对衣食住行等物质产品的需求。

需求实质识别。需求可分为物质需求和精神需求。物质需求是人们对物质生活用品的需求，如对电视、冰箱等家电的需求；精神需求是人们对心理和精神活动的需求，如对音乐、游戏等娱乐活动的需求。

需求层次识别。按需求层次划分，客户需求可分为现实需求和潜在需求。现实需求是客户目前具有明确消费意识和足够支付能力的需求。潜在需求是客户虽然有明确的欲望，但由于购买力不足或对产品（服务）不熟悉等原因还没有明确显示出来的需求，如人们对新能源汽车的需求。一旦条件成熟，这种潜在需求就有可能转化为现实需求。

需求属性识别。按需求属性划分，客户需求可分为功能需求、体验需求、审美需求、社会需求等。功能需求是指一个产品可以帮助客户实现其认为必要的或想要的愿望，功能需求与产品性能直接相关；体验需求是客户在拥有、使用或消费一个产品时所体验到的心理感受，体验需求会驱动客户购买产品。

②目标客户需求洞察方法。

体验中心法。设立体验中心是洞察目标客户需求的有效方法，可以全方位展示品牌价值，通过客户体验来说明产品的功能或性能并获取客户反馈。对一些高科技产品、时尚类产品而言，很适合采用这种方法。

深度访谈法。这种方法是指专业访谈人员和被调查者之间针对某一主题进行一对一的谈话。深度访谈法可用于采集被调查者对企业产品或服务的看法，如了解客户如何做出购买决策，产品或服务如何被使用，以及客户需求个人倾向，等等。

竞争对手研究法。竞争迫使企业不断寻找新的、更有效的方法来使企业得到长久的发展。通过研究竞争对手的产品或服务，企业可以了解客户的基本需求，推动对目标客户需求的识别。

数据挖掘法。企业利用数据挖掘技术可以找出大数据背后隐藏的规则和模式，从而预测未来发展趋势。基于人工智能、机器学习、智能统计等前沿技术的数据挖掘方

法，可以高度自动化地分析目标客户的需求信息，从中挖掘目标客户的需求模式，预测目标客户的需求趋势，帮助企业决策者调整市场策略，减少经营风险。

（4）目标客户感知洞察

目标客户洞察的第四个内容维度是"感知"。目标客户感知洞察是从外在的角度关注内容表达方式、信息表现形式和传播沟通策略，更有效地激发需求、构建认知，是主要服务于传播、处于相对从属地位的洞效维度。目标客户感知洞察一方面可以尽可能地收集、了解客户的心智规律与认知机制，另一方面可以了解什么样的核心信息与创意最能打动消费者，通过科学的方式获取目标客户的心理诉求，挖掘打动目标客户的"痛点"，以此确定品牌的定位和创意信息的呈现方式。此外，目标客户如何向身边的人推荐和表达自身的感受，在目标客户感知洞察中也非常重要。

除了上述内容外，目标客户感知洞察还可以分析客户会对哪些信息渠道、信息介质、沟通方式更"易感"的问题。随着网络媒体的发展，目标客户获取信息的渠道越来越多，信息获取越来越便捷，关注目标客户从哪些渠道获取信息有助于对目标客户施行全面的洞察。

3. 目标客户洞察的方法

（1）MAN 法则

企业在洞察目标客户时必须遵循一定的条件，即 MAN 法则。MAN 法则认为作为客户的人（Man）是由购买能力（Money）、购买决策权（Authority）及购买需求（Need）三个要素构成的。

①购买能力。企业客户管理人员要寻找的目标客户必须具有一定的购买能力，即该目标客户是否有购买资金，是否具有消费此产品或服务的经济能力。

②购买决策权。目标客户是否具有购买决策权，即其是否有决定购买的权利。在企业营销过程中，能否准确地了解真正的购买决策人是营销能否成功的关键。

③购买需求。一方面，购买需求是指存在于人们内心的对某种目标的渴求或欲望，它由内在的或外在的、精神的或物质的刺激引发。另一方面，购买需求具有层次性、复杂性、无限性、多样性和动态性等特点，它能够反复地激发客户每一次的购买决策，而且具有接受信息和重组客户需求结构并修正下一次购买决策的功能。

根据 MAN 法则，只有同时具备购买能力、购买决策权和购买需求这三个要素的客户才是合格的目标客户。MAN 法则应用矩阵如表 5-4 所示。在实际操作中，企业洞察目标客户应根据具体情况采取不同的策略。

表 5-4 MAN 法则应用矩阵

要素	购买能力	购买决策权	购买需求
状态	M(有)	A(有)	N(有)
	m(无)	a(无)	n(无)

在表 5-1 中,M+A+N 代表标准目标客户,是企业理想的客户管理对象;对于 M+A+n 所代表的客户类别,应进行客户跟踪,一旦客户有需求,就要及时进行营销;对于 M+a+N 所代表的客户类别,应与客户深入沟通,设法找到具有购买决定权的人;对于 m+A+N 所代表的客户类别,应与客户深入沟通,调查客户企业状况,可以根据信用条件给予其消费融资;对于 m+a+N、M+a+n 和 m+A+n 所代表的客户类别,应进行客户跟踪,长期观察、培养,直至其具备其他条件;m+a+n 代表非客户人群,对其可采取放弃策略。

(2) 客户生命周期价值模型

客户生命周期价值(Customer Lifetime Value,CLV)是用来衡量一个客户在一段时间内对企业有多大贡献的价值尺度,也称为终身价值(Lifetime Value,LTV)。影响客户生命周期价值的因素主要有客户生命周期、客户平均每次消费金额和客户平均消费周期,据此可以建立客户生命周期价值模型:

$$CLV = -s/t \cdot T$$

客户生命周期价值=客户价值×平均客户生命周期

客户价值=平均购买价值×平均购买次数

上式中,CLV 为从核定期开始计算的客户生命周期价值,T 为从核定期开始计算的客户生命周期长度,s 为根据客户消费数据计算的客户平均每次消费金额,t 为根据客户消费数据计算的客户平均消费周期。

这种目标客户洞察方法适合易于收集客户数据的行业,如零售业。零售业通常都会使用会员卡,以便记录客户的消费信息,挖掘客户消费偏好,并对客户进行营销,如邮寄产品册、积分奖励、消费折扣等。

了解客户终身价值模型后,可以通过以下策略,提高客户终身价值。

① 优化企业客户管理的引导流程。

客户引导是企业的受众决定成为客户后与企业品牌进行的第一次互动,这也是企业必须给客户留下深刻印象的第一次机会。

因此,企业如果不想在刚开始就失去客户的话,就需要优化客户管理的引导流程,让客户快速熟悉企业的产品和服务。如果做得好,引导培训会激励客户一次又一次地

关注企业产品,从而增加他们的终身价值。

客户引导的最佳实践包括:使其快速而直接,使用演示或教程视频。

②谨慎承诺,但超额交付。

企业可以通过超额兑现品牌承诺来增加客户终身价值。许多客户经常会遇到一些喜欢做出过于夸大的声明的企业,因此当客户遇到一个能够超额兑现其承诺的企业时会觉得惊喜。

③增加客户的平均订单价值。

提高客户终身价值最明智的方法之一是增加平均订单价值。当客户即将结账时,工作人员可以向他们提供相关的补充产品、推荐产品。

④与客户互动并建立关系。

客户在产品或服务上花钱是因为他们要满足需求。为了提高客户终身价值并降低客户流失率,企业需要超越客户试图满足的即时需求,因此,企业需要与客户互动并建立关系。建立关系的标准做法包括社交聆听、举办活动、接受并实施客户反馈、发送奖励和礼物等,以提高客户忠诚度和重复购买率。

⑤改善企业的客户服务。

客户服务是客户在选择企业时考虑的重要因素之一,因此,如果企业想提高客户终身价值,应该关注客户服务并寻找使其卓越的方法。企业可以通过为现有客户提供个性化服务、全渠道客户支持以及适当的退货或退款政策来改善客户服务。

（四）数字化客户管理分群策略

有效的数字化客户管理分群策略往往从管理客户的组合开始。虽然客户行为信息的数据化从理论上为实现一对一客户分析提供了可能,但是在大多数情况下,基于客户分析的一对一营销仍是不切实际的想法,管理客户的组合是更可行的选择。客户分群通常从代表客户属性的数据标签分析开始,对具有相同特性的客户进行组合和归类,针对同一客户分群采取相近的营销或服务策略。

在客户营销应用上,常用的客户管理分群策略包括人口属性分群、交易历史分群、生命周期分群、内容互动分群、行为特征分群、客户个性分群等。

1. 人口属性分群

基于人口属性特征的分群是应用最普遍的客户分群方法。对于大多数产品型企业来说,产品的型号和服务的类型是有限的,这意味着可用的营销策略也是有限的,只需要将有限的产品和服务与目标客户群按照一定的策略规则进行适当的匹配,就能显著改善产品的营销效率。

人口属性分群主要依据的变量有性别、年龄、职业、地理区域、支付能力、教育水平等。

对于面向消费者的产品营销来说,基本的人口属性分群常常能够起到很好的效果。例如,一个定位于年轻女性使用的中档美妆产品,只要能够相对准确地定位城市中的年轻白领女性群体,应用符合这类客户群偏好的媒体,选择适合的营销沟通媒介,就能够在确保预期销售转化的情况下,在产品营销上节省可观的推广费用。

2. 交易历史分群

企业通常能够连续记录客户的交易并保存完整的历史交易信息,对这些信息的汇总和分析能够获得相对完整的客户交易价值和连续的客户交易行为洞察。

交易历史分群主要依据的变量有购买频率、购买周期、平均订单金额、产品偏好、钱包份额、交易渠道、线下与在线偏好等。

对用户的产品交易和服务交互的历史记录进行洞察,将目标客户按交易行为习惯进行分群,能够获得对目标客户的历史贡献、购买行为特征和渠道互动偏好的理解,有助于策划个性化的目标产品推荐。

例如,从系统中挑选出具有周期性购买行为的客户,主动邀请他们加入专门设计的忠诚会员计划,向他们提供普通消费者不能享受的特殊权益,提升高贡献客户群的体验和价值感知,促进他们持续贡献,提高这些客户群的忠诚度。

3. 生命周期分群

生命周期是最常用、最有效的客户管理工具之一。生命周期分群就是识别目标客户在生命周期中的位置和状态,从而结合生命周期不同阶段的需求策划针对性的产品和服务,最大化客户生命周期的价值贡献。

生命周期分群通常将客户划分为六种类型:潜在客户、新购买者、重复购买者、忠诚的客户、将要流失的客户和已经流失的客户。

生命周期分群用于指导客户导向的管理策略和营销行动,向不同生命周期阶段的客户提供差异化的互动策略,优化现有忠诚客户的营销绩效,重新激活有流失倾向的客户,以及赢回已经流失的客户。

4. 内容互动分群

内容是数字化环境下最重要的产物之一,网络上不断创造出富有价值的数字化内容,这些形式多样的内容吸引着不同类型的客户群体。

内容互动分群考虑的主要因素有内容互动类型、内容标题偏好、内容风格偏好、内容频率偏好、内容类型偏好、内容分享偏好等。

企业通过分析企业的客户与不同类型内容之间的互动特征和群体差异,理解哪些内容对客户的吸引力最大,理解客户的内容偏好并洞察客户的内容交互特征,用于指导设计客户互动的内容发布和营销传播策略,以实现更高的内容响应率和营销转化率。

5. 行为特征分群

基于客户行为特征进行分群是最有效的客户分群方法之一。在数字化营销环境下，连续记录用户的行为成为可能，这也使得客户行为特征分群成为越来越重要的应用方法。

以在线购物的客户为例，可以用于行为分群的因素有放弃的购物车、购买商品组合、在线参与度、渠道选择偏好、设备使用偏好、电子邮件阅读率、社交互动参与度、促销活动参与度等。

企业通过分析在线购物消费者的购买行为偏好、渠道接触行为和社交互动行为对消费者进行分群，从而获得有助于进一步优化营销策略和销售绩效的客户洞察。

6. 客户个性分群

通过对用户消费的内容、产品和服务的相关性进行分析，能够洞察目标客户的个性特征，应用这些个性特征有助于准确定位潜在目标客户，从而策划高转化率的营销活动。

例如，企业可以将零售消费者划分为节俭型顾客、砍价高手、大宗买家、宣传者、卓越的顾客、高互动的不经常购物者等。

需要注意的是，客户的个性特征在不同的行业或不同类型的产品之间差异很大，一个日常生活消费上的节俭型购物者在证券投资行为上表现得非常激进的情况并不少见。

（五）个人信息安全及隐私保护

5-1-4 课件：个人信息安全及隐私保护

5-1-5 微课视频：个人信息安全及隐私保护

个人信息是可以识别特定自然人的相关信息，包括以任何方式记录的姓名、出生日期、身份证件号码、个人生物识别信息、职业、住址、电话号码、电子邮件地址、照片、个人账号、医疗信息等，以及其他单独或与其他信息关联能够识别自然人身份的信息。在实践中，最大化利用数据和有效保护用户隐私之间往往存在一个需要平衡的矛盾。一方面，企业希望加强与新兴数字消费族群的互动，需要从数据中了解用户的偏好，在业务运作中有效应用这些洞察来改进服务和体验；另一方面，企业要想与用户建立更长久的关系，不仅需要迎合和尊重用户的偏好，还需要合法处理和保护用户的隐私。

1. 个人数据信息安全

在互联网时代，人们会因为各种社会生活需要在网络上留下个人信息和行为轨迹，无论是就医、求学、求职、购车、购房、购买保险、支付交易还是办理会员卡，都有可能留下各种个人信息。互联网服务发展的同时也带来了数据收集和使用的泛滥，这些个人信息如果没有得到适当的处理和有效的保护，就可能导致泄露或恶意使用。个人数据信息安全已经成为不得不重视的敏感问题。

国内外发生过多起社会影响极大的大规模个人信息泄露事件。在这些事件中，网络通信、医疗保险、银行资料、教育信息等商业信息泄露带来的潜在威胁最大。

2016年9月，雅虎宣称至少5亿用户账户信息在2014年底被黑客盗取，泄露的信息包括用户姓名、电子邮件地址、电话号码、出生日期等常规信息，甚至包括安全问题的答案和一些个人专门设立的毫无规律可循的二次加密密码。

2016年3月，美国通信运营商威瑞森（Verizon）宣布他们成为数据泄露的受害者，黑客收集到大约150万企业客户的信息，包括联系信息。

2015年10月，美国移动电话服务公司T—Mobile发出通告说，为公司处理信用申请业务的益博睿（Experian）公司因遭受黑客入侵，导致1500万用户的个人信息泄露，包括姓名、出生日期、地址、社会安全号、身份证件号码以及用户用于信用评估的申请资料等附加信息。

2. 关于数据安全的保护

大规模的信息泄露事件频发加剧了人们对于个人信息安全的担忧。泄露的信息主要被用于盗取身份信息、财务资料、数字账号和保密数据。越来越多的机构、学者和法律人士呼吁尽快制定和颁布相关的个人信息保护法，对公民个人信息的采集、处理、使用、安全和隐私保护问题做出详细规定。

欧盟在网络信息安全体系建设上有许多实践，在立法、战略和实践上都建立了完善的监管要求。欧盟颁布了《数据保留指令》，要求电信公司将欧盟公民的通信数据保留6个月到2年。但2014年4月8日，欧洲法院裁定《数据保留指令》无效，理由是该项指令允许电信公司对使用者的日常生活习惯进行跟踪，侵犯了公民人权。

日本于2014年11月6日通过了《网络安全基本法》，规定电力、金融等重要社会基础设施运营商、网络相关企业、地方自治体等有义务配合网络安全相关举措或提供相关情报。

新加坡于2012年10月通过了《个人信息保护法》，保护个人信息不被盗用或滥用于市场营销等途径。该法案规定，机构或个人在收集、使用或披露个人资料时必须征得同意，必须为个人提供可以接触或修改其信息的渠道。手机软件等应用服务平台也属于该法案的管控范围，法案规定禁止向个人发送市场推广类短信，用网络发送信息的软件也同样受到该法案的管制。

数据的所有权是数据信息安全立法的一个关键问题。一个相对公认的原则是：用户使用服务产生的数据虽然存储在厂商的服务器上，但是个人应当具有管理自己数据的权利。这一原则虽然仍存在一定争议，但是以保护用户利益为基础出发点的原则正是数据安全立法时考虑的重要因素。

3. 个人数据隐私管理的基本原则

在数字化时代，如果个人信息安全得不到有效保障，用户就不敢选择企业的产品和服务，也不会再信任企业。企业在符合道德规范和法律约束的情况下，需要遵循信息安全管理的规范和原则，仅仅收集有限、必要的信息。数据隐私管理需遵循的十项基本原则如下。

（1）数据质量原则。明确数据质量的相关性、准确性，并包含最新的信息。

（2）用户知情原则。有限、合法和公平地收集信息，事先征得用户同意或让用户知晓。

（3）特定目标原则。收集信息时要有明确、特定的目的，遵循平等交换的准则。

（4）主体参与原则。收集信息时要告知用户其权利和收集目的，让个人享有选择权。

（5）有限披露原则。数据使用和披露仅限于特定或相关的目的，并公开明确承诺。

（6）合理防护原则。采用有效的信息安全防护技术和机制，防止信息泄露和篡改。

（7）开放实践原则。开放有关个人数据管理的实践，总是应用最新的有效实践。

（8）用户授权原则。个人有查看用户信息的权利，并且只有在获得用户授权的情况下才可以使用用户的相关信息。

（9）用户更改原则。个人保留对信息进行更改和删除的权利。

（10）安全责任原则。承担起与信息收集任务相符的数据安全和传输管控的责任。

4. 个人数据隐私的自我保护

对当前网络环境的信息安全感到担忧的人越来越多，普通消费者既不了解专业的数据安全法规和复杂的数据管理规则，又难以掌握数据保护的基本技能，可以尝试以下几个小技巧。

（1）将个人信息资料与互联网络进行隔离。

（2）不要轻易在网络上留下任何个人信息。

（3）在网络上选择值得信任的企业或商户。

（4）在输入或传输重要信息时使用加密技术。

（5）使用最新的信息安全技术保护隐私信息。

（6）仅下载和安装值得信任的组织提供的应用。

（7）不要轻信网络广告，不打开不值得信任的链接。

总之，在数字化时代，不断丰富的信息在为社会和商业赋能的同时，个人信息隐私保护也越来越重要。

子项目二 **数字化客户开发**

学习目标

1. 了解常用数字化客户服务沟通平台
2. 掌握淘宝客户服务平台操作
3. 掌握京东客户服务平台操作
4. 掌握微信客户服务平台操作
5. 掌握微信小程序平台操作
6. 了解直播平台抖音 App 操作
7. 熟悉数字化客户开发策略
8. 掌握企业流量增长方法

工作任务

了解了数字化客户管理的含义及相关内容后,下一步就是认识并掌握常用数字化客户服务沟通平台。要完成该任务必须先了解各个工作平台所使用的工具,然后根据数字化客服工作内容,明确各个工作平台的工作方式。目前常用的数字化客户服务沟通平台包括淘宝客户服务平台、京东客户服务平台、微信公众号客户服务平台、微信小程序、抖音等。

请以本校的校内外实训基地为载体,基于校外合作企业的实际情况,帮助企业选择并搭建良好的数字化客户服务沟通平台,从而能更好拓展与维护企业客户,提升企业竞争力。

⊞ 任务解析

(一)淘宝客户服务工作平台——千牛工作台

千牛工作台(卖家版)是天猫、淘宝等网络客户服务中最常用的工作平台。要想利用千牛平台与客户进行良好交流,必须对千牛工作台的下载、设置和使用有所了解和掌握。

第一步 **千牛工作台下载安装**

1. 千牛工作台下载

千牛工作台可以通过淘宝网官方网站,百度等搜索引擎,360 卫士、电脑管家等软

5-2-1 课件:淘宝客户服务平台操作

5-2-2 微课视频:淘宝客户服务平台操作

件商店进行下载。打开网址 https://qianniu.1688.com 即可看到千牛工作台下载页面。*

2. 千牛工作台安装

千牛工作台包括手机版和 PC 版，下载成功后，安装也非常简单，安装成功后注册/登录淘宝账号即可。

---

* 该子项目下所有图片均为实际操作截屏图片，文字与图片对应良好，故不再标上图号。特此说明。

第二步　千牛工作台设置

1. 登录后工作台模式

2. 千牛工作台设置

千牛工作台常用设置包括订阅各种常用消息、常用的插件工具等。

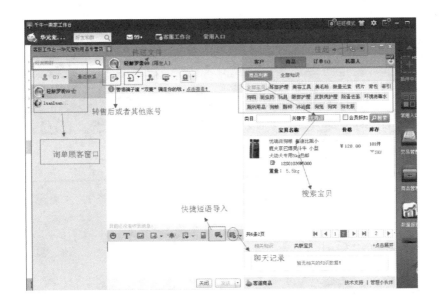

3. 操作界面

4. 订阅各种常用消息

点击千牛的"主菜单"—"消息"—"消息订阅"，即可根据实际需要订阅各种消息，订阅后只要有消息更新，千牛会自动实时通知。

例如，要订阅"交易消息"：

第一步，点击千牛的"主菜单"—"消息"—"消息订阅"，打开消息中心的订阅设置。

第二步，查找"交易消息"，可以在搜索框直接输入"交易消息"进行查找，也可以拉动右侧的滚动条进行查找。

第三步，点击"交易消息"，打开交易消息设置选项，根据需要勾选后确定即可。

5. 熟悉常用的插件工具

为了实时掌握店铺的销售情况，做好销售服务工作，电商管理人员需设置客服子账号，并授权下一级客服人员使用千牛插件工具。

（1）客户、商品、订单的授权。

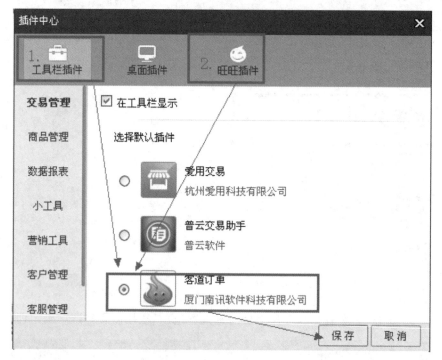

（2）桌面插件（在千牛工作台桌面展示）。

点击千牛的"主菜单"—"插件"—"添加模块"。

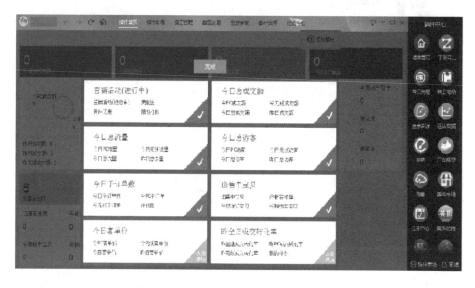

点击"今日总成交额"模块，可以自主勾选所需选项进行设置。

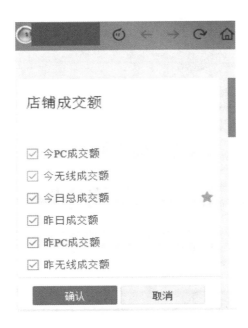

（3）工具栏插件（在千牛工作台右侧展示）。

第一步，点击千牛的"主菜单"—"插件"，打开插件首页，在"插件中心"找出"员工管理插件"进行订购。

第二步，点击"部门结构"—"新建员工"，填写员工基本信息后确认新建。

第三步，点击"角色权限"，设置或修改岗位权限。

第四步，点击"千牛权限"的修改权限。

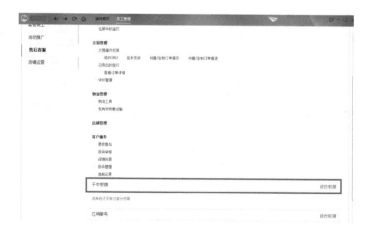

第五步，在"售后服务"的修改权限窗口，勾选相应的售后权限后点击保存，即可为子账号开通相应的千牛权限。

第六步，点击"安全设置"，找到授权客服的子账号后，点击"开启手机保护"，然后输入该客服的手机号码，开启手机保护。

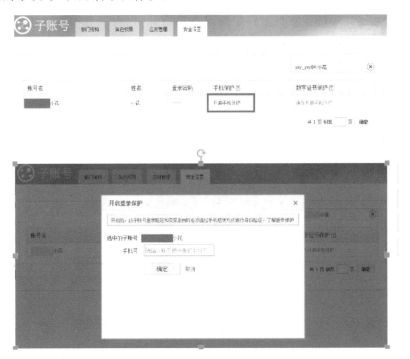

第七步，为了省去子账号登录时每次都要手机校验的麻烦，可以为子账号开通数字证书保护。点击"安全设置"找到客服的子账号后，点击"开启证书保护"，选择允许员工安装数字证书的电脑台数后确定，开启证书保护。

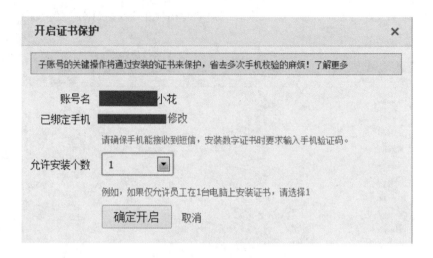

第三步　千牛工作台使用

　　为提高客户服务水平，电商客服人员每天都要通过店铺后台了解其所负责的店铺的各种情况，如统计等待买家付款订单情况并进行催付、对退款中订单进行处理、查看"评价管理"了解客户的反馈情况等，以便制定相应的客服策略，不断改进服务质量。

1. 已卖出的宝贝

　　登录店铺"卖家中心"—"交易管理"—"已卖出宝贝"。

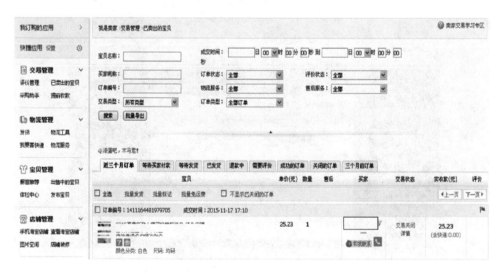

2．评价管理

登录店铺"卖家中心"—"交易管理"—"评价管理"。

5-2-3 实训题

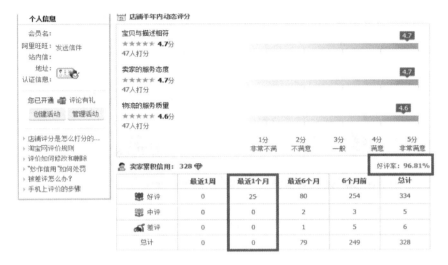

（二）京东客户服务工作平台——咚咚

除了淘宝，企业也可以在京东商城上开设网店，使用咚咚这一即时通信工具进行网络客户服务。它与千牛工作台功能相似，也是平时客服工作中需要经常使用的软件。

5-2-4 课件：京东客户服务平台操作

第一步　京东咚咚下载安装

1．京东咚咚下载

京东咚咚可以通过京东商城官方网站，百度、谷歌等搜索引擎，360卫士，电脑管家等软件商店进行下载。建议从官方网站下载。

5-2-5 微课视频：京东咚咚安装方法和使用技巧

2. 京东咚咚安装

下载完成后首先启动下载的安装包，点击自定义安装，一直点击下一步即可。

软件安装速度很快，等一会就好。

第二步　咚咚工作台数字证书安装

（1）打开链接 shop.jd.com 就可以进入后台。登录京东后，进入账户安全页面，点击数字证书后立即启用。

（2）如图所示，选择立即下载。

（3）接着再选择下载存储地址，点击立即下载。

（4）按照提示安装。

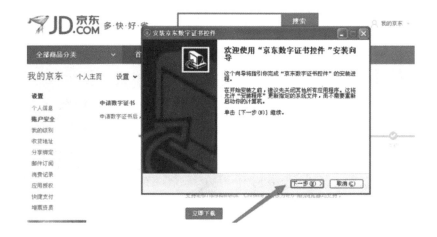

（5）安装完成，会提示刷新浏览器。点击确定后，刷新浏览器。

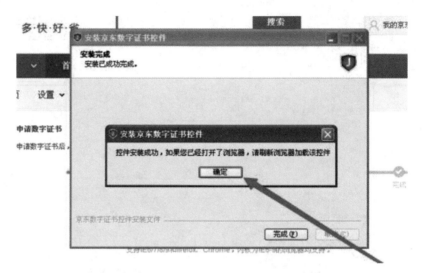

（6）选择电脑使用地点，获取并输入短信校验码，点击提交。

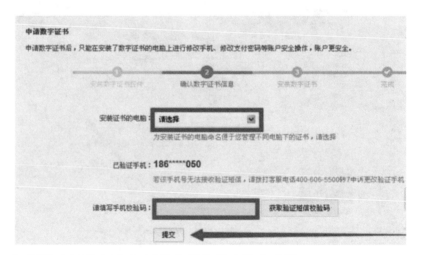

（7）出现"数字证书申请成功"的字样就是安装完成了。

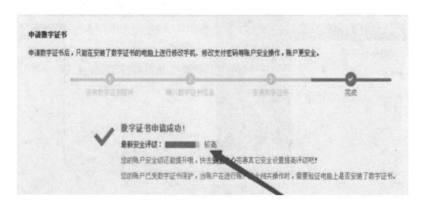

第三步 **咚咚工作台使用**

（1）打开咚咚操作台，输入自己的账号密码，登录即可，建议选择记住密码。安装并设置完成后的界面如下图所示。

（2）在主页中可以看到在联系人下面会有我的好友等分类，即可开始聊天。

5-2-6 实训题

（三）微信客户服务工作平台——微信公众号

微信公众号作为时下最热门的社交信息平台，也是移动端的一大入口，正在演变成为一大商业交易平台，其对营销行业带来的颠覆性变化已开始显现。

第一步 **微信公众平台下载注册**

5-2-7 课件：微信公众号客户服务操作

（1）百度搜索"微信公众平台"或直接输入官网地址 https://mp.weixin.qq.com下载。

5-2-8 微课视频：微信公众号平台进入操作

（2）根据步骤填写注册信息。

①公众号注册需要准备的材料。

个体户类型	企业类型	政府类型	媒体类型	其他组织类型	个人类型
个体户名称	企业名称	政府机构名称	媒体机构名称	组织机构名称	
营业执照注册号/统一信用代码	营业执照注册号/统一信用代码	组织机构代码	组织机构代码/统一信用代码	组织机构代码/统一信用代码	
运营者身份证姓名	运营者身份证姓名	运营者身份证姓名	运营者身份证姓名	运营者身份证姓名	运营者身份证姓名
运营者身份证号码	运营者身份证号码	运营者身份证号码	运营者身份证号码	运营者身份证号码	运营者身份证号码
运营者手机号码	运营者手机号码	运营者手机号码	运营者手机号码	运营者手机号码	运营者手机号码
已绑定运营者银行卡的微信号	已绑定运营者银行卡的微信号	已绑定运营者银行卡的微信号	已绑定运营者银行卡的微信号	已绑定运营者银行卡的微信号	已绑定运营者银行卡的微信号
	企业对公账户				

②点击右上角"立即注册"，开始注册一个新的账号。

5-2-9 微课视频:微信公众号客户服务操作

③第一次使用公众平台需要点击右上角的注册按钮注册新账户。

④输入自己的邮箱和密码，注册账号。

⑤登录自己的邮箱查看确认邮件，并点击链接激活账号。

⑥选择自己想要申请的账号类型。

⑦输入公众号主体的相关信息，用微信扫码确认公众号运营者身份。

（3）完成。输入公众号的具体信息，即账号名称、功能介绍和运营国家。点击"完成"按钮，微信公众号就注册好了。

注意：一个邮箱只能申请一个公众号，申请的时候一定要谨慎。

第二步 微信公众号设置

微信公众号的后台管理，主要分为三大模块：素材管理、消息管理、用户管理。

1. 微信公众号菜单设计

（1）菜单设计应遵循的原则：一是明确定位，"给谁看"；二是排版简洁，字斟句酌；三是简单明了"有什么，可以做什么"；四是一级菜单不超过 4 个汉字或 8 个字母，二级菜单不超过 8 个汉字或 16 个字母。下图是以某院校专业协会为例设置的菜单项。

（2）菜单设计中可以设置自动回复功能，如被关注回复、关键词回复、收到消息回复等。

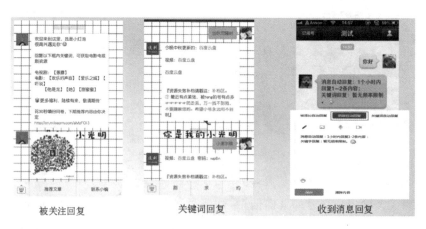

被关注回复　　　　　　关键词回复　　　　　　收到消息回复

（3）菜单设计中也可以根据需要添加功能插件。

（4）统计分析。数据统计功能可以查看用户增长、用户属性、图文转发、消息发送等多个维度的数据，其中用户属性、图文转发、消息发送三个维度的数据具备一定的参考价值。

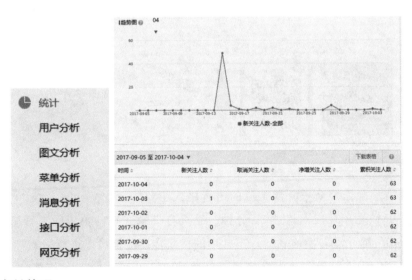

2. 素材管理

素材管理栏目包括图文消息、图片、语音、视频。

（1）图文消息。图文消息是可以把你需要发布给粉丝的相关信息进行编辑、排版的功能，可展现你的活动内容、相关商品信息等。

（2）图片。图片可以根据提示设置是否开启图文水印功能。同时，为有效管理图片，可以将图片进行"分组"。这个分组功能相当于电脑上"文件夹"的操作。通过图片分组，可以把同一篇推文的图片素材集中起来，便于日后查找。除了对图片进行分组管理外，一般还会把同一个分组里的图片名字进行处理。按照引用的顺序来命名图片，有助于在预览推文发现某张图片不合适或者比例有误的时候更加方便地在后台查找和替换图片，也有助于精准定位后期维护。

（3）语音。微信公众号后台支持的语音格式主要为 mp3、wma、wav、amr，文件大小不超过 30M，语音时长不超过 30 分钟。手机自带录音软件采用的录音格式主要为 aac、amr、3gpp，因此需转换格式。以下常用的格式转换器都可以进行格式转换。

格式工厂：大名鼎鼎的格式转换器，可以转换视频、语音、图片的格式。

魔影工厂：其他小编推荐的，可转换语音、图片的格式。

狸窝转换器：可转换音频、视频的格式，截取音视频片段。

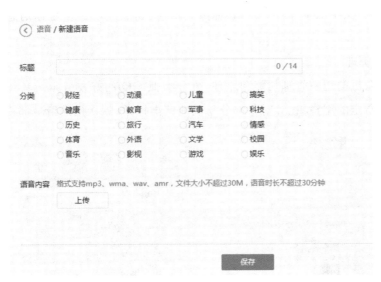

（4）视频。上传视频同样需要注意格式和大小。微信公众平台支持大多数主流的视频格式，直接上传的视频大小必须控制在 20M 以内，超过 20M 的视频可至腾讯视频上传后添加，也可通过添加视频详情页链接以及公众号文章链接插入视频，视频时长不少于 1 秒、不多于 10 小时。需要注意的是，在腾讯视频上传视频之后，需等待视频转码、审核与发布。一般情况下，腾讯视频的转码审核时间在半个小时左右，具体则根据视频长度、视频内容又有不同。只有当视频成功通过审核发布之后，才能在微信推文中正常显示并打开。

3. 消息管理

微信后台的消息管理，主要针对粉丝在微信公众号与后台运营团队进行交流和互动。粉丝在公众号发送文字、图片或者语音，运营者或者电商客服可以在后台查看并回复，对提升公众号的用户黏性有很大帮助。

一般来说，文字消息保存 5 天，其他类型消息只保存 3 天，但星标消息就可以永久保存了。

4. 用户管理

微信公众号的用户管理功能和原理，十分类似 QQ 的好友分组。其作用是将特定内容推送给指定的用户组、针对某部分粉丝的精准推送、默认推送给全部粉丝。

第三步　微信公众号使用

1. 微信公众号后台的编辑界面

进入编辑界面，经常用到的就是中间部分的文字输入、右侧的图片上传功能，以及下方的保存预览按钮。其中，预览功能在微信推文排版中起着举足轻重的作用。

（1）预览推文排版。在微信后台排版好的推文保存后可发送给已关注该公众号的微信用户预览。预览时,可以发现推文排版存在的各种问题,通常有这么几种:采用的微信模板变形,不能正常显示;错别字、有语病的段落和句子;图片显示不完全,甚至不能显示;段落文字没有对齐;文字过多过密;等等。因此,通过阅读推文的预览版,就能在后台针对上述存在的问题进行进一步的修改,以便给客户提供更优质的内容和观感体验。

（2）传递通知消息。微信公众号一天只能推送一条消息,因此这一宝贵的群发资源不能随意浪费。在我们需要发布多条通知消息时,可以利用微信后台的预览功能。预览版微信图文会随着后台该微信图文的修改而产生相应的修改。预览版微信图文可以被分享、转发,和正式的微信推文有着相似的功能。但同时,由于预览版微信图文并没有在微信公众号群发,因此不会对所有的粉丝产生推送提示,不会对客户造成"骚扰"。

2. 微信公众号后台常用的编辑工具

微信公众号后台常用的编辑工具主要有六种:

（1）微信公众号后台自带的编辑工具,特点是界面简洁、操作简单,但是没有模板。

（2）"秀米"微信编辑器。秀米编辑器页面以深灰色系为主,进入秀米官网首先出现的是选择图文排版(挑选风格排版、图文新手指南)。H5秀制作(挑选风格秀、场景秀新手指南、图文秀新手指南);点击图文排版,新建一个图文后开始编辑图文。秀米编辑器页面包括剪贴板、我的图库、标题、单图、多图、背景图、分割线、零件、贴纸、样刊模板、套装模板、吐槽、投稿。它的特点是模板多,容易上手。

（3）I排版微信编辑器。I排版界面整洁、简单,页面主要有付费模板、付费样式、互动样式、标题、正文、图片素材、图文、编辑区、文章导入。用户可以用短时间排版好文章,大大提高了效率。

（4）新榜编辑器。新榜编辑器有丰富的样式和模板、海量的在线图片搜索,一键同步多平台,还有大量爆文供参考。新榜编辑器主要背靠新榜数据,搜文章、查阅读数排名等操作在同一个网站就搞定了,这点比其他编辑器方便。

（5）135编辑器。135编辑器的页面以浅色系为主,编辑器简单易学,适合初学者使用,页面包括样式、一键排版、图片素材、免费作图、文章导入,美中不足的是,大量模板素材需要会员才可下载,素材使用需要使用积分。这是一款评价极高的编辑器。

（6）UEditor富文本编辑器。UEditor是由百度Web前端研发部开发的所见即所得富文本Web编辑器,具有轻量、可定制、注重用户体验等特点,开源基于MIT协议,允许自由使用和修改代码。

3. 图文混排

微信推文的封面图片尺寸无强制要求，微信官方建议封面使用 900 像素×500 像素（之前是 360 像素×200 像素）的图片，可以兼顾平板和 PC 端的阅读体验。

4. 文案撰写

简单来说，微信推文文案内容＝图文＋互动＋交互。

图文就是通常意义上的正文内容，其中还包括图片的设计、多媒体的应用、整体的排版等方面，当然也包括封面的标题、封面图、摘要等；互动则是运营者与阅读者的沟通互动，其中涵盖点赞有礼活动、留言回复、留言精选等方面，它可以产生丰富正文内容及 UGC 的效果；交互则是微信的媒介设定本身带来的，因为微信推文在公众号推送时有一个点击打开正文的交互动作，这其实也是内容的一部分。

■ 5-2-10 实训题

(四)微信客户服务工作平台——微信小程序

微信小程序是一种全新的连接用户与服务的方式,它可以在微信内被便捷地获取和传播,同时具有出色的使用体验,正在成为企业和客户之间良好的互动沟通平台。

第一步　微信小程序下载注册

1. 微信小程序下载

通过百度、火狐、谷歌等搜索"微信平台公众号"或直接输入官网地址 https://mp.weixin.qq.com 下载注册使用。点击右上角的"立即注册"按钮。

2. 选择注册的账号类型

选择"小程序",点击"查看类型区别"可查看不同类型账号的区别和优势。

3. 填写邮箱和密码

填写未注册过公众平台、开放平台、企业号、未绑定个人号的邮箱。

4. 激活邮箱

登录邮箱,查收激活邮件,点击激活链接。

5. 填写主体信息

点击激活链接后,继续下一步的注册流程。选择主体类型选择,完善主体信息和管理员信息。

6. 选择主体类型

小程序注册

① 帐号信息　　② 邮箱激活　　③ 信息登记

用户信息登记

微信公众平台致力于打造真实、合法、有效的互联网平台。为了更好的保障你和广大微信用户的合法权益，请你认真填写以下登记信息。
为表述方便，本服务中，"用户"也称为"开发者"或"你"。

用户信息登记审核通过后：
1. 你可以依法享有本微信公众帐号所产生的权利和收益；
2. 你将对本微信公众帐号的所有行为承担全部责任；
3. 你的注册信息将在法律允许的范围内向微信用户展示；
4. 人民法院、检察院、公安机关等有权机关可向腾讯依法调取你的注册信息等。

请确认你的微信公众帐号主体类型属于政府、媒体、企业、其他组织、个人，并请按照对应的类别进行信息登记。
点击查看 微信公众平台信息登记指引。

主体类型　　如何选择主体类型？

| 个人 | 企业 | 政府 | 媒体 | 其他组织 |

下一步

7. 填写主体信息并选择验证方式

（1）企业类型账号可选择两种主体验证方式。

方式一：需要用公司的对公账户向腾讯公司打款来验证主体身份，打款信息在提交主体信息后可以查看到。

方式二：通过微信认证验证主体身份，要支付 300 元认证费。认证通过前，小程序部分功能暂无法使用。

主体信息登记

企业类型　　● 企业　　个体工商户
企业包括：企业、分支机构、企业相关品牌等

企业名称　　深圳市腾讯计算机系统有限公司
需与当地政府颁发的商业许可证书或企业注册证上的企业名称完全一致。信息审核审核成功后，企业名称不可修改。

营业执照注册号　　440301103448669
请输入15位营业执照注册号或18位的统一社会信用代码

注册方式　　向腾讯公司小额打款验证
① 填写企业对公账户
为验证真实性，此对公账户需给腾讯打款验证，注册最后一步可查看打款信息，请尽快联系公司/单位财务进行打款。
② 注册最后一步，需用该对公账户向腾讯公司进行打款
③ 腾讯公司收到汇款后，会将注册结果发至管理员微信、公众平台站内信
④ 打款将原路退回至您的对公账户

微信认证
微信注册并认证，无需小额打款验证，需支付300元审核费用。提交认证后会在1-5个工作日完成审核，在认证完成前小程序部分能力暂不支持。查看详情

（2）政府、媒体、其他组织类型账号，必须通过微信认证验证主体身份。认证通过前，小程序部分功能暂无法使用。

（3）微信认证入口："登录小程序"—"设置"—"微信认证"—"详情"。

8. 填写管理员信息

9. 确认主体信息不可变更

提示   ✕

主体信息提交后不可修改

主体名称：深圳市腾讯计算机系统有限公司

主体类型：企业

该主体一经提交，将成为你使用微信公众平台各项服务与功能的唯一法律主体与缔约主体。在后续开通其他业务功能时不得变更或修改。腾讯将在法律允许的范围内向微信用户展示你的注册信息，你需对填写资料的真实性、合法性、准确性和有效性承担责任，否则腾讯有权拒绝或终止提供服务。

确定   取消

点击确认完成注册流程。

选择对公打款的用户，根据页面提示，向指定的收款账号汇入指定金额。

注意：请在 10 天内完成汇款，否则将注册失败。

请你联系公司财务在2017-07-01 12:51:58前完成以下汇款，否则将注册失败。

注册金额 **¥0.41**
请汇入指定金额，非指定金额将注册失败

收款账号   复制25位账号
每个注册账号对应的25位收款账号不同，请勿重复打款

收款公司名 深圳市腾讯计算机系统有限公司

开户银行   招商银行深圳分行高新园支行

备注信息   小程序注册

请使用与主体一致的对公账号汇款

汇款账户名称 汇款账户名称

汇款银行账号 xxxx-xxxxx-xxxx-xxxx

选择通过微信认证验证主体身份的用户,完成注册流程后应尽快进行微信认证,认证完成之前部分功能暂不可使用。

第二步　微信小程序设置

1. 登录小程序管理平台

完成注册后,在微信公众平台官网首页(mp. weixin. qq. com)的登录入口直接登录。

2. 完善小程序信息

完成注册后,微信小程序信息完善和开发可同步进行。

选择对公打款的用户,完成汇款验证后,可以补充小程序名称信息,上传小程序头像,填写小程序介绍并选择服务范围。

选择通过微信认证验证主体身份的用户，要先完成微信认证后才可以补充小程序名称信息，上传小程序头像，填写小程序介绍并选择服务范围。

小程序发布流程

3．小程序开放的服务类目

非个人主体类型小程序、个人主体类型小程序和海外主体类型小程序分别开放的服务类目会随着相关政策、法律法规以及平台要求的变化而产生变化，小程序开发者以提交时所要求的材料为准。

4．开发前准备

（1）绑定开发者。

登录小程序管理后台（mp．weixin．qq．com），"用户身份"—"成员管理"—"添加成员"。

个人主体小程序最多可绑定 15 个项目成员、15 个体验成员。

未认证、未发布非个人的小程序最多可绑定 30 个项目成员、30 个体验成员。

已认证未发布/未认证已发布非个人的小程序最多可绑定 60 个项目成员、60 个体验成员。

已认证已发布非个人的小程序最多可绑定 90 个项目成员、90 个体验成员。

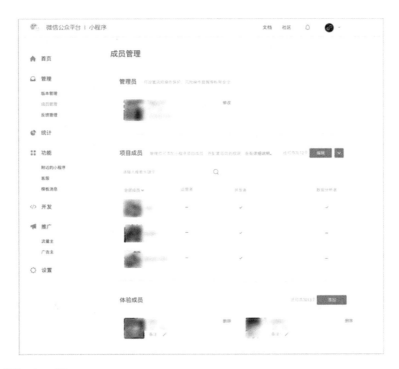

（2）获取 AppID。

进入"设置"—"开发设置"，获取 AppID 信息。

5. 代码审核与发布

（1）提交审核。

登录微信公众平台小程序，进入"开发管理"，"开发版本"中展示已上传的代码，管理员可提交审核或是删除代码。

（2）审核信息填写。

进入"配置功能页面"填写重要业务页面的类目与标签,重要业务页面组数不多于 5 组。

6. 测试账号

当小程序需要开发者提供测试账号才能完成审核时,小程序在首次提交审核时将被打回,再次提交审核时将开放提供测试账号的入口,该入口将由开发者提供账号给微信审核人员审核微信小程序时登录使用。

7. 完成提交

提交审核完成后,"开发管理"页中"审核版本"模块展示审核进度。

提示:开发者可参考《微信小程序平台常见拒绝情形》详细了解审核标准。

8. 代码发布

代码审核通过后,需要开发者手动点击发布,小程序才会发布到线上提供服务。

注意:内测期间,代码发布按钮不可点击。

第三步　微信小程序使用

1. 小程序申请微信认证

政府、媒体、其他组织类型账号，必须通过微信认证验证主体身份。企业类型账号，可以根据需要确定是否申请微信认证。已认证账号可使用微信支付权限。个人类型账号暂不支持微信认证。

认证入口：登录小程序—"设置"—"基本设置"—"微信认证"—"详情"。

2. 小程序申请微信支付

已认证的小程序可申请微信支付。

3. 小程序绑定微信开放平台账号

小程序绑定微信开放平台账号后,可与账号下的其他移动应用、网站应用及公众号打通,通过 UnionID 机制满足在多个应用和公众号之间统一用户账号的需求。

(1)UnionID 机制说明:如果开发者拥有多个移动应用、网站应用和公众账号(包括小程序),可通过 UnionID 来区分用户的唯一性,因为只要是同一个微信开放平台账号下的移动应用、网站应用和公众账号(包括小程序),用户的 UnionID 是唯一的。换句话说,同一用户,对同一个微信开放平台下的不同应用,UnionID 是相同的。用户的 UnionID 可通过调用"获取用户信息"接口获取。

了解"获取用户信息"接口请查看"开发文档"—"API"—"开放接口"—"用户信息"。

(2)绑定小程序流程说明:登录"微信开放平台"(open. weixin. qq. com)—"管理中心"—"小程序"—"绑定小程序"。

注意:微信开放平台账号必须完成开发者资质认证才可以绑定小程序。

4. 公众号关联小程序

公众号关联小程序后,将可在自定义菜单、模板消息、客服消息等功能中使用小程序。图文消息中可直接使用小程序卡片、链接、图片素材,无需关联小程序。

(1) 关联规则。

所有公众号都可以关联小程序。

①公众号可关联 10 个同主体、3 个非同主体小程序。公众号一个月可新增关联小程序 13 次。

②小程序可设置无需关联确认。设置后,公众号关联小程序不需要小程序确认,单方操作即可关联成功。

③小程序可设置需关联确认。设置后,公众号关联小程序需小程序管理员确认后才能关联成功。

④小程序可设置不允许被关联。设置后,公众号无法关联此小程序。

（2）关联流程。

登录公众号后台—"小程序"—"小程序管理"—"添加"—"关联小程序"。

5. 移动应用（App）关联小程序

App 关联小程序后，将可从 App 跳转到微信，打开关联的小程序。在同一开放平台账号下的移动应用及小程序无需关联即可完成跳转，非同一开放平台账号下的小程序需与移动应用成功关联后才支持跳转。

（1）关联规则。

①只有已通过审核的 App 具备关联资格。

②一个移动应用只能最多同时绑定 3 个小程序，每月支持绑定次数 3 次。

③同一个小程序可被 500 个移动应用关联。

（2）关联流程。

第一步，登录微信开放平台（open. weixin. qq. com）—"管理中心"—"移动应用"，选择想要关联的 App，点击查看。

第二步，点击"关联小程序"，对小程序进行关联。

6. 在企业微信中使用小程序

企业微信移动客户端有内置小程序基础库，微信小程序可在企业微信上运行，同时开发者也可以针对企业微信提供的特殊接口开发出更适应于企业内部场景的小程序。

（1）关联入口。

可通过以下两个方式找到关联小程序到企业微信的入口：

①可前往企业微信管理后台—"应用与小程序"—"小程序"—"关联小程序"。

②登录小程序管理后台—"设置"—"关联设置"—"关联的企业微信"—"新增关联"。

（2）关联步骤。

第一步，登录企业微信管理后台—"应用与小程序"—"小程序"—"关联小程序"；或登录小程序管理后台—"设置"—"关联设置"—"关联到企业微信"—"新增关联"。

第二步，关联需要小程序开发者授权，故会跳转到公众平台中进行授权扫码，使用要关联的小程序所属的管理员微信号进行扫码授权。

第三步，对小程序进行可见范围的设置。

第四步，关联完成，设置了可见范围的企业成员可以在工作台看到关联的小程序。

注：小程序被关联到了哪些企业可以统一在小程序后台"设置"—"关联设置"—"关联的企业微信"中看到关联记录。

第四步　小程序客服消息使用

小程序可以直接使用网页端微信小程序客服或者移动端"客服小助手"小程序进行客服消息回复。

（1）绑定客服人员。

使用网页端与移动端小程序客服工具前，小程序管理员要在小程序后台完成客服人员的绑定。目前小程序支持绑定不多于 100 个客服人员。

客服消息

（2）移动端"客服小助手"小程序使用。

第一步，登录并接入。

已被绑定的小程序客服人员可微信搜索"客服小助手"或扫码登录"客服小助手"小程序，并选择对应的小程序账号，登录后即可看到与小程序对话的用户，可选择接入对话。

第二步，切换客服状态。

点击"在线状态"，可以选择"客服在线"状态、"客服离线"状态：选择"客服在线"状态后，即使退出客服小程序，仍可在"服务通知"中接收到用户咨询的消息提醒；选择"客服离线"状态后，将无法收到客服消息与消息提醒。

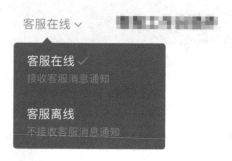

第三步，接收与发送消息。

打开"客服小助手"小程序后，进入"待接入列表"可选择用户会话进行接入；已经接入的会话，客服人员可以在 48 小时内和用户进行对话，目前支持发送文本、图片、小程序卡片类型的消息。

（3）网页端微信小程序客服工具使用。

第一步，登录并接入。

已被绑定的小程序客服人员可扫码登录网页端微信小程序客服，并选择对应的小程序账号，登录后即可看到与小程序对话的用户，可选择接入对话。

第二步，切换客服状态。

点击"在线状态"，可以选择"在线"状态、"离线"状态。

第三步，接收消息。

手动接入：客服人员上线后，可在"待接入"列表中，手动接入待回复的用户会话。

自动接入：当待接入的用户会话太多时，可以在"设置"—"接入与回复"中开启"自动接入"。

接入与回复　　　　　　　　　　　　　　　　　　　　　　　　　　　　　X

自动接入　

当已接入列表内待回复人数低于　9　∨　人时，自动接入待接入列表内　9　∨　人。

第四步，发送消息。

已经接入的会话，客服人员可以在 48 小时内和用户进行对话，目前支持发送文本、图片、小程序卡片类型的消息。

（4）小程序客服消息使用规范。

小程序客服消息使用除必须遵守《微信小程序平台运营规范》外，还不能违反以下规则，包括但不限于：

①不允许恶意诱导用户进行可能触发客服消息下发的操作，以达到可向用户下发客服消息目的；

②不允许恶意骚扰，下发与用户发送的消息没有关联的、对用户造成骚扰的消息；

③不允许恶意营销，下发内容涉嫌虚假夸大、违法类营销信息；

④不允许使用客服消息向用户下发虚假、色情、暴力等违反国家法律规定的信息。

（五）直播客户服务工作平台——抖音 App

抖音 App 是一款社交类的软件，通过抖音短视频制作 App 你可以分享你的生活，同时也可以在这里认识到更多朋友，了解各种奇闻趣事。

■ 5-2-11 课件：抖音客户服务平台操作

第一步　抖音 App 下载安装

用手机打开应用市场，在应用市场搜索栏中输入"抖音"，出现搜索结果后，点击安装，安装后注册/登录即可。

■ 5-2-12 微课视频：抖音客户服务平台操作

第二步　抖音 App 设置

抖音 App 在直播前，都要进行实名认证，打开抖音后，点击右下方"我"—"更多"—"设置"—"账号与安全"—"实名认证"。

点击"已阅读并同意《人脸验证服务协议》"，下方"同意协议并认证"变为红色，点击后进行人脸验证。

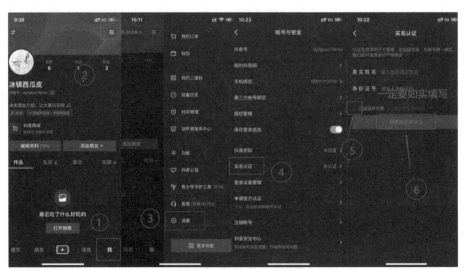

第三步 抖音 App 使用

1. 开启直播功能

打开抖音后，点击右下方"我"，进入个人页面，点击右上角"更多"，在菜单栏中，选择"创作者服务中心"。进去后可以看到"商品橱窗""数据中心"等功能，点击"全部分类"，拖动页面至最下方，点击"开始直播"。

2. 修改信息

开始直播后，会出现以下页面，主播可在开播前修改信息。

3. 选择直播类别

页面最上方四个选项是不同的直播类别,可根据实际情况选择,如果是电脑直播,需要粉丝数量≥1000 才可开启。

4. 页面功能

"翻转":可以翻转前后置镜头,主播可根据实际情况调节。

"美化":可以调节美颜程度。

"道具":可选择脸部特效,并佩戴在主播脸上。

"直播信息":相当于直播间的公告栏,修改后可展示在直播间,供观众阅读。

"商品":可用于直播带货,需要在开播前上架好需要售卖的商品,在开播后可供观众挑选。

"游戏推广":可推广游戏,不需要可忽略。

"上热门":直播间导流工具,能够在直播期间带来更多观众,但需付费购买。

"分享":可将直播间分享至他人或朋友圈等。

"设置":分为开播设置和功能权限,可调整直播间清晰度、直播可见范围等。

"任务":主播直播任务,可忽略。

设置好以上功能后,即可开启直播。

5. 抖音直播维护——管理员

在抖音直播时,需要有良好的直播间氛围,因此直播间管理员至关重要。管理员不仅可以帮助主播解答观众疑问,活跃直播间气氛,还可在必要时对恶意观众进行禁言等处理。

要设置直播间管理员,首先点开观众头像,屏幕右方点击"管理",在"管理用户"中选择"设为管理员"选项,可以看到直播间左上方的弹幕"×××获得管理员",即设置成功。

知识拓展

（一）数字化客户服务沟通平台的作用

电子商务客户服务沟通平台也就是商务即时通信工具，是利用即时通信技术来实现用户之间的在线交流的软件，可以实时传送文字信息、图片信息、语音信息和文件等，进而实现寻找客户资源或便于客户联系，以低成本实现商务交流或工作交流的目的。

随着网络购物的兴起，各大网购交易平台也应运而生，如淘宝、拍拍、慧聪、京东等。这些网购平台为了便于交易双方的在线交流也都拥有自己的即时通信工具，但不管是淘宝的阿里旺旺、拍拍的 QQ，还是京东的咚咚，它们都是网购平台为客户提供的免费网上沟通软件，为买卖双方顺利沟通完成交易起着不可或缺的重要作用。

1. 即时咨询服务

随着对即时咨询要求的提高，客户希望得到及时回复，或及时处理订单争议。即时通信工具具有实施这种服务客户的功能，现在很多传统企业也专门配备了网络客服岗位。

2. 即时导购服务

即时销售流程有多个环节，首先要查询信息、比价、了解交货时间和退货政策，然后要选择商品并加入购物车，最后要确认订单即时支付，才能完成购物过程。在网上购物过程中，只要有一个环节出现问题，购物活动就无法完成。美国电子商务门户网站研究发现，客户放弃购物车中商品的比例高达 75%，如果采用适合的即时服务手段，购物车中商品被放弃的比例可以降低。即时通信在网上销售的导购服务中具有重要价值。

3. 网络广告

由于拥有众多的用户，即时通信工具已经成为主要的即时广告媒体之一。即时通信工具发布网络广告相较于网页发布网络广告有其独到的优势，如便于实现用户定位、可以同时向大量即时用户传递信息等。国内用户所熟知的即时聊天工具 QQ 就有多种广告形式，其最有特色的系统广播功能比一般网站上的广告更能引起用户注意。

4. 病毒性营销传播

病毒性营销传播利用的是用户口碑传播的原理。在互联网上，口碑传播更为迅捷，可以像病毒一样蔓延。因此，病毒性营销传播成为一种高效的信息传播方式。如有趣的笑话、经典的情感故事、节日祝福、Flash 都可以成为病毒性营销的载体，而即时通信工具则可以成为这些信息的传播工具。当一个用户看到一个网页中有自己喜欢的内容时，他往往会将该网页通过即时通信的方式向自己的即时好友转发。用户之间的相互转发，使即时通信工具在病毒性营销传播中发挥了积极作用。

（二）数字化客户服务沟通平台的分类

电子商务中不同的交易平台会为用户提供不同的沟通工具：淘宝网使用的在线沟通工具是阿里旺旺，现在卖家平台已升级为千牛；易趣使用的是易趣通；拍拍、当当用户用的是腾讯 QQ；京东商城使用的是京东咚咚。此外，现在许多电商平台还通过微信公众号、服务号建立起与客户的在线沟通渠道。电商客服人员应对常用的各大平台的沟通工具有所认识。

5-2-13 拓展视频：淘宝开店教程

1. 千牛工作台

千牛工作台（卖家版）是天猫、淘宝等网络客服中最常用的工作平台，由阿里巴巴集团官方出品，淘宝卖家、天猫商家均可使用。它包含卖家工作台、消息中心、阿里旺旺、量子恒道、订单管理、商品管理等主要功能。目前有两个版本：电脑版和手机版。其核心是为卖家整合店铺管理工具、经营咨询信息、商业伙伴关系，借此提升卖家的经营效率，促进彼此间的合作共赢。淘宝中 70％的工作岗位都是使用千牛工作台完成的。千牛工作台功能齐全、性能稳定，是与客户沟通的良好桥梁。

2. 京东咚咚

京东咚咚是京东为用户、商家及京东客服打造的一款即时通信工具。据京东官网介绍，京东咚咚分个人版和商家版。京东咚咚个人版不但支持单人聊天和组队聊天，同时用户还可通过京东咚咚与客服进行沟通。而京东咚咚商家版，除具有与客户聊天功能外，还有客户管理功能，大大提升了客户处理效率。

5-2-14 测试题

5-2-15 拓展材料：京东

3. 腾讯 QQ

腾讯 QQ 是腾讯公司开发的一款即时通信软件。它功能强大，具有聊天、基本视频、语音通话、文件传输以及远程演示等多种功能。腾讯 QQ 的普遍使用，为拍拍网的商家与客户交流提供了极大的便利，拍拍网的用户不用再安装和熟悉新的通信工具即可轻松地实现交易双方的在线交流。

5-2-16 拓展视频：刘强东对话王利芬：京东上市后我是如何进行战略布局的

4. 微信公众号

微信公众号是开发者或商家在微信公众平台上申请的应用账号，该账号与 QQ 账号互通。通过公众号，商家可在微信平台上实现与特定群体之间的文字、图片、语音的全方位沟通、互动。微信公众号分为订阅号和服务号及企业号。电商客服人员使用微信群可以进行客户细分，还可与邮件、短信、电话相结合，加深与客户的联系，维护客户关系，营造最佳的沟通模式，有效进行客户管理。

订阅号为个人和媒体提供了信息传播的新方式，建立起与粉丝沟通和互动的管理模式。订阅号对象为个人、企业、政府、媒体。

服务号为企业提供了强大的服务和管理功能，如微支付、微店、微推广等，实现企业

5-2-17 测试题

公众号拓展（重服务和展示）。服务号对象为企业、媒体、政府。

企业号为企业提供了移动应用接口，简化了管理流程，提高了组织协同效率。企业号对象为企业、媒体、事业单位。

5．微信小程序

微信小程序是一种新的开放能力，开发者可以快速地开发一个小程序。小程序可以在微信内被便捷地获取和传播，同时具有出色的使用体验。

微信小程序和微信公众号的区别主要体现在以下五个方面。

（1）产品定位不同

公众号：通过信息的传递实现人与信息的连接。主要以内容营销和信息传递为主、简单的服务为辅。

小程序：面向产品与服务，主要以功能服务为主。

（2）运营方式不同

公众号：主要以粉丝运营为主，通过内容的撰写或营销活动的策划，吸引更多人关注公众号，引导粉丝们在商城或者其他地方进行消费。

小程序：利用拼团、优惠券、会员卡、小程序相互跳转等手段，通过好友分享、微信群分享以及与公众号的关联来吸引流量。

（3）产品功能不同

公众号：主要以内容为主，功能单一，对内容要求比较高，交互性基本上没有。不能实现直接购买，用户体验一般，消费转化率低。

小程序：基本上可覆盖各行业（餐饮、超市、零售电商、共享经济等）的需求，功能强大，交互性高，提高用户使用感，用户可以直接购买，流失率低、成交率高。

（4）用户体验不同

公众号：操作延时较大，用户体验较差。

小程序：用户体验接近原生 App，不用下载安装，使用起来较为顺畅，几乎不需要等待。

（5）获取方式不同

公众号：入口深，通过搜索、好友推荐等方式，需要主动点击关注。

小程序：入口浅，扫码即可进入，有二维码扫描、附近小程序、聊天、搜索、好友名片等多种流量入口方式。

6．抖音直播平台

抖音是由字节跳动孵化的一款音乐创意短视频社交软件。该软件于 2016 年 9 月 20 日上线，是一个面向全年龄的短视频社区平台。

用户可以通过这款软件选择歌曲，拍摄音乐短视频，创作自己的作品。抖音娱乐属性明显,具有流量大和用户活跃度高的优势。

抖音于 2018 年 5 月正式启动电商业务,目前以短视频、直播带货为主,其发展思路依然延续过去的"流量引流"的变现思路。随着直播电商的爆发式发展,抖音加大力度自建抖音小店,平台自身开始签约带货类 KOL(关键意见领袖),同时在供应链端与直播基地签约。这一系列动作都表明,抖音在加大直播电商的投入。

(三) 数字化客户心理特征及应对技巧

电子商务客户服务是一项考验智商、情商的工作。不同的客户有着不同的心理需求,因此,只有掌握了目标客户相关的购物心理,才能出奇制胜。以下是客户常见的十大心理,通过分析,我们将会揭开客户的面纱,看到客户真实的面貌。

1. 从众心理,抓住客户致命弱点

从众心理在人们的日常生活中有很多体现,如人们在看一部电影之前,首先会参考豆瓣上电影的评分,然后再决定是否选择这部电影;App 上的刷榜对于提高下载量有很大帮助;淘宝上乏人问津的商品肯定都是销量低、评分差的。

通常来说,群体里成员的行为都表现为跟从群体的趋势。在心理学上,就是指客户的"从众心理"。当很多人都夸一件商品好的时候,其他人就会觉得商品真的好而前去购买。即使商品并没有想象中那么好,也不会很失望,毕竟很多人在用,肯定是有其突出之处的,即使上当也不是自己一个人。

如果电子商务客服人员在与客户沟通过程中能抓住客户的从众心理,客户就有可能毫不犹豫地下单。例如,淘宝客服可以这样对客户说:"很多年轻人都来找这款护肤品呢"或者"我们的商品在老年人中备受欢迎"。这些话就利用了客户的从众心理,给客户一种心理上的依靠和安全保障。电子商务客服要在沟通中引发客户的从众心理,促进销售,可以用以下三种应对方法:

(1) 删除差评。在"好评为王"的时代,企业店铺但凡有一条差评存在,客户就会考虑是否要加入购物车。少数服从多数,百分百的好评有利于促使客户跟风购买。

(2) 提升销量排名。且不论淘宝系统销量排名的功能是否公平,但我们无法否认的是很多客户购买商品时都参考这一指标。如果客户想要购买一件商品,而且没有相熟的商家,那么销量第一的店铺就非常有优势。

(3) 参加各种评比活动。"2016 年最受女孩欢迎的十大圣诞礼物""2017 年度春季风衣销量排行榜""某某化妆品横向评测"……很多客户相信这种评比,因此很多商家都会参加这种评比活动,尽管有可能会自评"最佳"或者用技术手段干扰视听。告诉客户一句"3000 万女性都在使用的保养品",客户是不是会一起跟着购买了?

不同类型的人,会产生不同程度的从众心理。通常来说,女性比男性更容易受从众

5-2-18 拓展材料

5-2-19 拓展视频:微信公众号注册及基础设置

5-2-20 拓展视频:微信公众号怎么吸粉+开通流量主

5-2-21 测试题

5-2-22 微课视频:电子商务客户心理特征及应对技巧

心理的影响,性格内向的人比外向的人更容易产生从众行为,社会阅历浅的人不如社会阅历丰富的人有自我。

需要注意的是,当今市场越来越崇尚个性化。在沟通过程中,电商客服如果发现客户很有个性,喜欢与众不同,就无法使用以上方法,如果硬来有可能弄巧成拙。

2. 好奇心理,巧用个性包装

人人都存在好奇心,好奇心是人类行为动机中很有效的一个因素。对于自己不知道的东西或事情,人们普遍感到好奇,对了解一些而有很多还未了解的事情更好奇。

针对客户的好奇心理,电子商务客服可以使用悬念营销的方法促成销售,即通过对事物或商品的掩盖给客户一种似懂非懂的感觉,吊起客户的胃口,最后揭晓答案时,给客户超强的冲击力,从而达到销售的目的。

这种通过悬念吸引人的做法在文学作品中很常见。不管是小说还是电视剧,一旦出现"未完待续",人们就会感觉很受折磨。与此类似,如果营销中激起了客户的好奇心,客户就会被企业牵制,企业就有机会发展客户关系,给客户创造需求,进而获得与客户交易的机会。

网购不同于传统的实体店线下购物,客户只要在网上搜索下,就可以看到海量的商品信息,对于商家来说,这种方式有利也有弊。好处是全国各地的客户都可以看到店铺商品信息进行购买,弊端是全国货源同质化严重,如果不能在同类商家里脱颖而出,就只能靠价格战吸引客户。

巧用个性化包装,让客户在好奇心理的驱使下进入自己的店铺,点开商品信息,从而引发购买是一种非常好的策略。

2016 年 7 月 10 日,杜海涛"熊先生"秘制酱板鸭登录环球捕手,一天售出 5000 只,引发业内人士赞叹。这一成绩的取得不仅在于杜海涛的名人效应,还有一部分原因在于其新奇有趣的包装引发了很多客户的好奇心理。大家如果感兴趣,可以通过环球捕手购买一只杜海涛"熊先生"秘制酱板鸭,满足自己的好奇心。

此外,还有很多个性明显、新奇独特的商品包装让其商品在众多同类商品信息中脱颖而出,包括使用民间戏剧脸谱门神造型的"安然酒"包装、使用酒桶造型的"酒桶酒"包装、使用笑口常开的弥勒佛造型的"启齿笑酒"包装等。这些个性化造型包装通过强烈的视觉效果为商品引来了无数客户。

对于淘宝商家来说,应当想方设法让自己的商品神秘起来。随着客户个性化需求的增加,一些区别于传统商品的创意商品越来越受到客户青睐,包括定制的字母名字项链、情人节的毛绒玩具花束等。一些电商商家还会在特殊节日推出福袋活动,回馈新老客户,这也是利用客户的好奇心理促成商品交易的案例。对于客户来说,福袋里面装的是什么,是否花小钱享受了大优惠,都是非常致命的诱惑。

利用客户的好奇心理是一个很好的办法,每个人都有好奇心,而且越神秘的东西大家越喜欢一探究竟。现如今流行都是可以制造的,大家都追求个性,普通的东西也更容易为大家所接受,因此,在竞争越来越激烈的网购中,商家应采取一些方法,使店铺的东西充满神秘感。

3. 逆反心理,不要强迫客户做决定

大家先看一个逆反心理的例子:

> 淘宝客服:"首先我会为您介绍一下商品的各种功能,然后我们再讨论一下后期的维护问题。"客户:"现在就讨论维护问题太早了吧?"

客户的反驳可能只是想要获得此次对话的主动权,在这里,电商客服需要明确逆反心理不是真正意义上的反对,因此电商客服不能把它当成反对来处理。一些电商客服对客户的逆反心理没有深入了解,一旦出现上述状况,总是将其当作异议来处理。他们认为,如果解决了异议,客户的逆反心理就会自动消失。然而这种方法对于消除客户的逆反心理是没有作用的,因为电商客服无法满足客户表现自我价值的需求。

客户产生逆反心理经常是因为对立情绪。比如,客户对于主动打电话推销的人总是充满了警戒心,本能地怀疑他们说的话,即使推销人员把自己的商品说得很好,客户也认为是假的。推销人员的热情对客户来说是虚情假意,只是为了骗自己的钱而已。

在实际销售过程中,很多电商客服喜欢对客户进行"狂轰滥炸"的推销,以为这样就能说服客户。然而,事实是客户的逆反心理控制了客户的行为,让客户拒绝下单。客户的逆反心理在具体网购过程中会有以下四种表现形式:

(1)反驳。有些客户会故意针对电商客服的观点提出反对意见,让客服无法下台,知难而退。

(2)不发表任何意见。客户有时在心里拒绝了电商客服的说服,但是却没有将拒绝直接说出来,所以不管电商客服怎么说,客户都保持沉默,冷淡地看电商客服做商品介绍,不发表任何意见。

(3)高人一等的作风。对于客户来说,电商客服说的所有话都可以以一句台词应对,那就是"我知道"。客户的潜台词是说,我什么都知道,你不用再说了。这时电商客服不应当再继续对其说明,以免引起客户更激烈的反抗情绪。

(4)断然拒绝。性格直爽的客户面对电商客服的推荐会坚决地说:"这件商品不适合我,而且我也不喜欢。"

知道客户都具有逆反心理,电商客服在推销商品时就应当注意,不能滔滔不绝地说个不停。顾及客户的感受,就不会一次又一次地遭到客户拒绝。下面介绍减小客户逆反心理的两个方法:

(1)用问题代替陈述。要想减小客户的逆反心理,首先要做到有效预防。如果电商客服可以不做那些导致客户产生逆反心理的事情，就可以避免其负面影响。在沟通过程中，陈述是很容易引起逆反作用的。原因在于陈述通常代表了一个明确的观点和立场，很容易引起客户的反对意见。比如，如果电商客服说"这件衣服非常适合聚会的时候穿"，客户就会产生逆反心理，反驳你说："我从来不参加聚会。"

（2）转换立场。转换立场是减小客户逆反心理的另一个方法，这样你就可以得到想要的答案。比如，电商客服可以这样对客户说"您不买我们的商品也没有关系""抱歉，我浪费您宝贵的时间了"等。这些陈述句表面上都是负面的，但客户的逆反心理驱使其回答的结果却正好是我们所期待的，这就是立场转换技巧运用的作用。

> "禁止抽各种香烟，连555牌也不例外。"这是英国555香烟的广告宣传语，结果使其品牌在全球都表现出了不可小觑的影响力。一家钟表店在推销一种新上市品牌的钟表时，使用了"这种表走得并不准确，每24小时会慢24秒，请购买时谨慎考虑"的宣传语，结果这家钟表店生意火爆。这都是通过立场转换减小客户逆反心理的结果。

逆反心理是一种普遍的行为反应，只是程度有所不同。因此，电商客服需要意识到，客户的逆反心理是一种出于本能的机械反应，并不代表坚决地反对。电商客服在推销商品过程中要注意两个方面的问题：一要避免客户因逆反心理拒绝购买自己的商品；二要通过刺激客户的逆反心理，让客户产生好奇心，提升其购买欲望。电商客服要善于利用逆反效应的正、反两方面抓住客户的心，使销售工作获得成功。

4. 求"实惠"心理，提升性价比

物美价廉是客户购买商品的永恒追求，这种求"实惠"心理普遍存在于客户群中。对于电商商家来说，只有尽量满足客户的求"实惠"心理，才能打开商品市场。比如，降低价格、提升商品性能、特殊节日进行有奖销售等都是提升性价比吸引客户的方法。

性价比，即性能与价格的比值，是客户选购商品的重要参考指标。在竞争激烈的市场上，客户选择商品总是货比三家，目的就是以最低的价格去买质量最好的商品。对于追求性价比的客户来说，对商品的要求不是单方面的价格低廉，而是指物有所值、物超所值。一些电商商家为了凸显自己商品的性价比，拼命地打折促销，打来打去，尽管货最终卖得很多，但却没有赚多少钱。等到无法承受的时候，就只好倒闭了。

对商品价值的塑造不是简单地说说而已，很多企业都说他们的商品是最好的，但几乎没有消费者会相信。企业必须对商品本身的卖点有一个清楚的了解，并且准确地把握消费者需求。马云创造阿里巴巴是为了满足互联网时代用户的电子商务需求，比尔·盖茨成就了微软是准确把握了个人电脑的未来需求，乔布斯成就了苹果是以洞察年轻人的个性需求为基础的。

因此，电商客服推销商品时应当重点推销核心，即推销商品的功能，强调消费者购买这一商品后所能得到的满足。这样才能引起顾客的注意和兴趣,激起他的购买欲望,为最终成交打基础。

　　一位客户在天猫商城看苏泊尔电磁炉,而且是特价机。不知什么原因,客户向客服咨询了价格但是没有下单。

　　过了几分钟,客服说道:"您可以了解一下我们的赠品。商品怎么样,您看我们的赠品就知道了。"

　　客户回道:"有什么不同吗?"

　　客服接着说:"我们的赠品是一个铁搪瓷汤锅,其他品牌的电磁炉是不会送给您的,因为他们不敢送。由于大多数电磁炉发热不均匀,铁搪瓷锅用不了多久就会坏掉。但是苏泊尔电磁炉就不一样了,传热均匀,您可以放心使用。另外,多用富含铁元素的锅,可以补血,有益于身体健康。最重要的是价格非常优惠,288 元还赠送苏泊尔原装汤锅。您考虑一下性价比,是不是很高?"

　　客户回了一个微笑表情默认,随即下单。

在这一案例中,客户关注特价电磁炉,说明客户属于追求实用、物超所值、购买力有限的消费者。这种类型的客户,追求商品的实用功能和质量,讲究经济实惠和经久耐用。所以,案例中的客服在介绍特价机过程中,绕开了特价机商品同质化严重的问题,从赠品的独特性入手,详细阐述了赠品的各种优越性能,还不经意间打击了竞争商品,最终赢得了客户。

综上所述,由于大多数客户购买商品看中的是商品的性价比,所以,电商商家的营销活动都要做一件事情,那就是证明自己的商品物超所值。要想实现销售,就必须让客户认同商品的价值远远高于成交的商品价格。当客户意识到商品价值比价格高的时候,客户就会毫不犹豫地选择成交;反之,则不会。

5. 求"便宜"心理,折价促销

　　从 9 月份开始,减肥就进入了淡季。然而碧生源减肥茶在天猫旗舰店里的销售量却没有下降。原来,商家计算了商品毛利率,在保证盈利空间的前提下做了折价促销活动。"买二送一、买三送二"的广告一打,商品的销售量大幅上涨,一天卖掉 3600 盒。由此可见,通过折价促销吸引客户购买的手段,效果非常显著。

众所周知,价格是影响客户做出购买决定的主要因素。在网购带来的商品同质化日益严重的今天,品牌形象非常相似,服务手段也没有什么区别,客户就倾向于选择最便宜的那款商品。

针对客户的求"便宜"心理,电商商家可以采用一些促销手段,让"利"给客户,促进商品销售。促销活动是一种最原始最有效的销售手段,作为短期增长业绩、减少库存、加速资金回流的手段,被广大电商商家所使用。

天猫商城、唯品会等都经常通过向客户发送折扣券,让客户在指定时间内到平台消费,享受一定的折扣优惠,其目的就在于扩大影响力。商家发送折扣券的对象都是有选择性的,大多是曾在平台购物的老客户,因此,折扣券使用率也会相应提高。

促销活动给客户带来的"便宜"有很多种,以下列举三种最受客户喜爱的方式。

(1)折价促销。折价促销有三种形式,分别为折价、加量不加价、商品捆绑式打折。折扣对于客户来说是最大的利益诱惑,这是营销专家经过市场调查后得到的结论。然而,促销折扣如果设置不当,就会出现"杀敌一千,自损八百"的惨痛局面。

电商商家需要根据不同商品的时间、顾客的消费习惯和消费心理采取不同的打折促销形式,才能把这个武器运用好。对于老客户来说,商品的折价就像特别馈赠他们的一样,比较能引起市场效应。

(2)现金回馈。现金回馈是客户购买商品以后在一定的时间内会得到一定金额的退款,一般是商品售价的几折。现金回馈是在客户购买商品之后得到的优惠,不容易使人联想到降价,更多的会认为是厂商对老客户的一种馈赠,所以很多品牌经常使用现金回馈策略进行商品促销。这种促销方式的好处是不会降低商品档次,对商品形象也没有什么影响。

(3)附送赠品。如果商品的品牌知名度比较低,就算价格很低,客户也不一定买账,所以,作为同质性较强的商品,当知名度不太高时,应着重塑造品牌,可以用附送赠品促销代替打折促销。

例如,在阿依莲天猫旗舰店里,一旦有客户进来,电商客服们就会通过阿里旺旺告诉他们有哪些服装款式新品刚刚上市,正在打折促销。而他们抛出的利益诱惑很多时候就会促使客户产生购买行为。如果店里有商品正在做促销活动,客服一定要将其推荐给咨询的客户,满足他们的求"便宜"心理。

有时,淘宝客服们会提前得知某一类商品即将折价促销的消息,这时如果有客户咨询该商品,客服应当及时告诉客户促销的消息,让他在商品促销时再买。这样,商家的服务就能赢得客户的信任,从而提升其回头率。

6. 求"安全"心理,派送试用品让客户先体验

在不了解商品的情况下,大多数客户都会对商品的安全性产生疑问。如果商品会伤害到自己或者给自己带来人身安全的威胁,那么没有客户愿意去购买这样的商品。所以,保证安全是电商商家需要首先解决的问题。

对于客户的"求安全"心理,电商商家可以采用派送试用品的方法让客户先体验一下再购买。试用后,客户已经清楚商品的功效,如果满意的话,就会放心购买。

由于网购不像实体店一样,可以通过视觉、触觉等感觉器官对客户进行全面的刺激,全面详细地把商品展示出来,让客户对商品有更加全面的认知,所以派送试用品对于电商商家来说就非常重要。

2015年11月1日,淘宝联合各大美容品牌开办付邮试用专场,派发50万份试用品,客户只需要支付6元运费就可以免费领取商品。与此同时,参加活动的商家按照统一格式印制了"双11"的"约会卡",很好地宣传了自己店铺在"双11"的一些活动。此次活动的最大亮点就是派发的中小样试用品在随后"双11"购物节当天均有正装销售,为商家在"双11"大促销打下了坚实的基础。

在此之前,百雀羚天猫旗舰店曾经举办6元付邮试用活动,10万件套装在3个小时内被客户一抢而空,全店共售出12万件,当天营业额突破83万元。另外,不仅10万件付邮试用品全部售空,经典蓝色小铁盒商品的单日销量也突破万件。数据显示,百雀羚旗舰店此次活动的转化率超过30%,其品牌在全网护肤品类目中由此飙升至第三位。

电子商务不仅颠覆了传统购物方式,还正在日新月异地引领着人们的消费潮流。付邮试用这种销售模式通过满足客户的求"安全"心理,吸引了无数客户参与。这就是付邮试用的销售方式,无论是什么商品,让客户仅出运费就获得免费试用的机会,感觉效果好,再进行购买。

7. 求"方便"心理,送货上门

相对于线下逛街购物,在线上网购的行为有省时省力的特点,而求"方便"也是所有网购一族的主要动机之一。尽管很多女生热衷于逛街,但是谁都不能否认逛街是非常耗费时间的,有时候花费了大半天的时间好不容易把需要的东西买齐了,还得拎着大包小包的东西回家。而网购就不一样了,用户只需要一台电脑或者一部手机就可以浏览世界各地的商品信息。另外,网络上的信息不仅非常全面,而且更新速度也很快,且非常容易查找。

在电商平台里,客户可以看到商家对商品的描述,有不明白的地方还可以询问客服,而且买过该商品的客户对商品的使用评价也具有一定的可信度。例如,在淘宝上购物不仅方便快捷,支付方式也比较灵活,客户可以直接使用支付宝支付,也可以使用蚂蚁花呗提前消费,更可以选择货到付款。对客户来说,下单之后就什么都不用管了,只需坐等送货上门,如果对商品不满意,还可以要求退货或换货。

可以说,客户之所以选择网购,一个非常重要的原因就是他们普遍具有求"方便"的心理。

然而,一些淘宝上的家具、家电商家提供的物流却没有让客户满意,部分物流公司也会打电话让客户"自取",不提供送货上门服务。大件物品难以送货上门,被客户称为"最后一公里"问题。对于电商商家来说,只有像王永庆一样为客户考虑,为客户提供真正的方便,生意才能红火起来。要做到这一点,除了保证自己商品的价值和质量,最重要的就是送货上门了。只要你坚持为客户提供方便，就算价格比其他商家高一些，客户也是非常乐于接受的。因此在价格公平的前提下，送货上门非常必要。

8. 求"新潮"心理，推陈出新引领时尚

客户对于新事物、新商品都有一种先天喜爱的偏好，尽管新商品不一定是最好的。在客户心中，新的比旧的好，拥有新商品代表自己站在潮流的前沿，这就是求"新潮"心理。

求"新潮"心理在年轻客户群中最明显。年轻人的特点是思想超前、富于幻想、喜欢尝试，这些特点反映在消费心理上，就是追求时尚和新颖。消费时尚就是在年轻人的带领下逐渐形成的。

在竞争激烈的电商环境下，电商商家要想成功赢得这个消费群体，就必须勇于推陈出新、引领时尚。求"新潮"客户的真正目的是赶时髦，是想通过拥有新商品显示自己的优越或不甘落后。要满足客户的求"新潮"心理，电商商家有两种方法可以使用。

第一，强调商品运用的普遍性。当商品或者服务已经被普遍认可，并且即将成为大趋势时，客户就会产生这样的想法：别人有的我居然没有，一定要买一个，不然就落后于人了。电商客服向客户销售时，要尽量通过描述让客户意识到，这种商品已经被公众认同，普遍拥有，即将成为一种潮流。只要让客户认识到除了自己别人已经都有了，就会成功地抓住他们的心，使其产生强烈的购买欲望。

第二，强调商品的超前性。强调商品的超前性有时更容易激发起客户的求"新潮"心理，刺激客户的购买欲，即使该商品对客户来说并不是很重要，客户也有可能购买，因为拥有该商品就可以领先于别人，成为时尚的引领者。

9. 求"面子"心理，品牌为商品加分

香港大学心理学教授杨中芳指出："人类都有两种自我评价机制——内在的和社会的，而一般人更加注重社会评价，因此也就特别在乎面子。在消费选择上，就产生坐奔驰比坐桑塔纳的有钱、住别墅比住楼房的地位更高、打高尔夫球比打乒乓球的更有品位等现状。商家可以利用这一点，让客户为自己的面子买单。"

面子文化深刻影响着中国人的日常生活和消费行为，面子消费行为是中国社会中恒久而普遍的消费行为，对于青少年来说也不例外。

针对青少年消费者"爱面子"，企业应贯穿以顾客为中心的思想，致力于提高服务质量，充分考虑青少年的"面子"，在与社会和家庭携手引导其树立正确消费观的前提下，利用"面子"的积极作用来为企业创造价值。

首先，针对青少年的喜好在产品设计中融入审美和娱乐要素。青少年与一般消费者购物动机的最大不同，在于他们更看重购物的享乐性，而非目的性或实用性，更追求消费过程和产品实用带来的愉悦心理、享乐心理和炫耀心理，企业应在产品设计中更多融入青少年喜欢的趣味性和娱乐性内涵。动漫如此受青少年青睐而引发狂热崇拜和购买,其原因就是它们除具有产品的一般特性外,还提供了青少年喜爱的附加价值——情感价值、美学价值和个性化价值。多喜爱品牌家具定位于3—10岁的儿童和10—20岁的青少年群体,产品造型创意独特,结构合理,个性化和实用性相结合,符合儿童、青少年的成长特点和生活习惯,受到孩子们和家长的欢迎。

其次,针对青少年的享乐性消费心理,改进促销及沟通策略。第一,在广告与品牌沟通中,传播与沟通的重点是体验产品与品牌价值,具体包括显示身份或阶层的象征、美的感受、时尚与先锋、好玩及趣味性、潮流或流行性等。能满足这些需要的媒介才会受到青少年的喜欢。第二,青少年对社会环境变化十分敏感,最易被感染和鼓动,易受广告及各类事件影响,明星崇拜心理最强。因此,要准确选择青少年喜爱的企业产品形象代言人。李宁长期签约国内国际体育明星为品牌代言,为其提供赛场运动装备。当青少年看到心目中的英雄均穿戴这一品牌参赛,并不断赢得掌声与喝彩时,他们便会对偶像的穿戴装备产生认同,产生强烈的心理共鸣和购买欲望。第三,要把握青少年群体享乐和冲动性消费的心理特质,改进促销策略。361°常常开展抽奖等促销活动,利用消费者的购物冲动和享乐心理促进销售。

最后,针对青少年的消费心理,让他们参与企业的传播。伴随着互联网用户群的年轻化与低龄化,青少年热情地成为主动传播者,促成了网上一个又一个热点。可以预见,互联网为消费者提供娱乐性和享乐性消费的功能将进一步强化,关键是看企业如何正向地利用好这一平台。

很多商品都拥有自己的品牌,作为直接面对客户的电商客服需要向客户传递足够的品牌信息,让客户全方位了解你的品牌优势,从而对商品产生独特的情感认同。

在介绍品牌的过程中,电商客服需要将品牌的象征意义告诉客户,争取让品牌的象征意义主导客户的选择。毕竟对于大多数客户来说,花几万元购买一个LV包包,花上千元购买一瓶香奈儿香水,目的不仅仅是为了商品的功能利益,更是品牌象征意义所带来的"面子"满足。

品牌与商品的根本区别就在于品牌通过独特的个性满足客户的心理需求,在情感上与客户进行沟通,满足客户提升自我形象的需要,而商品本身并没有这一效果。

10. 对稀少商品的渴求心理,制造短缺现象

人们常常对越稀少的东西越想拥有,饥饿营销就是利用客户对稀少商品的渴求心理进行销售的。一旦客户意识到商品的稀少、市场的紧缺,就不愿意错失良机,立即采取行动。

利用客户对稀少商品的渴求心理,为商品创造短缺现象,促使客户下定决心购买商品,可以用以下三种方法。

第一,对稀缺性商品进行针对性阐述。

一般来说，稀缺性商品是指具有排他性、难以复制性、不可替代性的商品。如果你的商品满足了某一个方面的要求，就可以提取商品的稀缺特质向客户加以描述，越是稀缺的商品就越不容易被客户讲价；若商品不具备稀缺性，那么就只能从商品的材料、质量、服务、价格等基本属性入手。只要抓住客户最看重的属性，客观而有技巧地进行阐述，表现出商品的差异化特质，一样能让商品显得与众不同。

例如，同一件商品在不同的地方稀缺性就不同。法国的依云矿泉水在法国是非常大众的，但是到了中国就很稀缺。如果你的商品是外国品牌，就可以将进口作为出发点，宣传商品在中国的稀缺。可以说，只要给商品找对地方，它就能变成稀缺商品。

第二，使用限量购买的销售方式。

限量购买是线下大型商场经常使用的手段，商品限量出售，每人限购几件，售完为止。限量购买的方式非常容易吊人胃口，客户担心商品少，自己买不到，而被其他人捷足先登，因此都争先恐后地抢着买。当客户对一件商品表现出好感时，客服就可以告诉他："这件商品卖得很好，但是货源短缺，只剩最后一批了，特别抢手。"这样就可以最大程度地激起客户的购买欲。

第三，限定购买的时间。

限定购买的时间或者只有在指定时间内才享受优惠也是一种为商品创造短缺现象的方法。比如，告诉客户"今天是促销最后一天"，由于错过就没有了，客户就会感到焦虑，而这种焦虑会促使客户下单。电商商家可以在商品主页上发布商品限时促销的信息，给客户抢到就是赚到的快感。

由于短缺原理在塑造商品价值的时候起着重大作用，淘宝商家利用这种原理争取最大利益就再自然不过了，而且，这种营销策略几乎是屡试不爽的。

（四）数字化客户开发策略

数字客户开发策略主要包括营销导向的客户开发策略和推销导向的客户开发策略。

1. 营销导向的客户开发策略

所谓营销导向的客户开发策略，就是企业通过适当的产品或服务、价格、分销渠道和促销手段来吸引目标客户和潜在客户，从而将目标客户和潜在客户开发为现实客户的过程。它是以市场营销学中的经典 4P（产品 Product，价格 Price，渠道 Place，促销 Promotion）营销组合为指导，吸引目标客户和潜在客户产生购买欲望并付诸行动的过程。

（1）适当的产品或服务

适当的产品或服务是指企业提供给客户的产品或服务恰当、合适，这些产品或服务能够满足客户的需要。它不仅包括产品或服务的功能效用、质量、外观、规格等，还包括品牌、商标、包装以及相关的服务保证等。

（2）适当的价格

价格是指企业出售产品或服务所追求的经济回报。但对客户而言，价格不是利益的载体，而是一种消耗。客户购买产品或服务时一般都有一个期望价格，当市场价格高于期望价格时，就会有更多的客户放弃购买或减少购买量；而当市场价格低于期望价格时，客户也可能产生怀疑而不购买。因此，适当的价格非常重要。

（3）适当的分销渠道

为了达到吸引客户的目的，企业应当通过适当的分销渠道或途径，使客户能够很容易、很方便地购买到企业的产品或服务。例如，传统零售企业为了吸引和方便客户购买商品，面对新的市场情况和技术情况，开通了线上销售网店、企业App、企业小程序等渠道。

（4）适当的促销手段

适当的促销手段是指企业利用各种适当的信息载体，将企业及其产品的信息传递给目标客户，并与目标客户进行沟通的传播活动。它旨在引起客户的注意，刺激客户的购买欲望和兴趣，使其产生实际的购买行动。促销的形式主要有广告、公关、推销等，也可以通过会员制度或客户俱乐部吸引客户。

2. 推销导向的客户开发策略

所谓推销导向的客户开发策略，就是企业在自己的产品、价格、分销渠道和促销手段没有明显特色或者缺乏吸引力的情况下，通过积极的人员推销形式，引导或者劝说客户购买，从而将目标客户开发为企业的现实客户的过程。

（1）寻找目标客户

寻找目标客户是推销的起点，企业不能盲目地寻找客户，而应该先了解客户存在于哪些渠道。渠道的种类很多，通过对数字营销渠道的盘点，主要有以下三种常见渠道适用于目标客户开发。

①付费流量渠道。付费流量渠道主要是指数字广告，可用于快速提高品牌知名度和获取新客户，效果直接。常见的付费流量渠道有搜索引擎广告、信息流广告、需求方平台广告等。

②自有流量渠道。自有流量渠道是指品牌拥有完全控制权的渠道，可以非常有效地吸引新受众并将其转化为客户、粉丝等。在数字化时代，自有流量渠道主要有官方网站、自媒体平台、企业App、自主开发的小程序以及企业运营的社区等。

③推荐流量渠道。推荐流量渠道是指第三方媒体推荐的流量渠道，主要利用第三方媒体、粉丝、资源等的影响为品牌导入流量，帮助品牌减少信任壁垒。推荐流量渠道主要有权威媒体、圈子社区、KOL等。

（2）引导目标客户

引导目标客户购买企业的产品是客户开发的目标，也是客户开发需要达到的最终目的。在引导目标客户购买时，要从影响转化的角度出发，让目标客户产生兴趣和信任；之后促成信任转嫁，使目标客户将其对品牌、营销人员、KOL 等的信任转化为对产品的信任；最后对客户的痛点进行刺激，让目标客户产生需求并营造稀缺感，引导目标客户最终实现营销转化。

（五）企业客户流量增长方法

以零售业为例，主要的客户流量增长方法包括以下几种。

1. 线下店内顾客加粉
2. 商场内扫码加粉
3. 社区/公共场所加粉
4. 异业联盟导流
5. 微信群引流
6. QQ 群引流
7. 朋友圈互推
8. 朋友圈付费广告
9. 本地大 V 公众号引流
10. 自媒体矩阵（头条、抖音等）
11. 发展社区团长

5-2-23 课件：企业客户流量增长方法

5-2-24 微课视频：企业客户流量增长方法

子项目三　数字化客户维护

学习目标

1. 了解客户拓展商品流转流程
2. 了解客户拓展软文的写作方法
3. 掌握客户拓展软文的撰写要素
4. 理解客户拓展关键词的含义
5. 掌握客户拓展关键词的搜寻
6. 掌握常用社群裂变方法和流程

工作任务

为了拓展更多的客户，客服除了要有耐心礼貌的服务态度，还需要熟悉商品信息、网上交易流程。对于客服来说，了解目标客户需求，熟悉自己店铺商品是最基本的要求，对于商品的特征、功能、注意事项等要做到了如指掌，熟悉常见的客户引流方式，这样才能吸引更多的客户,做好客户维护工作。本项目的工作任务要求是:以小组为单位,选择校内生产性实训基地门店的一款休闲食品,首先针对淘宝网新的规定,遴选商品关键词进行内页软文写作,以吸引更多客户眼球,并检测推广效果,然后通过微信群或公众号等方式为门店组建社群,并对该款食品开展社群营销。

任务解析

(一)淘宝平台商品软文设计

1. 关键词遴选

(1)搜集关键词。通过网络搜索、校内生产性实训基地门店调研等手段,搜集该款休闲食品普遍使用的关键词,并且整理好填入表 5-5 中。

5-3-1 微课视频:客户拓展关键词遴选

表 5-5 关键词搜集表

渠道	关键词
行业语言	
用户体验(线上线下消费群体)	
搜索引擎所提供的"相关搜索"	
搜索引擎提供的关键词工具	

(2)遴选关键词。所选择的关键词应该比较具体,有针对性,将商品名称的字数控制在 30 个汉字以内,并调整各类关键词的所在位置,以达到引人注意的目的。

尝试多种形式的关键词来进行组合:

属性关键词:＿＿＿＿＿＿＿＿＿＿＿＿＿＿＿＿＿＿＿＿＿＿

促销关键词＋属性关键词:＿＿＿＿＿＿＿＿＿＿＿＿＿＿＿＿＿

品牌关键词＋属性关键词:＿＿＿＿＿＿＿＿＿＿＿＿＿＿＿＿＿

评价关键词＋属性关键词:＿＿＿＿＿＿＿＿＿＿＿＿＿＿＿＿＿

促销关键词＋评价关键词＋属性关键词:＿＿＿＿＿＿＿＿＿＿＿

品牌关键词＋评价关键词＋属性关键词:＿＿＿＿＿＿＿＿＿＿＿

评价关键词＋促销关键词＋属性关键词:＿＿＿＿＿＿＿＿＿＿＿

(3)确认关键词。尝试使用不同的路径分析关键词,并确定一个最佳的商品关键词:＿＿＿＿＿＿＿＿＿＿＿＿＿＿＿＿

2. 软文写作

进行内页软文写作,具体要求如下:

(1)给商品写标题,符合消费者的消费体验,符合淘宝规则,有利于商品的自然搜索。

(2)列出商品的属性,包括品牌、型号规格、特性等信息,并配商品图片。

（3）写出商品的描述，包括商品详情描述、使用说明、储存和保养方法及注意事项、交易说明、邮费说明、签收提醒、售后服务等内容和信息。

（4）小组成员收集文案，共同讨论、修改，整合成一个完整的内页软文。

3. 商品软文推送

小组成员转发商品关键词及软文到自己的朋友圈，开展集赞等活动（要求截图证明）。

（二）社群营销

1. 社群组建

（1）群名称：_____

（2）群规则（群宗旨＋重点群活动提示＋群纪律）：_____

_____

_____

（3）门店社群团队：_____

_____

（3）用户画像分析：_____

_____

2. 活动策划

（1）准备工作

①素材：产品、礼品、员工的图片（视频、文案）。

②话术：主持、嘉宾、销讲、成交、追单等的话术。

③活动方案：团购、秒杀、充值赠礼、进群福利、群内订单等模板设计。

（2）预热文案

活动前编辑朋友圈等宣传内容，全员转发，宣传造势。

（3）活动安排

明确活动开展过程中的角色分工以及活动流程。主要角色及分工如下。

①电脑：发品牌、活动、产品等的视频、图片、文字。

②语音：按规定内容发语音。

③红包：按规定时间发红包（金额、数量、标题是否有礼品）以及互动游戏方案。

④客服：客户有意向时及时回复私聊，签单，订金截图。

⑤马甲：以客户身份引导舆论。

⑥踢人：踢出负面不可控客户。

⑦机动：随时关注各群，灵活处理各种情况，提醒各岗位工作。

⑧总协调：负责控制整场活动，按既定方案安排各岗位定时定内容的工作。

3．宣传造势

（1）小组成员全员营销

（2）小组朋友圈造势转发

（3）门店客户的微信、钉钉、电话等邀约

4．引流进群

（1）引流渠道

企业微信、公众号、小程序、线下门店、外卖配送、个人微信。

（2）筛选目标客户

整理邀约客户目标要求，做好客群类型梳理（忠实客户、不活跃客户、潜在客户等）。

（3）引流商品

写出8种以上的引流礼品。

（4）邀约客户入群

①电话邀约话术。

②邀约文案：短信、微信、钉钉、朋友圈等。

③进群路径设置：朋友圈海报扫码进群、公众号推文引导进群、邀请好友进群、微信群内扫码进群、线下的海报扫码进群（或者先加群主，再通过群主邀请进群）。

（5）群规则及要求告知

①告知群规、欢迎辞。

②发放红包、优惠券等，营造气氛。

③将不合适的成员踢出群。

5．群内预热

红包手气最佳、看图猜物、成语接龙、脑筋急转弯、诗词大赛、心理测试、一起讲故事、群内歌唱大赛等。

6．产品营销活动设计

设计合适的产品营销活动。

7．社群裂变

（1）裂变福利

写出8种以上的裂变福利。

注意：裂变福利建议高价值、高频次，价格可衡量，低成本、高诱惑，成本可控，精准符合目标客户需求。

（2）裂变方法选择

选择合适的裂变方法。

🔍 **知识拓展**

（一）客户拓展商品流转流程

淘宝、天猫的商品很多，而商品不可能一直在架销售，所以淘宝、天猫系统会按照一定周期对商品进行一次下架再上架处理。淘宝系统商品上下架排名是淘宝综合排名中一项至关重要的影响因素。面对越来越高的流量成本，很多商家对推广望而却步，然而最重要的流量资源就是站内的免费资源，其中含金量较高的就是自然搜索带来的流量，商品的上下架中就蕴含了搜索的逻辑。如果能合理地优化商品的上下架，就可以让电商商家的商品排名靠前，有可能获取更多的免费流量，可以获得更多线上客户的青睐，拓展更多的线上客户资源。

1. 商品上下架周期——7 天螺旋规则

淘宝系统中商品的自动上下架会使店铺中每个即将下架的商品在搜索结果中获得优先展示的机会，从而保证每个商家在这样的环境下得到较为公平的搜索展现机会。设置 7 天上下架轮换的优化便是对店铺商品上下架时间的优化。

商家发布商品的时候，可以在淘宝、天猫上架后台中进行商品有效期设置。有效期选择 7 天，那么系统就会以 7 天为一个周期对商品进行上下架处理。

设置商品的有效期后，商品会在 7 天以后被系统自动上下架，在这个过程中商品将会获得全网搜索排名靠前的机会。淘宝系统中，接近 90％ 的搜索都会优先导入综合搜索排序，商品的排名越靠前，就意味着商品的展现机会越多，得到的曝光率越高。合理安排全店商品的上下架时间，不仅可以提高商品的搜索权重，还能给店铺带来更多的免费流量。

2. 新品上下架时间设置策略

因为新上架商品的上下架时间对商品的搜索排序有很大的影响，所以它是商品获得免费流量的一个重要因素。权衡商品上下架时间的一个重要因素便是消费者搜索购物时间段分布。根据数据统计分析，每天一般有 3 个时间段是消费者购物的高峰时间段，分别是 10:00—12:00、13:00—17:00、20:00—23:00，共计 9 小时。因此，新品上架后能最大限度获取自然流量的上下架时间的设置策略是：把新品上架时间均匀分配到消费者购物高峰时段中。但同时也要注意，这个数据在全网不同类目变化的范围不大，因此大多数卖家都会把上下架时间设置在这些时间段内。如此设置虽然店铺能获得更多的浏览量，但是竞争也是异常激烈的，所以卖家在设置商品上下架时间的时候还要注意避开竞争高峰。

例如，卖家有待上架商品 60 个，如果卖家在同一时间内将这些商品全部上架，那么

7天后这些商品又会集中在一个时间段下架。这样做虽然在第7天卖家可能会获得大量的流量,但是其余6天并没有商品上下架,这样这6天就没有办法通过新品上下架来获取自然流量。卖家正确的做法应该是,将这60个商品均匀地分配到7天中上架。下面以一个自然周为周期来说明如何合理安排商品上架。

首先,用待上架商品数除以周期7天,60÷7≈8.5,也就是说平均每天需要上架8.5款。

其次,将每天的3个高峰时段进行细分。例如,每30分钟可以上架一款,可以将每天的上架时段细分为17个更细化的时段。

再次,将每天需要上架的数量分配到对应时段,即完成商品的上下架计划,如表5-6所示。

表5-6　新品上架计划表

序号	最佳上架时间段	时间段细分	上架数量						
			星期一	星期二	星期三	星期四	星期五	星期六	星期日
1	10:00—12:00	10:00—10:30	1		1		1		
2		10:31—11:00	1	1		1		1	1
3		11:01—11:30	1	1		1	1	1	1
4		11:31—12:00				1		1	
5	13:00—17:00	13:00—13:30		1		1			
6		13:31—14:00	1		1		1		
7		14:01—14:30		1		1			1
8		14:31—15:00			1		1		
9		15:01—15:30	1		1		1		
10		15:31—16:00		1				1	1
11		16:01—16:30	1		1				
12		16:31—17:00		1		1			
13	20:00—23:00	20:00—20:30			1		1	1	1
14		20:31—21:00	1			1		1	
15		21:01—21:30		1		1	1		
16		21:31—22:00	1		1		1	1	1
17		22:31—23:00			1		1	1	1
每日上架数量合计			8	8	8	8	8	10	10

(表最右侧纵栏：7天上架合计　60)

最后，做好计划后，只要按照计划上架商品即可，7 天周期后系统会在商品上架的同一时间，执行一次下架再上架的操作，在商品临下架前 1 小时内，该商品都将获得优先展示机会。

通常，星期六和星期日上架数量要相对多一点，这是因为周末相比工作日购物的消费者更多，成交量也较平时多，所以适当多安排点商品来获取流量。在这个过程中，卖家还需要注意避开上下架高峰时间，一般只需要避开商品同类竞争对手的上下架时间即可。利用"店侦探"工具，卖家可以方便地获取竞争商品的上下架时间。

3. 全店商品上下架策略

在爆款商品打造过程中，店铺通常还会有其他商品或活动促销来配合，这些商品的上下架时间设置，也会为爆款商品进行辅助引流。同时，店铺内的其他商品的上下架时间对拉动整个店铺的流量也是有帮助的。所以，卖家不能仅仅把上下架的目光锁定在爆款商品上，而是应对全店的商品上下架时间进行布局。

在淘宝、天猫发布商品的时候可以设置商品的上架时间。在发布商品时，卖家可以选择立刻上架、设定时间上架或放入仓库中。如果卖家把商品放入仓库中则还需要花精力去安排上架；如果卖家把它设置为立刻上架，那么商品上架时间就是以发布时间为准的，但这样会导致上下架时间没有规划性。所以，卖家需要提前规划好商品的上架时间，然后在发布商品的时候设置固定的上架时间，这样 7 天后商品会在该时间执行一次自动上下架。

通常，电商客服拓展客户时，安排全店商品的上下架时间可以参考商品数量与时间的计算公式：

商品上架时间＝（商品可上架时间段时长×周期×60）/商品总量

商品上架时间：多少分钟可上架 1 款

商品可上架时间段时长：一天 9 小时

周期：一般为 7 天

60：1 小时＝60 分钟

商品总量：店铺商品总数

例如，假设店铺有 300 款商品需要上架，商品可上架时间根据前面分析的一天 3 个时间段，一共 9 小时，按照 7 天上下架为一个周期，这个周期可以以自然日 7 天进行排期，也可以以自然周 7 天进行排期。

如果按照自然日 7 天进行排期，则根据公式计算：

商品上架时间＝（9×7×60）÷300＝12.6（分钟/款）

也就是说商品分配到 7 天的 9 个小时中上架，每款商品大约 12.6 分钟可以选择任意时间进行上架操作。

如果按照一个自然周来安排,工作日和周末根据"二八"原则进行数量安排,则根据公式计算:

工作日商品上架时间＝(9×5×60)÷300×80％＝7.2(分钟/款)

周末商品上架时间＝(9×2×60)÷300×20％＝0.72(分钟/款)

也就是说,按照"二八"原则,周末上架的商品数量偏少,每款上架的时间可选择范围更大,这样能有效避免在周末大多数卖家集中上架的激烈竞争。

当然,卖家也可以利用一些专业的商品上下架工具对店铺商品上下架时间进行更合理、更高效的设置。

(二)客户拓展软文撰写要素

1. 客户拓展软文的标题

客户拓展软文是企业对销售的商品进行描述的文章,意在对商品进行营销推广,因此,在设计软文标题时要遵循符合消费者的消费体验、符合网络或媒体等平台的规则、有利于商品的自然搜索等原则。

5-3-2 课件:客户拓展软文撰写要素

2. 客户拓展软文的商品属性

商品属性是指商品本身所固有的性质,是商品在不同领域差异性(不同于其他商品的性质)的集合。商品最基本的属性信息部分,要做到信息填写完整、正确和真实。

3. 客户拓展软文的商品描述

商品描述包括商品详情描述、使用说明、储存和保养方法及注意事项、交易说明、邮费说明、签收提醒、售后服务等内容和信息。

5-3-3 微课视频:客户拓展软文撰写要素

4. 客户拓展软文的文案设计

商品软文的文案设计是至关重要的,可以按照"认识我、我的好、买我"三步的写作方法。运用好这三步,可以更好地开展客户拓展和维护工作。

(1)三步:套路式的写作方法

第一步,认识我。大多数客户都没有耐性看完全文,因此,在开始就要将商品的所有要点浓缩出来。

第二步,我的好。在下面的段落里将商品的优点慢慢地、一个一个地写出来,让读者对商品的优点加深印象。

第三步,买我。最后一段,要强化产品的销售卖点、价格优势和优惠力度等,让读者看了就有买的冲动。

(2)客户拓展软文文案设计的具体内容

客户拓展软文文案设计的具体内容可从以下 15 个方面考虑。

- 品牌介绍：在内页的首屏，一般介绍这个店铺的品牌是什么。

- 焦点图：当一个消费者点击你的商品进到店铺后，能明白这个商品是什么、商品的对象是谁。

- 商品的目标客户：迅速告诉消费者这个商品的目标客户是谁，以及买这个商品的人是谁。如果此商品适合送礼，它的目标客户有两个，一个是商品的使用者，一个是这款商品的购买者。例如，很多男装的购买者是他的女朋友或者是太太，所以要清楚地界定出你的客户对象。

- 场景图：介绍这款商品用在什么场合、用在什么场景。

- 从场景图逐渐过渡到商品的详细图，称为细节图。现在淘宝网店已经有很多追求细节的卖家，让客户了解商品有哪些细节，以赢得客户信任。

- 做卖点设计、好处设计，即为什么消费者要购买这个商品。

- 做卖点设计、好处设计时，可以加上痛苦设计，即假设消费者不买这个商品会有什么痛苦。

- 要考虑消费者为什么购买你店铺的商品，一定要做同类型商品的对比，如价格对比、价值对比、功能对比、第三方评价对比等。

- 一定要增加第三方评价。在淘宝内页设计中应大量采用客户的评价作为一个重要的打分环节，在内页设计中也应该加上第三方评价，如买过这个商品的客户评价、权威机构对商品的评价、第三方服务机构对商品的评价等。

- 一个商品内页必须有几个关于用户非使用价值的文案设计，告诉消费者此商品还能带给他什么非使用价值。

- 在文案里必须有消费者购买这个商品后的感觉塑造，以强化信任关系，给客户一个百分之百购买的理由。

- 一定要给花钱买单的人若干个购买理由，是买给自己、朋友、父母，还是买给同事等。

- 一定要发出购买号召，强调现在应立刻来店里购买。

- 要有和购物相关的内容，如邮费、怎么发货、怎么退换货、有哪些售后服务等。

- 要有与这款商品相关的关联销售推荐图。关联商品也要考虑次序问题，同类的商品优先推荐，不同类的商品放到第二位推荐，最后是套餐的推荐。

文案设计逻辑如表5-7所示。

表 5-7　文案设计逻辑表

内页排版	排版作用	最终目的
当前店铺活动	第一屏展示店铺的核心内容	引发兴趣模块
产品焦点图	焦点图最大的作用是引发消费者的兴趣。这个焦点就是这个商品的广告(广告语＋客户对象＋核心要点＋名称＋价格)	
目标客户设计	买给谁用	激发需求
场景图	激发客户潜在需求	
产品大图,要图文结合	商品详情,逐步信任	信任到信赖
至少 6 张细节图		
包装图		
为什么要购买	好处设计,逃避痛苦点	
同类型商品对比	价格,价值	
客户评价,第三方评价	产生信任	
用户非使用价值文案和图片设计	非使用价值:品牌的附加值、文案中的身体和形象、匹配、感觉、面子	
拥有后的感觉塑造	强化信任,给客户一个百分之百购买的理由	从依赖到想拥有
给掏钱的人购买的理由	送恋人、父母、领导、朋友	
发出购买号召:套餐 A＋B	为什么马上在我店铺购买	替客户做决定
购买须知	常见问题 FAQ	打消顾虑
快递费用及到达时间	到达时间	
工厂及团队文化	实力展示	
退换货流程	1.七天无理由;2.其他情况	
5 分好评	让买家知道 5 分对我们的重要性	
如何找到我们	1.搜索;2.收藏(有礼)	

■ 5-3-4 拓展视频:唐狮羽绒服

■ 5-3-5 案例:百雀羚广告

■ 5-3-6 案例:唐狮羽绒服

■ 5-3-7 测试题

　　以上就是商品的文案设计表,这里设计了 15 个逻辑关系,这 15 个逻辑关系可以根据不同店铺的情况做次序上的调换和优化。

(三)商品关键词遴选

1. 商品关键词的含义

　　商品关键词就是用户在使用搜索引擎时,输入的能够最大程度概括用户所要查找的商品信息内容。

　　关键词的内容十分丰富,如商品名、网站、服务、品牌或人名等,可以是中文、英文、数字或字母的组合,也可以是一个字、一个词组或一个短语。

2. 商品关键词的作用

商品关键词是为了让客户更容易通过关键词搜索找到企业的商品信息。关键词对于商品信息的曝光率是非常重要的,做好关键词的设置,才有可能拓展更多的客户,提升企业销售。

商品名称包括关键词,比如,一个陶瓷杯,它的名称也可以是水杯、茶杯、陶瓷杯、陶瓷茶杯等,客户搜索的时候,如果他用"陶瓷杯"这个词来搜索,那么"陶瓷杯"就是关键词。

（1）淘宝网内搜索关键词的作用

根据买家搜索的需求,淘宝网卖家出售的宝贝名称结合,成为淘宝关键词搜索结果,买家找到自己所需物品的卖家商品途径。

（2）店内搜索关键词

提供访客在店内查找宝贝时所使用的全部关键词的统计信息,如搜索次数、跳失率等,买家可以自由选择时间段,系统会自动根据买家选择的时段,显示店内排名前 10 位的商品。

3. 商品关键词的种类

（1）泛关键词

泛关键词是指经常被大量搜索的词语,通常都是代表一个行业或者一个事物,如房地产、服装、计算机、保健品、家具、手机、汽车等(其实就是一些行业名称、商品或者服务类别等具有广泛意义的词汇)。

泛关键词一般用来进行网络营销或广告投放,特别是那些通过流量来赚取广告的行业网站。但泛关键词的搜索涵盖范围太大,排名竞争也相当激烈,特别是一些主流泛关键词的搜索结果几乎都以千万来计算,如"耳机"在百度搜索引擎中的搜索结果有967 万个,"手机"在百度搜索引擎中的搜索结果显示约 1 亿个。

（2）核心关键词

核心关键词是指经过关键词分析,可以描述网站核心内容的"主打"关键词,即网站商品和服务的目标客户群体第一反应搜索的关键词。

核心关键词是网站的中心,一般是网站主题体现得最简单的词语,主要以行业、商品或服务的名称为主,也可以是这个名称的一些属性或特色词汇。一般情况下,核心关键词具有以下一些特征:

● 一般作为网站首页的标题。

● 一般是 4～6 个字构成的一个词或词组,核心关键词大多情况下有多个。

● 定位精准,搜索引擎每天都有一定数目的稳定搜索量。

搜索目标关键词的用户往往对网站商品或服务有相关要求,或对网站的内容感兴趣。

网站的主要内容应围绕核心关键词展开。

核心关键词可以说是网站的灵魂,对网站的重要性不言而喻,如果选择了错误的核心关键词,网站将无法获得理想的排名。那么,该怎么来选择核心关键词呢?

第一,广撒网;第二,分析可能的关键字;第三,按原则选出最好的核心关键字。

首先应把你网站所有的关键词,不管热门的还是冷门的,尽可能多地列出来;之后你就要站在客户的角度去考虑问题。

- 网站能给客户带来什么?
- 客户有这些需求后通过哪些关键词进行搜索?
- 客户在寻找商品时会用到什么关键词?

只有通过这些为什么,你才能更好地选择出好的关键词。

（3）相关关键词

相关关键词又叫"辅助关键词"或"扩展关键词",是指有一定热度、与核心关键词比较接近或相关的关键词。辅助关键词主要用来对核心关键词进行相应的解释,是对核心关键词的一种补充。相关关键词可以有效地突出网站的主题,增加网站的流量,其作用可体现在补充说明核心关键词、控制关键词的密度、增加页面被检索的概率等三个方面。

（4）长尾关键词

长尾关键词是对相关关键词的扩展,它不是目标关键词,但可以为网站带来搜索流量,如"哪家鲜花网的服务好""鲜花订购哪里有"等。

长尾关键词一般存在于内容页面,除了在内容页的标题中存在,还可存在于内容中。长尾关键词一般较长,往往由 2～3 个词语组成,甚至是短语。

4. 商品关键词的优化

（1）相关搜索

选择几个泛关键词,在百度、雅虎等主要搜索引擎中进行搜索,在搜索结果页面下方会出现"相关搜索",它显示的是与搜索的泛关键词相关的搜索词汇。这些词语是用户搜索较多的词语,结合这些词语就可以很好地组织自己的长尾关键词。

（2）站长工具

站长工具（http://seo.chinaz.com）是一款 SEO 综合查询工具,也可以查找到该网站各大搜索引擎的信息,包括收录、外链和关键词排名等。通过其"搜索优化查询"功能中的"长尾关键字"分类,即可打开其"百度分析"页面,在搜索框中输入关键词即可获得与关键词有关的长尾关键词数据。同理,其他的类似网站或软件也可以进行关键词的

分析,如站长帮手、商务通等。

(3)百度下拉框

百度搜索引擎的搜索下拉框中会根据用户输入的关键字提示一些长尾关键词,这些词在很大程度上可以让用户直接搜索,具有一定的访问量和转化效果。但搜索框提示的词语一般是单体词汇,不适用于大批量的长尾词扩展。

(4)竞争对手分析

到同类型竞争对手的网站中查看,将对方网站中的长尾关键词记录下来,进行去重、筛选等操作后保存到自己的关键词词库中,再进行重新组合与分析,使其变为自己的关键词。

(5)社区问答平台

在各种综合型的社区论坛或问答平台中有许多关于各行各业的问答,这其中不乏大量真实有效的用户需求问答,仔细对这些问题进行分析有可能发现我们意想不到的长尾词。比如在搜狗的"知乎"或"问问"中搜索某目标关键词时,会出现许多与这个关键词相关的问题,而针对该关键词,还有许多的相关话题或问题,可以使长尾关键词的资源更加丰富。

(6)搜索引擎工具

谷歌搜索引擎和百度搜索引擎的后台工具都有关键词查询和扩展的功能,其搜索次数和扩展词量都相对真实可靠。但就国内而言,仍以百度搜索引擎的数据为主。百度的竞价投放就是靠长尾关键词来进行排名的,它不仅要与网站的业务紧密结合,而且要尽量达到吸引用户点击的目的。

(四)社群客户维护

1. 社群的含义

社群是指以互联网工具为载体,有共同特征或兴趣,相互交流相互参与,有人与人的连接,相互提供价值的群体。

2. 社群组建

在组建社群之前,企业需要精细化客户画像,明确社群定位,确定社群名称以及建立社群规则,然后再进行整体的规划。

(1)社群命名

社群命名最好能包含地域、品牌、人群等,突出社群属性。

比如:盒马杭州钱塘清雅苑邻里群、杭州吃喝玩乐群等。

(2)社群规则

在社群内告知本群的宗旨、重要活动提醒,并说明群的纪律。

同时最好可以建立一定仪式感,比如,新人进来的欢迎仪式,新人进群时发布群规,新人改群名、自我介绍,重要活动的仪式,等等。

3. 社群裂变方法

社群裂变方法主要包括海报裂变、邀请裂变、分销裂变、拼团、砍价裂变等。

(1) 海报裂变流程

①设计裂变诱饵:转发后免费得到奖品或是有机会进群抽奖。

②制作裂变海报:诱饵＋进群码。

③撰写文案:进群招呼语＋朋友圈文案。

④选择种子用户投放渠道。

⑤出示截图领取福利。

(2) 邀请裂变流程

①设计裂变福利:可以按邀请人数分不同层次的福利。

②新人进群后说明未来会有福利活动,并引导邀请。

比如,本群是×××福利群,×月×日将会在群内举行大型抽奖福利活动。

③制作裂变海报:福利＋邀请任务。

④撰写文案:进群招呼语＋一对一邀请文案。

⑤群公告开启裂变活动。

⑥通过社群管家工具定期发布邀请人数。

⑦小号在群里时常查询邀请人数。

(3) 分销裂变流程

所谓分销裂变,是基于朋友圈、一对一私聊、微信群、公众号等微信端传播,通过分销获利的方式诱发持续分享,形成多级裂变的裂变方式。具体流程如图 5-1 所示。

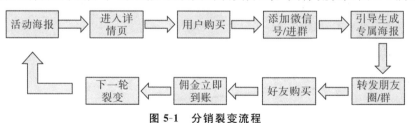

图 5-1　分销裂变流程

5-3-8 测试题

综合能力训练项目

一、课后练习

(一) 思考题

1. 数字化客户管理岗位应具备的基本素质。

2. 为更好开展客户拓展工作，电子商务客服在新品上下架时间设置时有哪些策略？

3. 社群裂变方法有哪些？具体流程如何？

（二）实训题

1. 实训项目：电子商务客服沟通平台操作——微信公众号。

2. 实训目的：通过以"我爱××专业"为主题，创建微信公众号，合理利用编辑工具、素材管理、用户管理和消息管理，以熟练操作微信公众号，更好地拓展和维护客户。

3. 实训组织：

（1）人员组织：以5～6人为一个小组，将学生分为若干小组。

（2）实训过程：让学生通过线下学习、专业调研及网络检索的方式完成以下实训任务。

● 微信公众号有哪几类？

● 微信公众号常用的编辑工具有哪些？至少列举5个。

● 一篇好的微信推文内容至少包括哪三方面要素？

● 小组合作进行线上及线下的专业调研和素材收集。（说明调研的渠道和素材收集情况）

● 以微信公众号"我爱××专业"为主题，以小组为单位，注册微信公众号。（要求截图证明）

● 选择合适的编辑工具。

● 策划专业微信公众号模块和推广方案。根据方案，将相关信息编辑到微信公众号素材管理里面。

● 根据设计的专业推广文案，规划好自动回复（被添加自动回复、消息自动回复、关键词自动回复）和基本功能模块。

● 设置自定义菜单，将专业推广文案推送给群粉丝。（要求截图证明）

● 小组成员转发公众号群发的内容到自己的朋友圈，开展集赞等活动。（要求截图证明）

（3）课堂交流：每个小组把完成的微信公众号和集赞情况做成PPT，派出一名代表在全班进行汇报，介绍本组微信公众号创建过程中的客群定位、客群需求、客群拓展情况，并就此展开讨论。

二、能力迁移训练

（一）案例分析 1

百雀羚神广告刷屏了，这个老牌国货如何靠营销逆袭?

作为"东方之美"的代言品牌，曾经的百雀羚是走着这样的清新文艺风，用"三生花""小雀幸"等听起来就很女神的产品名字征服忠实粉丝的。不过最近，该品牌改弦易辙换上了一条"恶搞"的新路子，让四大美人以不同画风齐齐出现在广告片中。

"终于等到你，我的四美! 为什么不开心? 是烤串不好吃还是尬舞不好玩?"短片用一种抖包袱神转折的方式，把历史上昭君出塞、贵妃醉酒、吕布戏貂蝉、东施效颦等一系列典故做了重新演绎：昭君怒摔琵琶改撸串、贵妃拾起荔枝当弹珠、貂蝉吕布意外找到真爱、西施东施相杀相爱模仿出感情……种种突发情况都是为了抖出最后的包袱——只要有百雀羚，治好你的一切不开心。

片尾的"胆敢模仿我的脸你找打，我是仙女竟然被甩气哭啦。好在还有大百雀羚，全场五折这么浮夸，再减一半怕了吗?"百雀羚版《我的心里只有你没有他》也让人耳目一新，甚至还有点朗朗上口。

对于做事相对保守独立的百雀羚来说，该短片一经播放就收到了各年代人群完全不同的反馈。"20 世纪 70 年代的人打电话反映太颠覆了接受不了，80 年代的人觉得挺好玩，90 后觉得还不够重口味，但有点意思了。"

百雀羚高层人士的解释是："消费者变化很快，迫使企业要快速反应，没那么多时间论证，网络时代的好处是可以试。以前一条广告片出去大江南北都看到了，网络时代看的人有明显的分层，可以及时收集反馈。"

虽然被有些人称作"尬舞"，但"四美不开心"成功吸引了关注和流量，助攻百雀羚 2017 年"双 11"再一次夺冠。据悉，2016 年"双 11"百雀羚销售额中的 70% 多是由 25 岁以下用户贡献的，通过屈臣氏渠道的百雀羚消费者也是该年龄群体。针对年轻用户群体，百雀羚也顺势做了直播、短视频等多种营销手段。

当然，除营销推广外，百雀羚在产品和销售等方面也进行了改变，如不断拓宽销售渠道、细分产品品类等。它的目标很明确——消费能力最强、消费欲望最旺盛的 80 后、90 后群体。中国风、东方美、怀旧 Style……百雀羚既卖情怀又玩策划，在营销的路上高歌猛进。

问题：你从该案例中得到什么样的启迪?

（二）案例分析2

连咖啡"口袋咖啡馆"：一天裂变52万家

2018年8月1日，连咖啡的"口袋咖啡馆"小程序上线，一天的时间内，该小程序访问量达到420万人，累计开了52万家线上咖啡馆。这样的增长速度令人惊异。那么，为什么连咖啡能取得这样的裂变效果呢？

答案是连咖啡拥有的"社交基因"。下面通过分析"口袋咖啡馆"的特点来一窥端倪。

（1）操作成本低：基于小程序，在"口袋咖啡馆"入口就可以一键开店。

（2）创意十足和个性化：线上开店满足了用户的好奇心，而装饰店铺满足了用户的个性化需要。

（3）主动分享：个人精心装饰的店铺很容易满足用户的分享心理，更容易促使用户分享传播。

（4）游戏化：既有以领金豆为主的分享、集赞、签到等任务，也有开宝箱、金豆商城等兑换机制，极大地增强了小程序的娱乐性，更容易激活用户。

（5）社交化：既有以网红指数为主的各种排行榜，又有今日推荐、附近的馆等功能，让用户可以接触其他的人，满足社交需要。

（6）分销激励："口袋咖啡馆"的咖啡可以售出，每售出一杯即可得到可积累的基金奖励，基金奖励可在"好友咖啡馆"消费使用。这种分销机制进一步促进了用户的分享热情。

（7）明星入驻：在"口袋咖啡馆"活动初期，很多明星在小程序上开店，吸引了大批用户参与，积攒了非常高的人气。

连咖啡发起的"口袋咖啡馆"很好地击中了用户"开咖啡馆"的社交需求，这种对用户的洞察就是连咖啡具备"社交基因"的根本原因。

问题：通过分析连咖啡"口袋咖啡馆"裂变营销的成功，你觉得这种模式还可以供哪些企业参考？不同类型的企业采取裂变营销时有什么异同？